Die Verwirklichung des Effektivitätsgrundsatzes im Rahmen von privaten kartellrechtlichen Schadensersatzansprüchen im internationalen und europäischen Kontext

**Europäische Hochschulschriften**

European University Studies

Publications Universitaires Européennes

Reihe II **Rechtswissenschaft**

Series II Law

Série II Droit

Band/ Volume **6001**

Anne Sophie Steinhardt

# Die Verwirklichung des Effektivitätsgrundsatzes im Rahmen von privaten kartellrechtlichen Schadensersatzansprüchen im internationalen und europäischen Kontext

PETER LANG

**Bibliografische Information der Deutschen Nationalbibliothek**
Die Deutsche Nationalbibliothek verzeichnet diese Publikation in der Deutschen Nationalbibliografie; detaillierte bibliografische Daten sind im Internet über http://dnb.d-nb.de abrufbar.

Zugl.: Heidelberg, Univ., Diss., 2017

D 16
ISSN 0531-7312
ISBN 978-3-631-74637-0 (Print)
E-ISBN 978-3-631-75284-5 (E-PDF)
E-ISBN 978-3-631-75285-2 (EPUB)
E-ISBN 978-3-631-75286-9 (MOBI)
DOI 10.3726/b13838


Peter Lang – Berlin · Bern · Bruxelles · New York · Oxford · Warszawa · Wien



Diese Publikation wurde begutachtet.

www.peterlang.com

# Inhaltsverzeichnis

# § 1 Einführung

## A) Allgemeine Einführung: Wachsende Bedeutung der privaten Durchsetzung des Kartellrechts in Europa

Im Gegensatz zum US-amerikanischen Recht, in dem das „private enforcement" des Kartellrechts traditionell immer schon eine wichtige Rolle neben der behördlichen Sanktionierung spielte[1], wurden in der Vergangenheit in Europa nur vereinzelt Schadensersatzprozesse aufgrund von Verstößen gegen das Kartellverbot geführt[2] bzw. es wurde nur sehr selten ein Ersatz für erlittene Schäden zugesprochen[3].

Zurückzuführen ist dies auf die „Ineffektivität von wettbewerbsrechtlichen Schadensersatzklagen"[4] in Europa, die insbesondere in dem häufigen Missverhältnis zwischen dem Prozess- und Kostentragungsrisiko[5] einerseits und der möglichen Entschädigung andererseits begründet ist. Das Prozess- und Kostentragungsrisiko galt bzw. gilt teilweise nach wie vor, aufgrund der „astonishing diversity and total underdevelopment"[6] der verschiedenen nationalen Schadensersatzanspruchsregelungen, als besonders unabwägbar. Dem damit verbundenen hohen Maß an Rechtsunsicherheit[7] und den Beweisschwierigkeiten im Hinblick auf die Tatbestandsmerkmale[8] infolge Unzugänglichkeit von zentralen Beweismitteln aus der Sphäre des Beklagten[9] steht kein Anreiz im Rahmen der möglichen Entschädigung – wie etwa im US-amerikanischen Recht in Form von „treble

1 *Lettl*, ZHR 2003, 473, 475; *Radicati di Brozolo*, E.C.L.R. 2004, 780; vgl. auch: White Paper on Competition Policy, World Class Competition Regime, 5233 (July 2001), Ziff. 8.1: ca. 90 % der Verfolgungstätigkeit machen in den USA Klagen Privater aus.

2 *Bien*, FS Möschel (2011), S. 131; *Langen/Bunte/Bornekamm*, Band 1, § 33 Rn. 7; *Bulst*, EWS 2004, 405 m.w.N.; *Lettl*, ZHR 2003, 473, 475; *Mäsch*, EuR 2003, 825, 827; MüKo/*Roebling* EuWettbR, Band 1, Einl. Rn. 581; vgl. auch: *Palzer/Preisedanz*, EWS 2010, 215 f.

3 Weißbuch Schadenersatzklagen wegen Verletzung des EG-Wettbewerbsrechts, KOM (2008), 165 endg. vom 02.04.2008, S. 2; *Ritter*, WuW 2008, 762.

4 Weißbuch Schadenersatzklagen wegen Verletzung des EG-Wettbewerbsrechts, KOM (2008), 165 endg. vom 02.04.2008, S. 2.

5 Vgl. *Basedow*, Private Enforcement, S. 1, sowie *Hempel*, WuW 2004, 362, 365.

6 Ashurst Studie, „Study on the conditions of claims for damages in case of infringement of EC antitrust rules". http://ec.europa.eu/competition/antitrust/actionsdamages/study.html

7 Weißbuch Schadenersatzklagen wegen Verletzung des EG-Wettbewerbsrechts, KOM (2008), 165 endg. vom 02.04.2008, S. 2.

8 *Hempel*, WuW 2004, 362, 365.

9 Weißbuch Schadenersatzklagen wegen Verletzung des EG-Wettbewerbsrechts, KOM (2008), 165 endg. vom 02.04.2008, S. 2; *Hempel*, WuW 2004, 362, 365.

damages" – entgegen[10]. Ökonomen sprechen von einer rationalen Apathie der Geschädigten.[11] Nachteil einer alleinigen behördlichen Sanktionierung ist insbesondere, dass die von den Geschädigten erlittenen Verluste dadurch nicht kompensiert werden[12] und dem unionsrechtlichen Kartellrecht nicht zu seiner vollen Wirksamkeit verholfen wird[13].

Angestoßen durch das Grünbuch „Schadensersatzklagen wegen Verletzung des EU-Wettbewerbsrechts"[14], das Weißbuch „Schadensersatzklagen wegen Verletzung des EG-Wettbewerbsrechts"[15] und den Erlass der Verordnung (EG) 1/2003[16], die eine wirksame und einheitliche Anwendung der Artt. 101, 102 AEUV[17] zum Ziel haben[18], sowie durch die Rechtsprechung des EuGH in Sachen Courage[19] und Manfredi[20], rückte auch in der Europäischen Union die private Durchsetzung des Unionskartellrechts zunehmend in den Fokus[21]. Auf deutscher nationaler Ebene ist mit Inkrafttreten der 7. GWB-Novelle 2005[22] ein großer Schritt hin zu einer effektiveren Durchsetzung des europäischen Kartellrechts mittels privater Schadensersatzklagen erfolgt. Im Kollisionsrecht trägt Art. 6 Abs. 3 Rom II-VO[23]

---

10 Weißbuch Schadenersatzklagen wegen Verletzung des EG-Wettbewerbsrechts, KOM (2008), 165 endg. vom 02.04.2008, S. 2.

11 *Bien*, FS Möschel (2011), 131, 132.

12 *Basedow*, Private Enforcement, S. 1.

13 Sehr umstritten: *Hempel*, WuW 2004, 362 m.w.N. in Fn. 42.

14 Grünbuch Schadenersatzklagen wegen Verletzung des EU-Wettbewerbsrechts, KOM (2005), 672 endg. vom 19.12.2005.

15 Weißbuch Schadenersatzklagen wegen Verletzung des EG-Wettbewerbsrechts, KOM (2008), 165 endg. vom 02.04.2008.

16 Verordnung (EG) Nr. 1/2003 des Rates vom 16.12.2002 zur Durchführung der in den Artikeln 81 und 82 des Vertrages niedergelegten Wettbewerbsregeln, Abl. EG 2003 Nr. L 1 S. 1.

17 Vormals Artt. 81, 82 EG (vor Inkrafttreten des Vertrags über die Arbeitsweise der Europäischen Union in der Fassung der Bekanntmachung vom 09.05.2008 (ABl. Nr. C 115 S. 47) Celex-Nr. 1 1957 E), zuletzt geändert durch Art. 2 ÄndBeschl. 2012/419/EU vom 11.07.2012 (ABl. Nr. L 204 S. 131); vormals Artt. 85, 86 EGV (vor Inkrafttreten des Vertrag zur Gründung der Europäischen Gemeinschaft vom 25.03.1957 in der Fassung bis 30.11.2009 (Internationale Quelle UNTS Bd. 298 S. 11, Celex-Nr. 1 1957 E), zuletzt geändert durch Art. 2 Vertrag von Lissabon vom 13.12.2007 (ABl. Nr. C 306 S. 1)).

18 Nr. 1 der Erwägungsgründe zur Verordnung (EG) Nr. 1/2003 des Rates vom 16.12.2002 zur Durchführung der in den Artikeln 81 und 82 des Vertrages niedergelegten Wettbewerbsregeln, Abl. EG 2003 Nr. L 1.

19 EuGH, Urt. v. 20.09.2001, C-453/99 (Courage), Slg. 2001, I-6297.

20 EuGH, Urt. v. 13.07.2006, C-295–298/04 (Manfredi), Slg. 2006, I-6619.

21 *Poelzig*, Normdurchsetzung durch Privatrecht, S. 150.

22 Siebtes Gesetz zur Änderung des Gesetzes gegen Wettbewerbsbeschränkungen vom 07.07.2005 (BGBl. I S. 1954).

23 Verordnung (EG) Nr. 864/2007 des Europäischen Parlaments und des Rates vom 11.07.2007 über das auf außervertragliche Schuldverhältnisse anzuwendende Recht („Rom II"), ABl. EG Nr. L 199 S. 40.

seit dem 11. Januar 2009 zur praktischen Wirksamkeit des europäischen Kartellrechts bei.[24] Die in Art. 6 Abs. 3 Rom II-VO vorgesehene Marktortanknüpfung stellt generell die für die effektive Durchsetzung sachgerechteste Anknüpfung dar und Art. 6 Abs. 3 Rom II-VO wird in weiten Teilen konkret von der Praxis auch so ausgelegt, dass die Vorgaben einer effektiven Durchsetzung des europäischen Kartellrechts verwirklicht werden.[25]

Am 11. Juni 2013 sind mit der Veröffentlichung des Vorschlags für eine Richtlinie[26] die unionsweite Harmonisierung von kartellrechtlichen Schadensersatzansprüchen betreffend sowie mit der Empfehlung für kollektive Unterlassens- und Schadensersatzverfahren[27] durch die Kommission neue Impulse hin zu mehr Effektivität der Durchsetzung des europäischen Kartellrechts mittels privater Schadensersatzklagen gesetzt worden. Die Richtlinie[28] zur Vereinheitlichung kartellrechtlicher Schadensersatzklagen in den Mitgliedstaaten wurde im April 2014 in Form einer Kompromissfassung des ursprünglichen Vorschlages der Kommission vom Europäischen Parlament angenommen[29] und vom Europäischen Parlament am 26. November 2014 beschlossen.[30] Die Mitgliedsstaaten haben zwei Jahre Zeit, die nationalen mitgliedsstaatlichen Rechtsordnungen entsprechend zu harmonisieren.[31]

Infolge der Verabschiedung einer Vielzahl von Rechtsakten durch den europäischen Gesetzgeber, der Unterbreitung von Vorschlägen durch die Kommission und Gesetzesänderungen durch den nationalen Gesetzgeber sowie einer Reihe von ergangenen gerichtlichen Urteilen auf dem Gebiet der privaten Kartellrechtsdurchsetzung kommen Kartellzivilprozessen in Europa[32], insbesondere

24 *Podzun*, GRUR Int. 2010, 302, 304.

25 Vgl. § 3.

26 Vorschlag für eine Richtlinie des Europäischen Parlaments und des Rates über bestimmte Vorschriften für Schadensersatzklagen nach einzelstaatlichem Recht wegen Zuwiderhandlungen gegen wettbewerbsrechtliche Bestimmungen der Mitgliedstaaten und der Europäischen Union, COM (2013) 404 final vom 11.06.2013.

27 Empfehlung der Europäischen Kommission Gemeinsame Grundsätze für kollektive Unterlassungs- und Schadensersatzverfahren in den Mitgliedsstaaten bei Verletzung von durch Unionsrecht garantierten Rechten, CD (2013) 3539 vom 11.06.2013.

28 Richtlinie 2014/104/EU des Europäischen Parlaments und des Rates vom 26. November 2014 über bestimmte Vorschriften für Schadensersatzklagen nach nationalem Recht wegen Zuwiderhandlungen gegen wettbewerbsrechtliche Bestimmungen der Mitgliedstaaten und der Europäischen Union.

29 Europäische Kommission, Pressemitteilung IP/13/525 Kartellrecht: „Kommission begrüßt endgültige Annahme durch den EU-Ministerrat der Richtlinie über Schadensersatzklagen bei Verstößen gegen das Kartellrecht“, 10.11.2014, http://europa.eu/rapid/press-release_IP-13-525_de.htm

30 *Makatsch/Mir*, EuZW 2015, 7.

31 *Makatsch/Mir*, EuZW 2015, 7.

32 Vgl. auch: *Dreher*, FS Möschel (2011), 149.

auch in Deutschland,[33] wachsende Bedeutung zu. Gravierende Differenzen zwischen den mitgliedsstaatlichen Regelungen und gerichtlichen Entscheidungen zur privaten Kartellrechtsdurchsetzung bestehen jedoch zum Teil nach wie vor.[34] Der begonnene Prozess der Beseitigung von bestehenden Hindernissen zur effektiven Geltendmachung von Schadensersatz bei Wettbewerbsverstößen ist weiter voranzutreiben.

## B) Problemstellung und Untersuchungsgegenstand

In der Dissertation wird das nationale deutsche und europäische Sachrecht sowie das (unionsrechtliche) Kollisions- und internationale Verfahrensrechts an ausgewählten Beispielen auf seine „unionsrechtliche Effektivität“ untersucht.

### I) Internationale und europäische kartellrechtliche Schadensersatzklagen

#### *1) Wachsende praktische Bedeutung von internationalen Kartellzivilprozessen*

Zurückzuführen ist die wachsende praktische Bedeutung von internationalen Kartellzivilprozessen auf die Vielzahl von internationalen Kartellen mit internationalen Auswirkungen, deren Anzahl und räumliche Reichweite angesichts der zunehmenden internationalen Vernetzung der Weltwirtschaft stetig weiter steigen wird.[35] Die Internationalisierung des Handels und damit die internationale Vernetzung der Weltwirtschaft lassen sich insbesondere auf den sukzessiven Abbau tarifärer und nicht tarifärer Handelshemmnisse, die weitreichende Liberalisierung des Kapitalmarkts in vielen Ländern sowie umwälzende technische Neuerungen wie das Internet zurückführen.[36] Regelmäßig tritt bei internationalen Kartellzivilprozessen die Konstellation auf, dass europäische Firmen an kartelldeliktsrechtlichen Schadensersatzprozessen in den USA beteiligt sind, sofern der Rechtsstreit nur geringe Anknüpfungspunkte mit dem amerikanischen Rechtskreis bietet, was

---

33 *Bechtold/Bosch*, NJW 2011, 3484, 3490; *Gussone/Maritzen?*, EWS 2013, 292; *Hempel*, Privater Rechtsschutz, S. 60 ff.; *Inderst/Schwalbe* WuW 2012, 122; *Mundt/Meeßen*, Private und öffentliche Kartellrechtsdurchsetzung, S. 39: Das Bundeskartellamt hat für den Zeitraum 2004 bis 2012 480 neue kartellrechtliche Schadensersatzklagen verzeichnet.

34 Vgl. auch: Folgenabschätzungsbericht zum Vorschlag SWD (2013) 203 final, Rn. 52 sowie *Gussone/Schreiber*, WuW 2013, 1040 und *Mederer*, EuZW 2013, 847, 851.

35 Vgl. auch: *Radicati di Brozolo*, E.C.L.R. 2004, 780; *MüKo/Roebling*, EuWettbR, Band 1, Einl., Rn. 551; *Wiedemann*, Handbuch des Kartellrechts, § 5 Rn. 1; ebenso: *von Meibom/Geiger*, EuZW, 2002, 261; *Terhechte*, ZaÖRV 2008, 689, 700 f.

36 *MüKo/Roebling*, EuWettbR, Band 1, Einl., Rn. 551; *Wiedemann*, Handbuch des Kartellrechts, § 5 Rn. 1.

auf die Ausgestaltung des amerikanischen Rechts mit der Aussicht auf dreifachen Schadensersatz (treble damages) sowie einen erleichterten Zugriff auf Beweismaterial (pre-trial discovery) zurückzuführen sein mag.[37]

Jedoch ist auch in der Europäischen Union ein Anstieg von internationalen innereuropäischen Kartellzivilprozessen sowie von Klagen drittstaatlicher Kläger vor europäischen Gerichten zu erwarten.[38] Dies ist neben der zunehmend internationalen Vernetzung der Weltwirtschaft Folge der oben dargestellten gesteigerten Effektivität der privaten Kartellrechtsdurchsetzung. Insbesondere von Bedeutung in jüngster Vergangenheit waren die Klagen der Cartel Damage Claims (CDC) vor dem EuG[39] und dem LG Düsseldorf[40].[41] Das EuG sprach der CDC ein Recht auf Einsicht in das Inhaltsverzeichnis der Verfahrensakte des Bleichmittelkartells bei der Kommission zu, gegen deren Mitglieder sie vor dem LG Düsseldorf Schadensersatzforderungen in Höhe von EUR 643 Mio. aus gekauften Forderungen geltend machte.[42] Die Entscheidung des EuG steht im Widerspruch zur bisherigen Praxis der Kommission, die in der Vergangenheit insbesondere sogenannte Bonusanträge, sonstige Ermittlungsunterlagen und interne Dokumente[43] unter Berufung auf die Gefährdung des Untersuchungszwecks grundsätzlich zurückhielt. Dies erscheint bezogen auf den unionsrechtlichen Effektivitätsgrundsatz äußerst bedenklich[44], da potentielle Schadensersatzkläger ohne Einsicht in diese Dokumente die Tatbestandsvoraussetzungen für einen kartellrechtlichen Schadensersatzanspruch und den Schaden meist nur sehr schwer oder gar nicht beweisen bzw. substantieren können werden. Das LG Düsseldorf verneinte in der Entscheidung „Zementkartell"[45] die Wirksamkeit einer Forderungsabtretung durch potentielle Geschädigte gegenüber der diese geltend machenden Klägerin CDC, da die Forderungsabtretung insbesondere gegen § 138 BGB verstoße. Die Klägerin verfüge nicht über die finanzielle Ausstattung, um die im Fall des Prozessverlustes von ihr zu tragenden Prozesskosten vollständig zu decken.[46] Mit einem Akteneinsichtsersuchen von Geschädigten hatte sich auch das OLG Düsseldorf[47] auseinanderzusetzen. Das Gericht wies den Antrag von potentiellen Geschädigten eines Preisabsprachekartells auf dem Gebiet der Kaffeeröster zur Vorbereitung möglicher Schadensersatzklagen

---

37 *MüKo/Roebling*, EuWettbR, Band 1, Einl., Rn. 583.
38 *Radicati di Brozolo*, E.C.L.R. 2004, 780.
39 EuG, Urt. v. 15.12.2011, Rs. T-437/08 (CDC) = WuW/E EU-R 2187; *Palzer*, EuR 2012, 583.
40 LG Düsseldorf, Urt. v. 21.02.2007, 34 O (Kart) 147 = BB 2007, 847.
41 Vgl. auch: § 2 F) III) 2).
42 EuG, Urt. v. 15.12.2011, Rs. T-437/08 (CDC), Rn. 1 ff = WuW/E EU-R 2187; *Palzer*, EuR 2012, 583, 593.
43 EuG, Urt. v. 22.05.2012, T-344/08 (EnBW), Rn 54 = WuW/E EU-R 2357.
44 *Palzer*, EuR 2012, 583, 586.
45 LG Düsseldorf, Urt. v. 17.12.2013, 37 O 200/09 = WuW/E DE-R 4087 ff.
46 LG Düsseldorf, Urt. v. 17.12.2013, 37 O 200/09, Rn. 78 = WuW/E DE-R 4087 ff.
47 OLG Düsseldorf, Urt. v. 22.08.2012, V-4 Kart 5+6/11 (Kaffeeröster) = BB 2012, 2459.

auf Einsicht in die Bonusanträge zurück, da überwiegende schutzwürdige Interessen des Beschuldigten dem entgegen stünden.[48]

Hinsichtlich der Anspruchsinhaberschaft mittelbarer Abnehmer bahnbrechend ist die Entscheidung des BGH,[49] in der dieser klarstellt, dass nicht nur direkte Abnehmer der Kartellteilnehmer kartellrechtlichen Schadensersatz verlangen können, sondern auch ihnen in der Absatzkette folgende indirekte Abnehmer.[50] Als Konsequenz sei der Einwand des Kartellanten, der Ersatzberechtigte habe den kartellbedingten Preisaufschlag auf seine Abnehmer abgewälzt, bei der Schadensberechnung im Rahmen der Vorteilsausgleichung zu berücksichtigen („sog. passing-on-defense").

### *2) Vielzahl von Rechtsakten sowie gehäufte Anzahl gerichtlicher Entscheidungen*

Der europäische Gesetzgeber betritt mit der neu eingeführten Kollisionsnorm Art. 6 Abs. 3 Rom II-VO Neuland auf dem Gebiet des internationalen Kartellrechts.[51] Auch auf dem Gebiet des europäischen Kartelldeliktsrechts herrscht Aufbruchsstimmung[52]; die möglichen Folgen für das europäische Kartellrecht infolge des Richtlinienerlasses durch das Europäische Parlament und den Rat der Europäischen Union vom 26. November 2014 sind zu untersuchen. Daneben sind insbesondere auch die Auswirkungen der 7. GBW-Novelle 2005 sowie der erst kürzlich ergangenen Rechtsprechungen des BGH[53] zur Anspruchsberechtigung „jedermanns" im Rahmen von kartellrechtlichen Schadensersatzklagen untersuchungswürdig. Im Hinblick auf die erst aktuell ergangenen Entscheidungen der europäischen und nationalen Gerichte[54] zum Recht auf Einblick in Kronzeugen-Akten durch den Geschädigten zur Vorbereitung von kartellrechtlichen Schadensersatzklagen ist insoweit das Verhältnis von behördlicher und zivilrechtlicher Durchsetzung des europäischen Kartellrechts zu erörtern.

---

48 OLG Düsseldorf, Urt. v. 22.08.2012, V-4 Kart 5+6/11 (Kaffeeröster), Rn 38= BB 2012, 2459 ff; *Dworschak/Marizen*, WuW 2013, 829, 834; *Meinhold-Heerlein/Engelhoven*, EWiR 2013, 29.

49 BGH, Urt. v. 28.06.2011, KVR 75/10 (Selbstdurchschreibepapier), BGHZ 190, 145–172.

50 BGH, Urt. v. 28.06.2011, KVR 75/10 (Selbstdurchschreibepapier), BGHZ 190, 145–172, Rn. 23.

51 *Mankowski*, IPRAX 2010, 389, 395.

52 A. A.: *Mäsch*, WuW 2013, 687.

53 BGH, Urt. v. 28.06.2011, KVR 75/10 (Selbstdurchschreibepapier), BGHZ 190, 145–172.

54 EuGH, Urt. v. 14.06.2011, C-360/09 (Pfleiderer) = WuW/E EU-R 2357; EuGH, Urt. v. 06.06.2013, C-536/11 (Donau Chemie) = WuW/E EU-R 2746; OLG Düsseldorf, Urt. v. 22.08.2012, V-4 Kart 5+6/11 (Kaffeeröster) = BB 2012, 2459; AG Bonn, Beschl. v. 18.01.2012, 51 Gs 53/09 (Pfleiderer) = GRUR-RR 2012, 178–180.

## II) Untersuchungsmaßstab unionsrechtlicher Effektivitätsgrundsatz

Als Bezugspunkt für die Untersuchung bietet sich der unionsrechtliche Effektivitätsgrundsatz an, da sich dieser als Argumentationslinie durch die gesamte nationale und europäische Rechtsprechung[55] zu kartellrechtlichen Schadensersatzklagen zieht und auch Hintergrund der meisten Rechtsakte auf dem Gebiet der kartellrechtlichen Schadensersatzklagen ist. Verankert ist der „effet utile“ derzeit in Art. 4 Abs. 3 EUV.[56]

### *1) Die Argumentationsfigur „effet utile“*

Der „effet utile“ oder unionsrechtlicher Effektivitätsgrundsatz ist eine Argumentationsfigur des EuGH, die dieser allumfassend und nicht nur auf kartellrechtliche Sachverhalte anwendet, um dem Unionsrecht zur praktischen Wirksamkeit zu verhelfen.[57] In der jüngeren Rechtsprechung der europäischen Gerichte[58] wurde der Effektivitätsgrundsatz verstärkt herangezogen. Die starke Stellung des Effektivitätsgrundsatzes in der Rechtsprechung des EuGH bestätigend ist hierbei insbesondere das Urteil des EuGH in Sachen VALE[59]. In dieser Entscheidung stellt der EuGH fest, dass es mit dem Effektivitätsgrundsatz vereinbar sei, dass der Aufnahmestaat bei einer grenzüberschreitenden Umwandlung eine strikte rechtliche und wirtschaftliche Kontinuität verlange, soweit dies für innerstaatliche und grenzüberschreitende Umwandlungen gleichfalls gelte.[60] Auffallend dabei ist, dass der EuGH nicht auf das in der Niederlassungsfreiheit verankerte Diskriminierungs- und Beschränkungsverbot verweist, sondern zur Begründung seiner Entscheidung den Äquivalenz- und Effektivitätsgrundsatz bemüht.[61]

---

55 EuGH, Urt. v. 20.09.2001, C-453/99 (Courage), Slg. 2001, I-6297; EuGH, Urt. v. 13.07.2006, C-295–298/04 (Manfredi), Slg. 2006, I-6619; EuGH, Urt. v. 14.06.2011, C-360/09 (Pfleiderer) = WuW/E EU-R 2357; BGH, Urt. v. 28.06.2011, KVR 75/10 (Selbstdurchschreibepapier) BGHZ 190, 145–172; AG Bonn, Beschl. v. 18.01.2012, 51 Gs 53/09 (Pfleiderer) = GRUR-RR 2012, 178–180.

56 Vertrag über die Europäische Union vom 07.02.1992 (ABl. C 191 vom 29.07.1992) in der Fassung des Vertrages von Lissabon vom 13.12.2007 (ABl. C 306 vom 17.12.2007); konsolidierte Fassung ABl. C 38 vom 30.03.2010, S. 1; vor Inkrafttreten des AEUV war der Effektivitätsgrundsatz in Art. 10 EGV verankert.

57 *Schwarze/Hatje*, EU-Kommentar, EUV Art. 4 Rn. 28.

58 EuGH, Urt. v. 12.07.2012 C-378/10 (VALE); EuGH, Urt. v. 22.11.2012 C-139/11 Rn. 55 (Cuadrech Moré).

59 EuGH, Urt. v. 12.07.2012 C-378/10 (VALE).

60 EuGH, Urt. v. 12.07.2012 C-378/10 Rn. 55 (VALE).

61 *Kohler/Seyr/Puffer-Mariette*, ZEuP 2014, 116, 120.

### a) *Telos des unionsrechtlichen Effektivitätsgrundsatzes*

Die Funktionsfähigkeit der Europäischen Union ist nur gewährleistet, wenn das Europäische Recht in allen Mitgliedsstaaten einheitlich gilt und angewendet wird.[62] Unterschiede und Eigenheiten zwischen den nationalen Rechtsordnungen können die einheitliche Anwendung bzw. Geltung des Unionsrechts gefährden.[63] Eine einheitliche Anwendung des Unionsrechts erfordert eine loyale Zusammenarbeit der Mitgliedsstaaten und der Union sowie der Mitgliedsstaaten untereinander.[64] Als Ausprägung des Loyalitätsgedankens und um die Einheitlichkeit der Anwendung des Unionsrechts zu sichern, hat der EuGH in ständiger Rechtsprechung[65] den Effektivitätsgrundsatz als allgemeinen Grundsatz entwickelt.[66]

Demnach sind die Mitgliedsstaaten verpflichtet, dem europäischen Recht zu größtmöglicher Wirksamkeit zu verhelfen[67] und dementsprechend alle Maßnahmen zu unterlassen, die die Verwirklichung der Ziele der Europäischen Union gefährden könnten.[68] Alle Träger öffentlicher Gewalt[69] und die nationalen Gerichte[70] werden von den Verpflichtungen umfasst.[71] Die konkrete Ausgestaltung dieser Verpflichtung ist im Einzelfall von den Vertragsvorschriften oder den sich aus dem allgemeinen System der EU ergebenden Rechtsnormen abhängig.[72] Es ist mittlerweile allgemein anerkannt, dass die loyale Zusammenarbeit der Mitgliedsstaaten und der Gemeinschaft sowie der Mitgliedsstaaten untereinander und damit auch der unionsrechtliche Effektivitätsgrundsatz bindendes Recht darstellt.[73] Dies hat zur Folge, dass der unionsrechtliche Effektivitätsgrundsatz den Mitgliedsstaaten bindend vorschreibt, innerstaatliches Recht, welches die Verwirklichung des Unionsrechts beeinträchtigt,

---

62 *Schwarze/Hatje*, EU-Kommentar, EUV Art 4 Rn. 28.

63 *Schwarze/Hatje*, EU-Kommentar, EUV Art 4 Rn. 35.

64 *Schwarze/Hatje*, EU-Kommentar, EUV Art 4 Rn. 28.

65 EuGH, Urt. v. 21.09.1983, Rs. 205/82 (Deutsche Milchkontor), Slg 1983, 2633, Rn. 19, 22; EuGH, Urt. v. 09.11.1983, Rs. 199/82 (San Giorgio), Slg 1983, 3595 Rn. 14; EuGH, Urt. v. 02.10.2003, Rs. C-147/01, (Weber's Wine World Handels-GmbH), Slg. 2003, I-11365, Rn. 117.

66 *Schwarze/Hatje*, EU-Kommentar, EUV Art 4 Rn. 35.

67 EuGH, Urt. v. 23.04.1991, C-208/90 (Elmott), Slg. 1991, I-4269, Rn. 18; EuGH, Urt. v. 21.06.2001, C-119/00 (KOM/Luxemburg) Slg. 2001, I-4795, Rn 12; EuGH; Urt. v. 08.03.2001 C-97/00 (KOM/Frankreich) Slg. 2001, I-2053 Rn. 9); *Borchardt/Lenz/Lenz*, EU-Verträge, Art. 4 Rn. 14.

68 *Schröter/Jakob/Klotz/Dohms*, Europäisches Wettbewerbsrecht, S. 1998 Rn. 1; *Calliess/Ruffert/Kahl*, EUV AEUV, Art. 3 Rn. 62.

69 EuGH, Urt. v. 11.07.2002; C-62/00 (Marks & Spencer), Slg. 2002, I-6325, Rn. 24.

70 EuGH, Urt. v. 26.09.1996; C-168/95 (Arcaro), Slg. 1996, I-4705, Rn. 41.

71 *Borchardt/Lenz/Lenz*, EU-Verträge, Art 4 Rn. 14.

72 EUGH, Urt. v. 08.06.1971, Rs. 78/80 (Deutsche Grammophon/Metro), Slg. 1971, S. 498, Rn. 5; *Borchardt/Lenz/Lenz*, EU-Verträge, Art. 4 Rn. 14.

73 *Schwarze/Hatje*, EU-Kommentar, EUV Art 4 Rn. 23; *Streinz*, EUV/AEUV, Art 4 EUV Rn. 4.

unangewandt zu lassen.[74] Mitgliedstaaten sollen nicht unter Berufung auf Bestimmungen, Übungen oder Umstände ihrer Rechtsordnungen die Nichtbeachtung der sich aus dem Unionsrecht ergebenden Verpflichtungen rechtfertigen.[75]

### *b) Entwicklung des unionsrechtlichen Effektivitätsgrundsatzes durch den EuGH*

Der EuGH gebrauchte die Argumentationsfigur des „effet utile“ 1970 erstmals in dem sogenannten „Leberpfennig-Urteil“,[76] um die unmittelbare Wirkung von an Mitgliedstaaten gerichtete Verpflichtungen zu begründen.[77] Im Laufe der Zeit entwickelte der EuGH den unionsrechtlichen Effektivitätsgrundsatz weiter und wandte ihn auf verschiedene Fallgruppen an. So wurde die Argumentationsfigur des „effet utile“ vom EuGH im Zusammenhang mit der Anwendung und dem wirksamen Vollzug des Unionsrechts durch die Mitgliedsstaaten bislang insbesondere herangezogen zur Begründung des Vorrangs des Unionsrechts[78], der unmittelbaren Anwendbarkeit des europäischen Primärrechts[79], der unmittelbaren Wirkung von Richtlinien[80] und dem unionsrechtlichen Staatshaftungsanspruch bei Verstößen der Mitgliedsstaaten gegen das Unionsrecht[81]. Die einzelnen, sich aus dem unionsrechtlichen Effektivitätsgrundsatz ergebenden, Handlungspflichten werden im Folgenden ausführlicher dargestellt.

Daneben spielt der Grundsatz des „effet utile“ auch auf der Ebene des Rechts der Europäischen Union und ihrer Institutionen eine bedeutsame Rolle; der EuGH stützt die Auslegung und Fortentwicklung des materiellen Primär- und Sekundärrechts überwiegend auf den unionsrechtlichen Effektivitätsgrundsatz.[82] Ferner dient der unionsrechtliche Effektivitätsgrundsatz dem EuGH als Konkretisierung und Ergän-

---

74 EuGH, Urt. v. 02.02.1988, Rs. 309/85, Barra, Slg 1988, 355, Rn. 20/37 EuGH, Urt. v. 20.03.1997, Rs. C-24/95, Alcan II, Slg 1997, I-1591, Rn. 36/37; *Schwarze/Hatje*, EU-Kommentar, EUV Art. 4 Rn. 36.

75 *Schwarze/Hatje*, EU-Kommentar, EUV Art. 4 Rn. 36.

76 EuGH, Urt. v. 06.10.1970, Rs. 9/70 (Grad/Finanzamt Traunstein), Slg. 1970, S. 825, 838: „Die nützliche Wirkung („effet utile“) einer Maßnahme (z. B. Verpflichtung zu einem bestimmten Verhalten) von einer Gemeinschaftsbehörde gegenüber einem Mitgliedsstaat würde abgeschwächt, wenn die Angehörigen des jeweiligen Mitgliedsstaates sich vor den staatlichen Gerichten nicht darauf berufen könnten bzw. die staatlichen Gerichte sie nicht als Bestandteil des Gemeinschaftsrechts berücksichtigen könnten.“

77 EuGH, Urt. v. 06.10.1970, Rs. 9/70 (Grad/Finanzamt Traunstein), Slg. 1970, S. 825, 837 ff.; *Streinz*, FS Everling (1995), 1491, 1492.

78 EuGH, Urt. v. 15.07.1964, Rs. 6/64 (Costa/ENEL), Slg. 1964, S. 1251 ff.

79 EuGH, Urt. v. 09.03.1978, Rs. 106/77 (Simmenthal II), Slg. 1978, S. 644 f.

80 EuGH, Urt. v. 5. 4. 1979 Rs. 148/78 = NJW 1979, 1764 f.

81 EuGH, Urt. v. 19.11.1991, verb. Rs. C-6/90 und C-9/90 (Francovich), Slg. 1991 I, S. 5357 ff.; *Grabitz/Hilf/Nettesheim*, Das Recht der Europäischen Union, Art. 4 EUV, Rn. 57.

82 *Roth*, WRP 2013, 257.

zung der teleologischen Auslegungsmethode, der Fortbildung des materiellen und prozessualen Rechts im Wege des Richterrechts und der Entwicklung von Instrumenten zum Vollzug von Unionsrecht durch die Unionsorgane.[83]

### *c) Ausprägungen des unionsrechtlichen Effektivitätsgrundsatzes*

Entsprechend dem Telos des unionsrechtlichen Effektivitätsgrundsatzes ergeben sich für die Mitgliedsstaaten Handlungspflichten, Förderungspflichten und Unterlassenspflichten, die der Verwirklichung des Europäischen Rechts dienen.[84]

#### (1) Handlungspflichten

Als Handlungspflicht trifft die Mitgliedsstaaten gegenüber der Union grundsätzlich die Pflicht, das europäische Recht auszuführen und seine Anwendung zu kontrollieren.[85]

Die Handlungspflicht umfasst insbesondere die Gewährleistung der einheitlichen Wirksamkeit des Unionsrechts, die Sicherung der unmittelbaren Wirkung des Unionsrechts, die Sicherung des Vorrangs des Unionsrechts, das Gebot unionskonformer Auslegung, Sanktionspflichten und eine Staatshaftung bei der hinreichend qualifizierten Verletzung von unionsrechtlichen Regelungen.[86]

#### (a) Gewährleistung eines einheitlich wirksamen Unionsrechts

Um die einheitliche Wirksamkeit des Unionsrechts zu gewährleisten, ist es den Mitgliedsstaaten untersagt, die Verwirklichung des europäischen Rechts praktisch unmöglich zu machen oder zu erschweren[87]. So ist es den Mitgliedsstaaten etwa untersagt, nach Verkündung eines Urteils durch den EuGH nationale Rechtsvorschriften zu erlassen, wonach die Durchsetzung unionsrechtlicher Ansprüche im Gegensatz zur vorherigen Rechtslage erschwert wird, wenn die betroffenen Regelungen speziell im Urteil behandelt wurden.[88]

---

83 *Roth*, WRP 2013, 257.

84 *Schwarze/Hatje*, EU-Kommentar, EUV Art. 4 Rn. 33; *Grabitz/Hilf/Nettesheim*, Das Recht der Europäischen Union, Art. 4 EUV, Rn. 60.

85 EuGH, Urt. v. 11.02.1971, Rs 37/70 (Fleischkontor) Slg. 1971, 49 Rn. 4; EuGH, Urt. v. 28.06.1977, Rs. 118/76 (Balkan-Import-Expot/HZA Berlin-Packhof), Slg. 1977, 1107 Rn. 3; *Borchardt/Lenz/Lenz,* EU-Verträge, Art 4 Rn. 14; *Schwarze/Hatje,* EU-Kommentar, EUV Art. 4 Rn. 35.

86 *Grabitz/Hilf/Nettesheim/Bogdandy/Schill,* Das Recht der Europäischen Union, Art. 4 Rn 69; *von der Groeben/Schwarze/Hatje/Obwexer,* Europäisches Unionsrecht, EUV Art. 4 Rn. 93 ff; *Schwarze/Hatje,* EU-Kommentar, EUV Art. 4 Rn. 33 ff.; *Streinz,* EUV/AEUV, Art. 4 Rn. 33.

87 EuGH, Urt. v. 2.12.1997, C-188/95 (Fantask u.a.), Slg. 1997, I-6783 Rn. 47; *von der Groeben/Schwarze/Hatje/Obwexer,* Europäisches Unionsrecht, EUV Art. 4 Rn. 105.

88 EuGH, Urt. v. 11.07.2002; C-62/00 (Marks & Spencer), Slg. 2002, I-6325, Rn. 24 EuGH, Urt. v. 02.10.2003, Rs. C-147/01, (Weber's Wine World Handels-GmbH), Slg. 2003, I-11365, Rn. 117.

### (b) Sicherung der unmittelbaren Wirkung des Unionsrechts

Die unmittelbare Wirkung des Unionsrechts ist eine wesentliche Bedingung für die Gewährleistung seiner Effektivität.[89] Primärrecht, allgemeine Rechtsgrundsätze, wie auch die Grundrechte, und Verordnungen, die unmittelbare Wirkung entfalten, müssen von den Mitgliedsstaaten ohne Weiteres angewendet werden.[90] Auch wenn Richtlinien den Mitgliedsstaaten die Wahl der Form der Mittel für ihre Umsetzung in das nationale Recht geben und somit grundsätzlich keine unmittelbare Wirkung entfalten, dürfen die Mitgliedsstaaten bereits nach Inkrafttreten der Richtlinie keine Vorschriften mehr erlassen, die das Erreichen des Ziels der Richtlinie ernsthaft infrage stellen würden.[91] Um dem unionsrechtlichen Effektivitätsgrundsatz Rechnung zu tragen, sind die Mitgliedsstaaten in Rechtsfortbildung durch den EuGH jedoch auch an eine Richtlinie vor ihrer Durchsetzung mittels nationalen Rechts von Amts wegen gebunden, wenn die Richtlinie zugunsten eines Einzelnen unmittelbare Wirkung entfaltet, hinreichend bestimmt und unbedingt ist und die Umsetzungsfrist abgelaufen ist.[92]

### (c) Sicherung des Vorrangs des Unionsrechts

Weiter leitet sich die Verpflichtung der Mitgliedsstaaten aus dem unionsrechtlichen Effektivitätsgrundsatz ab, den Vorrang des Unionsrechts vor entgegenstehendem innerstaatlichem Recht zu sichern, um somit eine einheitliche Geltung und Anwendung des Europäischen Rechts in den Mitgliedsstaaten zu sichern.[93]

### (d) Gebot unionskonformer Auslegung

Die mitgliedsstaatlichen Stellen müssen das nationale Recht unionskonform auslegen.[94] Insbesondere müssen sie die zur Durchführung einer Richtlinie erlassenen Vorschriften richtlinienkonform auslegen, damit die Ziele der Richtlinie möglichst weitreichend verwirklicht werden.[95] Die nationalen Gerichte müssen den Einzelnen den Rechtsschutz gewährleisten, der diesen aus der unmittelbaren Wirkung der Vorschriften des Europäischen Rechts zusteht.[96]

---

89 *Schwarze/Hatje*, EU-Kommentar, EUV Art 4 Rn. 37.

90 *Schwarze/Hatje*, EU-Kommentar, EUV Art 4 Rn. 37.

91 EuGH, Urt. v. 18.12.1997, Rs C-129/96, (ASBL/Wallonie), Slg. 1997, I-7411 Rn. 45; EuGH, Urt. v. 08.03.2003, Rs. C-14/02 (ATRAL), Slg. 2003, I-4431, Rn. 58; EuGH, Urt. v. 04.07.2006, Rs. C-212/04 (Adeneler u. a.) Slg. 2006, I-6057, Rn. 121.

92 EuGH, Urt. v. 20.02.1979, Rs. 148/78 (Ratti), Slg. 1979, 1629 Rn. 20–23.

93 EuGH, Urt. v. 15.07.1964, Rs. 6/64 (Costa/Enel) Slg. 1964, 1251, 1270 *Groeben/Schwarze/Hatje/Obwexer*, Europäisches Unionsrecht, EUV Art. 4 Rn. 112; vgl. *Streinz*, EUV/AEUV, Art. 4 Rn. 35 ff.

94 *Groeben/Schwarze/Hatje/Obwexer*, Europäisches Unionsrecht, EUV Art. 4 Rn. 116; *Schwarze/Hatje*, EU-Kommentar, EUV Art. 4 Rn. 48.

95 EuGH Urt. v. 10.04.1984, Rs. 14/83 (Von Coloson und Kamann), Slg. 1984, 1891, Rn. 28.

96 EuGH Urt. v. 15.05.1986, Rs. 222/84 (Johnston), Slg. 1986, 1651, Rn. 53.

(e) Sanktionspflichten

Um die Beachtung des Europäischen Rechts zu gewährleisten, trifft die Mitgliedsstaaten die Verpflichtung, geeignete Sanktionen vorzusehen und zu verhängen.[97]

(f) Staatshaftung

Bei der hinreichend qualifizierten Verletzung von unionsrechtlichen Regelungen, wie der fehlenden oder unzureichenden Umsetzung von Richtlinien, aber auch beim Verstoß gegen unmittelbar geltendes Europarecht, sind die Mitgliedsstaaten verpflichtet, dem Bürger für den ihm daraus entstandenen Schaden Ersatz zu leisten.[98]

(2) Förderungspflicht

Unter den Förderpflichten der Mitgliedsstaaten versteht man die Verpflichtung der Mitgliedsstaaten, der Kommission die Erfüllung ihrer Aufgaben zu erleichtern[99]. Diese Aufgaben bestehen gemäß Art. 17 AEUV darin für die Anwendung des AEUV sowie die Anwendung der Bestimmungen, welche europäischen Organe aufgrund des AEUV getroffenen haben Sorge zu tragen.[100] Auch dort, wo die Mitwirkungspflicht nicht in Form einer Handlungspflicht besteht, können Förderungspflichten bestehen.[101] Diesen muss unterstützende Wirkung zukommen.[102]

(3) Unterlassenspflicht

Die Mitgliedsstaaten haben alle Maßnahmen zu unterlassen, welche die Verwirklichung der Ziele der Union gefährden könnten.[103] So sind die Mitgliedsstaaten verpflichtet, die materielle Tragweite des Unionsrechts zu wahren. Konkret bedeutet dies, dass es einem Mitgliedsstaat z. B. untersagt ist, durch nationale Gesetzgebung ein Verhalten von Unternehmen vorzuschreiben oder zu erleichtern, das es diesen ermöglicht, sich dem Europäischen Wettbewerb zu entziehen.[104] Ferner müssen die Mitgliedsstaaten die Unionsinteressen im Außenverhältnis wahrend und sind ent-

---

97 *Borchardt/Lenz/Lenz*, EU-Verträge, Art. 4 Rn. 16.

98 EuGH, Urt. v. 19.11.1991, Verb. Rs. C-6/90 und C-9/90 (Francovich), Slg. 1991 I, S. 5357; *Groeben/Schwarze/Hatje/Obwexer*, Europäisches Unionsrecht, EUV Art. 4 Rn. 120 ff; *Schwarze/Hatje*, EU-Kommentar, EUV Art. 4 Rn. 53.

99 *Streinz*, EUV/AEUV, Art 4 Rn. 65.

100 EuGH, Urt. v. 12.09.2000, C-408/97, KOM/Niederlande, Slg. 2000, I-6417, Rn. 16.

101 *Schwarze/Hatje*, EU-Kommentar, EUV Art 4 Rn. 67; *Streinz*, EUV/AEUV, Art. 4 EUV Rn. 65.

102 *Schwarze/Hatje*, EU-Kommentar, EUV Art 4 Rn. 67.

103 *Calliess/Ruffert/Calliess/Kahl/Puttler*, EUV/AUV, Art 4, Rn. 101; *Grabitz/Hilf/Nettesheim*, Das Recht der Europäischen Union, Art. 4 EUV Rn. 131; *Streinz*, EUV/AEUV, Art. 4 EUV Rn 65 *Schwarze/Hatje*, EU-Kommentar, EUV Art 4 Rn. 71 ff.

104 *Schwarze/Hatje*, EU-Kommentar, EUV Art 4 Rn. 71 ff; *Streinz*, EUV/AEUV, Art 4 Rn. 107.

sprechend verpflichtet, sämtliche Maßnahmen, die diesen Zielen zuwiderlaufen, zu unterlassen.[105]

## *2) Der unionsrechtliche Effektivitätsgrundsatz im Kartellrecht*

### *a) Entwicklung des unionsrechtlichen Effektivitätsgrundsatzes im europäischen Kartellrecht*

Nach ständiger Rechtsprechung des EuGH begründen die europäischen Wettbewerbsregelungen im Zusammenhang mit dem sog. System eines unverfälschten Wettbewerbs, verankert in Art. 3 lit g EVG (entspricht Art. 3 lit b AEUV), und der Loyalität der Mitgliedsstaaten, Art. 5 Abs. 2 EGV (entspricht Art. 13 Abs. 2 AEUV), die Verpflichtung der Mitgliedsstaaten, keine Maßnahmen zu ergreifen oder aufrechtzuerhalten, durch die die effektive Durchsetzung des europäischen Kartellrechts beeinträchtigt werden könnte.[106]

Den Effektivitätsgrundsatz im Zusammenhang mit der Durchsetzung des europäischen Kartellrechts erwähnte der EuGH erstmals in der Entscheidung „Walt Wilhelm“[107] im Jahr 1969. Demnach liegen der Gewährleistung der effektiven Durchsetzung des europäischen Kartellrechts allgemeine, die Mitgliedsstaaten verpflichtende Grundsätze zugrunde. Durch diese werden, laut EuGH, staatlichen Interventionen Schranken gesetzt, soweit dies erforderlich ist, um das System des unverfälschten Wettbewerbs in der Union vor einseitigen Eingriffen der Mitgliedsstaaten zu schützen.[108] Zeitweilig schoss die europäische Rechtsprechung über das Ziel hinaus, als sie eine zu weitreichende Kontrolle staatlicher Interventionen im Wirtschaftsleben verfolgte, indem sie jede staatliche Maßnahme, die Wirkungen wie eine wettbewerbsbeschränkende Vereinbarung oder wie ein Missbrauch der marktbeherrschenden Stellung hatte, verbat.[109] Ab Ende der 1980er Jahre hat der EuGH seine Rechtsprechung in verschiedener Weise korrigiert und klargestellt.[110] Demnach verstößt ein Mitgliedsstaat gegen den Effektivitätsgrundsatz, wenn er Art. 101 AEUV zuwiderlaufende Vereinbarungen oder abgestimmte Verhaltensweisen zwischen Unternehmen oder Art. 102 AEUV zuwiderlaufende Missbräuche marktbeherrschender Stellung erleichtert, begünstigt oder veranlasst sowie deren Auswirkungen verstärkt oder die Verantwortung für die Wirtschaftlichkeit eingreifender Entscheidungen privaten Wirtschaftsteilnehmern überlässt.[111]

---

105 *Schwarze/Hatje*, EU-Kommentar, EUV Art 4 Rn. 71 ff.

106 *Möschel*, NJW 1994, 1709; *Schröter/Thinam/Mederer/Dohms*, Europäisches Wettbewerbsrecht, S. 1998 Rn. 1.

107 EuGH, Urt. v. 13.02.1969, Rs. 14/68 (Walt Wilhelm), Slg. 1969, S. 1 ff.

108 EuGH, Urt. v. 13.02.1969, Rs. 14/68 (Walt Wilhelm), Slg. 1969, S. 1–17 Rn. 4.

109 *Schröter/Thinam/Mederer/Dohms*, Europäisches Wettbewerbsrecht, S. 1998 Rn. 2.

110 *Schröter/Thinam/Mederer/Dohms*, Europäisches Wettbewerbsrecht, S. 1998 f. Rn. 2.

111 *Schröter/Thinam/Mederer/Dohms*, Europäisches Wettbewerbsrecht, S. 1999 Rn. 3.

Die Rechtsprechung des EuGH ist großteils vor dem Inkrafttreten des Lissabon-Vertrags am 1. Dezember 2009 ergangen. Auch wenn sich seit dem Inkrafttreten des Lissabon-Vertrags die Bezugnahme von EUV auf AEUV gegenüber der vorherigen Rechtslage geändert hat, lässt sich eine rechtliche Schwächung der Stellung der Politiken des Systems eines unverfälschten Wettbewerbs sowie der Loyalität der Mitgliedsstaaten nicht feststellen.[112] So nennt Art. 3 Abs. 2 EUV als Zielsetzung der Union die Errichtung eines Binnenmarktes und Art. 4 Abs. 3 EUV wiederholt den Grundsatz der loyalen Zusammenarbeit.[113]

#### *b) Anwendung des Effektivitätsgrundsatzes im Zusammenhang mit dem private enforcement*

In Bezug auf kartellrechtliche Schadensersatzklagen ist der Effektivitätsgrundsatz durchgängig Argumentationslinie der nationalen und europäischen Gerichte[114].

So zog der EuGH in den Entscheidungen Courage[115] und Manfredi[116] den „effet utile" heran, um die Mitgliedsstaaten zu verpflichten, ihr nationales Recht so auszugestalten, dass es dem europäischen Kartellrecht zu praktischer Wirksamkeit verhilft. Auch in dem sog. Pfleiderer-Urteil des EuGH[117], in dem dieser auf die Vorlage des AG Bonn hin über das Akteneinsichtsrecht in Bonusanträge durch potentielle Kläger zu entscheiden hatte, hat der EuGH die Mitgliedsstaaten angewiesen, eine Einzelabwägung am Maßstab des Effektivitätsgrundsatzes zu treffen. In den erst kürzlich ergangenen Entscheidungen des BGH zur Anspruchsberechtigung mittelbarer Abnehmer im Rahmen von kartellrechtlichen Schadensersatzklagen stützte dieser die Bejahung einer solchen auf seine Verpflichtungen unter dem Effektivitätsgrundsatz[118].

### *3) Einschränkung des Untersuchungsgegenstandes*

Der Untersuchungsgegenstand beschränkt sich auf die Durchsetzung des Art. 101 AEUV. Die Durchsetzung des nationalen deutschen Kartellverbots nach § 1 GWB, die Geltendmachung von Wettbewerbsverletzungen aufgrund des Missbrauchs einer marktbeherrschenden Stellung nach Art. 102 AEUV, § 2 GWB

---

112 *Schröter/Thinam/Mederer/Dohms*, Europäisches Wettbewerbsrecht, S. 2000 Rn. 6

113 *Schröter/Thinam/Mederer/Dohms*, Europäisches Wettbewerbsrecht, S. 2000 Rn. 6.

114 EuGH, Urt. v. 20.09.2001, C-453/99 (Courage), Slg. 2001, I-6297; EuGH, Urt. v. 13.07.2006, C-295–298/04 (Manfredi), Slg. 2006, I-6619; EuGH, Urt. v. 14.06.2011, C-360/09 (Pfleiderer) = WuW/E EU-R 2357; BGH, Urt. v. 28.06.2011, KVR 75/10 (Selbstdurchschreibepapier) BGHZ 190, 145–172; AG Bonn, Beschl. v. 18.01.2012, 51 Gs 53/09 (Pfleiderer) = GRUR-RR 2012, 178–180.

115 EuGH, Urt. v. 20.09.2001, C-453/99 (Courage), Slg. 2001, I-6297.

116 EuGH, Urt. v. 13.07.2006, C-295–298/04 (Manfredi), Slg. 2006, I-6619.

117 EuGH, Urt. v. 15.12.2011, Rs. T-437/08 (CDC Hydrogene Peroxide) = WuW/E EU-R 2187, 2193.

118 BGH, Urt. v. 28.06.2011, KVR 75/10 (Selbstdurchschreibepapier), Rn. 28, BGHZ 190, 145–172.

sowie der Themenkreis der europäischen und deutschen Fusionskontrolle nach der Fusionskontrollverordnung[119] und § 15 ff GWB bleiben bei der Betrachtung unberücksichtigt. Zudem wird nur die privatrechtliche Durchsetzung des europäischen Kartellverbots behandelt; öffentlich-rechtliche sowie ordnungsrechtliche bzw. strafrechtliche Aspekte werden nur behandelt, insoweit sie in unmittelbarem Zusammenhang mit der privatrechtlichen Durchsetzung stehen. Dabei ist der Untersuchungsgegenstand auf die offensive privatrechtliche Durchsetzung des Kartellverbots mittels Schadensersatzklagen begrenzt: Klagen, bei denen das kartellrechtliche Verbot defensiv als Verteidigungsmittel, etwa gegenüber einem vertraglichen Erfüllungsanspruch, dient, bleiben grundsätzlich unberücksichtigt. Gleichfalls außer Acht gelassen werden Unterlassungs- und Beseitigungsklagen. Bei der Untersuchung der internationalen Aspekte ist die deutsche Perspektive maßgeblich. Ausgangspunkt der Arbeit ist demnach der Fall einer Schadensersatzklage vor deutschen Gerichten. Untersucht werden lediglich deliktische Ansprüche nach § 33 Abs. 3 GWB; Ansprüche aus culpa in contrahendo oder aus Bereicherungsrecht werden vom Untersuchungsgegenstand hingegen nicht erfasst.

Die Untersuchung erfolgt am Maßstab des Effektivitätsgrundsatzes. Damit ist nicht eine ökonomische Analyse geführter Schadensersatzprozesse gemeint, sondern die Frage, inwieweit die Mitgliedsstaaten ihrer Verpflichtung nach Art. 4 Abs. 3 EUV, die praktische Wirksamkeit des Unionsrechts zu garantieren, nachkommen. Die grundsätzliche Steigerung der praktischen Wirksamkeit durch private Schadensersatzklagen wird unterstellt.

Die Effektivität der Durchsetzung des europäischen Kartellrechts mittels privater Schadensersatzklagen wird anhand ausgewählter einzelner Themenkomplexe unter Einbeziehung der nationalen deutschen und europäischen Regelungen sowie der deutschen und europäischen Rechtsprechung untersucht.

## C) Forschungsstand

Aufgrund der dargestellten wachsenden Bedeutung kartellrechtlicher Schadensersatzklagen auf europäischer und internationaler Ebene und der damit zusammenhängenden Verabschiedung einer Vielzahl von Rechtsakten durch den europäischen Gesetzgeber und Gesetzesänderungen durch den nationalen Gesetzgeber sowie einer Reihe in diesem Kontext in jüngster Vergangenheit ergangener Urteile, gibt es vermehrt wissenschaftliche Beiträge, insbesondere Dissertationen, zu diesem Thema.

Ausführungen bezüglich der mittelbaren Anspruchsinhaberschaft kartellgeschädigter Schadensersatzkläger, der Offenlegung von Kronzeugenakten sowie der Problematik rund um die Ermittlung des anwendbaren Rechts und die gerichtliche Zuständigkeitenordnung, die im Folgenden behandelt werden sollen,

119 Verordnung (EG) Nr. 139/2004 des Rates vom 20. Januar 2004 über die Kontrolle von Unternehmenszusammenschlüssen („EG-Fusionskontrollverordnung"), ABl. Nr. L 24 S. 1.

finden sich insbesondere bei Helena Isabel Maier in ihrer Dissertation „Marktortanknüpfung im internationalen Kartelldeliktsrecht“[120], Christian Alexander in seiner Habilitation „Schadensersatz und Abschöpfung im Lauterkeits- und Kartellrecht“[121], Gero Meessen in seiner Dissertation „Schadensersatz bei Verstößen gegen EU-Kartellrecht“[122], Hans Philip Logemann in seiner Dissertation „Der Kartellrechtliche Schadensersatzanspruch“[123], Friedrich Wenzel Bulst in seiner Dissertation „Schadensersatzansprüche der Marktgegenseite im Kartellrecht“[124], Gregor Schroll in seiner Dissertation „Der Einfluss interner und externer Faktoren auf die Effektivität der Kronzeugenprogramme der EU-Kommission und des Bundeskartellamtes“[125] sowie Barbara Schur in ihrer Dissertation „Internationales Kartellprivatrecht nach der Rom II-Verordnung“[126].

Helena Isabel Maier beschäftigt sich in ihrer Dissertation „Marktortanknüpfung im internationalen Kartelldeliktsrecht“[127], die 2011 veröffentlicht wurde, mit kartellrechtlichen Schadensersatzansprüchen im internationalen Kollisionsrecht. Auf Sachrechtsebene geht sie insbesondere auf die Anspruchsinhaberschaft mittelbarer Abnehmer[128] ein. Einen weiteren Schwerpunkt ihrer Arbeit bildet die Ermittlung des anzuwendenden Rechts nach der Rom II-Verordnung, wobei sie zusammenfassend zu dem Schluss kommt, dass die Rom II-Verordnung zumindest in Teilen Rechtsunsicherheit schafft[129], was einer effektiven Durchsetzung des internationalen Kartellrechts entgegensteht. Ferner werden die infrage kommenden Gerichtsstände nach der Brüssel-I-VO[130] behandelt.[131]

Im Gegensatz zur Arbeit von Helena Isabel Maier soll im Folgenden auf die Thematik der Anspruchsinhaberschaft mittelbarer Abnehmer[132] nach dem Urteil des BGH in Sachen Selbstdurchschreibpapier[133] eingegangen werden, welches im Jahr 2011 erging und damit in der Dissertation von Helena Isabel Maier noch keine Berücksichtigung finden konnte. Bei dem Urteil des BGH in Sachen Selbst-

---

120 *Maier*, Marktortanknüpfung, 2010.

121 *Alexander*, Schadensersatz und Abschöpfung im Lauterkeits- und Kartellrecht, 2009.

122 *Meessen*, Schadensersatz bei Verstößen gegen EU-Kartellrecht, 2011.

123 *Logemann*, Der Kartellrechtliche Schadensersatzanspruch, 2009.

124 *Bulst*, Schadensersatzansprüche der Marktgegenseite, 2006.

125 *Schroll*, Effektivität der Kronzeugenprogramme, 2011.

126 *Schnur*, Internationales Kartellprivatrecht, 2012.

127 *Maier*, Marktortanknüpfung.

128 *Maier*, Marktortanknüpfung, S. 31 ff.

129 *Maier*, Marktortanknüpfung, S. 327.

130 Verordnung (EU) Nr. 44/2001 des Rates vom 22.12.2000 über die gerichtliche Zuständigkeit und die Anerkennung und Vollstreckung von Entscheidungen in Zivil- und Handelssachen (Brüssel I-VO).

131 *Maier*, Marktortanknüpfung, S. 93 ff.

132 *Maier*, Marktortanknüpfung, S. 31 ff.

133 BGH, Urt. v. 28.06.2011 – KZR 75/10, BGHZ 190, 145–172.

durchschreibpapier[134] handelt es sich um ein richtungsweisendes Urteil, welches schon für sich allein eine erneute Betrachtung der Thematik erforderlich macht. Zudem soll die Anspruchsinhaberschaft mittelbarer Abnehmer speziell aus dem Blickwinkel der damit erreichten Steigerung der Effektivität der Durchsetzung des europäischen Kartellrechts untersucht werden. Auf das von Helena Isabel Maier gefundene Ergebnis, dass die Rom II-Verordnung zumindest in Teilen Rechtsunsicherheit schafft[135], wird im Anschluss eingegangen, jedoch unter dem Blickwinkel des inzwischen längeren Bestehens der Regelungen. Die infrage kommenden Gerichtsstände nach der Brüssel I a-VO[136] sollen hier im Gegensatz zu der eher beschreibenden Darstellung von Helena Isabel Maier speziell im Hinblick auf das Zusammenspiel ihrer Auslegung und der effektiven Durchsetzung des europäischen Kartellrechts mittels privater Schadensersatzklagen untersucht werden.

Christian Alexander beschäftigt sich in seiner Habilitation „Schadensersatz und Abschöpfung im Lauterkeits- und Kartellrecht“[137], die 2010 veröffentlicht wurde, u. a. mit der Anspruchsberechtigung mittelbarer Abnehmer sowie der in diesem Zusammenhang stehenden Problematik der Schadensabwälzung. Er spricht sich dafür aus, das Verbot des Einwands der Schadensabwälzung gemäß § 33 Abs. 3 S. 2 GWB umfassend im Sinne des Ausschlusses einer Vorteilsausgleichung zu verstehen.[138] Der BGH entschied in der Entscheidung Selbstdurchschreibepapier[139] hingegen, dass, wenn der unmittelbare Abnehmer Schäden auf die unmittelbaren Abnehmer abgewälzt hat, dies bei der Schadensberechnung im Rahmen der Vorteilsausgleichung zu berücksichtigen sei, was eine erneute Betrachtung der Thematik mit Rücksicht auf die Entscheidung unter besonderer Beachtung der vom BGH hervorgebrachten Argumente erforderlich macht.

Gregor Schroll thematisiert in seiner Dissertation „Der Einfluss interner und externer Faktoren auf die Effektivität der Kronzeugenprogramme der EU-Kommission und des Bundeskartellamtes“[140], die 2012 veröffentlicht wurde, das Spannungsverhältnis zwischen dem Zugang zu Beweismitteln für die Vorbereitung von privaten Schadensersatzklagen und der Sicherstellung eines funktionierenden Kronzeugenprogramms. Maßstab der Untersuchung ist die Effektivität der Kronzeugenprogramme. Die Dissertation wurde vor dem Erlass des Urteils des

134 BGH, Urt. v. 28.06.2011 – KZR 75/10, BGHZ 190, 145–172.

135 *Maier*, Marktortanknüpfung, S. 327.

136 Verordnung (EU) Nr. 1215/2012 des Europäischen Parlaments und des Rates vom 12.12.2012 über die gerichtliche Zuständigkeit und die Anerkennung und Vollstreckung von Entscheidungen in Zivil- und Handelssachen (Brüssel I a-VO).

137 *Alexander*, Schadensersatz und Abschöpfung im Lauterkeits- und Kartellrecht.

138 *Alexander*, Schadensersatz und Abschöpfung im Lauterkeits- und Kartellrecht, S. 412.

139 BGH, Urt. v. 28.06.2011 – KZR 75/10, BGHZ 190, 145–172.

140 *Schroll*, Effektivität der Kronzeugenprogramme.

EuGH und des Beschlusses des AG Bonn in Sachen Pfleiderer[141] sowie des Richtlinienvorschlages[142] bzw. des Erlasses der Richtlinie[143] verfasst, sodass diese keine Berücksichtigung gefunden haben.

Gero Meessen beschäftigt sich in seiner Dissertation „Schadensersatz bei Verstößen gegen EU-Kartellrecht“[144], die 2011 veröffentlicht wurde, insbesondere mit der Anspruchsberechtigung mittelbarer Anspruchsinhaber und der Problematik der Schadensabwälzung. Des Weiteren thematisiert er das Spannungsverhältnis zwischen kartellrechtlichen Kronzeugenprogrammen und zivilrechtlichen Schadensersatzklagen und erläutert mögliche Lösungsansätze, wobei er selbst eine Lösung über einen gesamtschuldnerischen Innenausgleich zwischen den Kartellgeschädigten vorschlägt. Die zur Anspruchsinhaberschaft mittelbarer Abnehmer und Offenlegung von Kronzeugenanträgen zur Vorbereitung kartellrechtlicher Schadensersatzansprüche seit 2011 ergangenen wegweisenden Urteile des EuGH[145], BGH[146] und des AG Bonn[147] sind in der Dissertation von Gero Meessen nicht berücksichtigt, was eine erneute Überdenkung der Thematik erforderlich macht.

Hans Philip Logemann beschäftigt sich in seiner Dissertation „Der Kartellrechtliche Schadensersatzanspruch“[148], die 2009 veröffentlicht wurde, ebenso wie Friedrich Wenzel Bulst in seiner Dissertation „Schadensersatzansprüche der Marktgegenseite im Kartellrecht“[149], die 2006 veröffentlicht wurde, u. a. mit den Neuerungen, die mit der 7 GWB-Novelle 2005 hinsichtlich der Anspruchsberechtigung von kartellrechtlichen Schadensersatzklägern einhergehen. Die wegweisende Entscheidung des BGH[150] zur Anspruchsberechtigung mittelbarer Abnehmer wird nicht berücksichtigt.

Mit der Rom II-Verordnung setzt sich insbesondere Barbara Schur in ihrer Dissertation „Internationales Kartellprivatrecht nach der Rom II-Verordnung“[151], die 2012 veröffentlicht wurde, auseinander. Hierbei werden insbesondere die Tat-

141 EuGH, Urt. v. 14.06.2011, C-360/09 (Pfleiderer) = WuW/E EU-R 2357; AG Bonn, Beschl. v. 18.01.2012, 51 Gs 53/09 (Pfleiderer) = GRUR-RR 2012, 178–180.

142 Vorschlag für eine Richtlinie des Europäischen Parlaments und des Rates über bestimmte Vorschriften für Schadensersatzklagen nach einzelstaatlichem Recht wegen Zuwiderhandlungen gegen wettbewerbsrechtliche Bestimmungen der Mitgliedstaaten und der Europäischen Union, COM (2013) 404 final vom 11.06.2013.

143 Richtlinie 2014/104/EU des Europäischen Parlaments und des Rates vom 26. November 2014 über bestimmte Vorschriften für Schadensersatzklagen nach nationalem Recht wegen Zuwiderhandlungen gegen wettbewerbsrechtliche Bestimmungen der Mitgliedstaaten und der Europäischen Union.

144 *Meessen,* Schadensersatz bei Verstößen gegen EU-Kartellrecht.

145 EuGH, Urt. v. 14.06.2011, C-360/09 (Pfleiderer) = WuW/E EU-R 2357.

146 BGH, Urt. v. 28.06.2011 – KZR 75/10, BGHZ 190, 145–172.

147 AG Bonn, Beschl. v. 18.01.2012, 51 Gs 53/09 (Pfleiderer) = GRUR-RR 2012, 178–180.

148 *Logemann,* Der Kartellrechtliche Schadensersatzanspruch.

149 *Bulst,* Schadensersatzansprüche der Marktgegenseite.

150 BGH, Urt. v. 28.06.2011 – KZR 75/10, BGHZ 190, 145–172.

151 *Schnur,* Internationales Kartellprivatrecht.

bestandsmerkmale sowie die Rechtsfolgen des Art. 6 Abs. 3 Rom II-VO beleuchtet. Eine spezielle Überprüfung am Maßstab des „effect utile“ ist nicht Gegenstand der Dissertation.

Somit ist eine erneute Auseinandersetzung auf Sachrechtsebene mit der mittelbaren Anspruchsinhaberschaft kartellgeschädigter Schadensersatzkläger und der Offenlegung von Kronzeugenakten angezeigt. In den Monographien wurde noch nicht auf die in jüngster Vergangenheit ergangenen Entscheidungen[152] und die damit einhergehende Entwicklung in Literatur und Praxis eingegangen. Im Rahmen der Ermittlung des anwendbaren Rechts und der gerichtlichen Zuständigkeitenordnung ist die nachfolgende Untersuchung erforderlich, die nicht rein deskriptiv den derzeitigen Rechtsstand darstellt, sondern, ausgehend vom Effektivitätsgrundsatz, eine Erörterung desselben zum Ziel hat.

Die Untersuchung der Verwirklichung des Effektivitätsgrundsatzes im Rahmen von privaten kartellrechtlichen Schadensersatzklagen anhand ausgewählter Einzelaspekte des deutschen und unionsrechtlichen Sachrechts, der Ermittlung des anwendbaren Rechts und der gerichtlichen Zuständigkeitenordnung ist somit in dieser spezifischen Weise, soweit ersichtlich, noch von keiner Monographie behandelt worden. Folglich ist eine Befassung damit angebracht.

## D) Gang der Arbeit

Die Dissertation besteht aus drei Hauptteilen: Geprüft wird die Effektivität der Anwendung des deutschen und unionsrechtlichen Sachrechts auf dem Gebiet kartellrechtlicher Schadensersatzklagen anhand ausgewählter Themenkomplexe sowie des kartellrechtlichen Kollisionsrechts bei der Ermittlung des anzuwendenden Sachrechts im Rahmen internationaler Kartellzivilverfahren und der internationalen Zuständigkeitenordnung im Rahmen internationaler Kartellzivilverfahren.

### I) Effektivität der Sachrechtsanwendung

Bei der Überprüfung der Effektivität der Sachrechtsanwendung im Rahmen internationaler und europäischer kartellrechtlicher Schadensersatzklagen werden:

1. Zunächst die wesentliche Entwicklung des europäischen und deutschen nationalen Rechts sowie der deutschen und nationalen Rechtsprechung hin zu einer effektiveren Durchsetzung des europäischen Kartellrechts mittels privater Schadensersatzklagen dargestellt und
2. dann die Ausgestaltung der Anspruchsberechtigung im Rahmen kartellrechtlicher Schadensersatzansprüche bei Verstößen gegen das europäische Kartellverbot sowie die Regelungen zur Einsicht durch potentielle Kläger in die

152 EuGH, Urt. v. 14.06.2011, C-360/09 (Pfleiderer) = WuW/E EU-R 2357; BGH, Urt. v. 28.06.2011 – KZR 75/10, BGHZ 190, 145–172; AG Bonn, Beschl. v. 18.01.2012, 51 Gs 53/09 (Pfleiderer) = GRUR-RR 2012, 178–180.

behördlichen Akten zur Vorbereitung von Schadensersatzklagen, auf ihre Effektivität hin untersucht.

### II) Effektivität des kartellrechtlichen Kollisionsrechts

Am Maßstab des Effektivitätsgrundsatzes untersucht wird Art. 6 Abs. 3 Rom II-VO. Dabei wird insbesondere auf das Auswirkungsprinzip als sinnvoller Anknüpfungspunkt eingegangen sowie die Reichweite der Verweisung und die konkrete Auslegung des Begriffs der „Auswirkung auf einen Markt" thematisiert. Zudem wird Art. 6 Abs. 3 lit b Rom II-VO behandelt, der dem Geschädigten bei Streuschäden ermöglicht, für die lex fori am Beklagtenwohnsitz zu optieren[153] und damit der Durchsetzung des europäischen Kartellrechts mittels privater Schadensersatzklagen zu gesteigerter Effektivität verhilft.

### III) Effektivität der internationalen Zuständigkeitenordnung

Die Gerichtsstände der Brüssel-Ia-VO[154] werden in Bezug auf ihren Beitrag zur effektiven Durchsetzung des Kartellrechts untersucht. Dabei ist insbesondere zu betrachten, inwiefern den Geschädigten Klageanreize gesetzt werden, indem ihnen die Möglichkeit eingeräumt wird, gegen mehrere Kartellanten in einem Verfahren vor demselben Gericht vorzugehen.

## E) Zusammenfassung in Thesen

1. In der Dissertation wird das deutsche und europäische Sachrecht sowie das (europarechtliche) Kollisions- und internationale Verfahrensrechts in Bezug auf kartellrechtliche Schadensersatzklagen an ausgewählten Beispielen auf seine Effektivität hin untersucht.
2. Auf internationale und europäische private Kartellrechtsdurchsetzung ist insbesondere aufgrund
   a) der großen und stetig wachsenden praktischen Bedeutung von internationalen Kartellzivilprozessen mit zum Teil hohen Entschädigungszahlungen und
   b) der Verabschiedung einer Vielzahl von Rechtsakten durch den europäischen Gesetzgeber und Gesetzesänderungen durch den nationalen Gesetzgeber sowie der großen Anzahl der in letzter Zeit in diesem Kontext ergangenen gerichtlichen Entscheidungen ein besonderes Augenmerk zu richten.

---

153 MüKo/*Immenga*, BGB, Band 11, IntWettbR/IntKartR, Rn. 77; *Roth*, FS Kropholler (2008), S. 623, 625.

154 Verordnung (EU) Nr. 1215/2012 des Europäischen Parlaments und des Rates vom 12.12.2012 über die gerichtliche Zuständigkeit und die Anerkennung und Vollstreckung von Entscheidungen in Zivil- und Handelssachen (Brüssel-Ia-VO).

3. Geeigneter Maßstab für die Untersuchung ist der Effektivitätsgrundsatz, da dieser sich als Argumentationslinie durch die gesamte nationale und europäische Rechtsprechung zu kartellrechtlichen Schadensersatzklagen zieht und auch Hintergrund der meisten Rechtsakte auf dem Gebiet der kartellrechtlichen Schadensersatzklagen ist.
4. Der „effet utile" oder Effektivitätsgrundsatz ist eine Argumentationsfigur des EuGH, die dieser allumfassend und nicht nur auf kartellrechtliche Sachverhalte anwendet, um dem Unionsrecht zur praktischen Wirksamkeit zu verhelfen. Verankert ist der „effet utile" derzeit in Art. 4 Abs. 3 EUV.
5. Dem Effektivitätsgrundsatz liegt der Gedanke zugrunde, dass die Funktionsfähigkeit der Europäischen Union nur gewährleistet ist, wenn das Europäische Recht in allen Mitgliedsstaaten einheitlich gilt und angewendet wird. Nach dem Effektivitätsgrundsatz sind die Mitgliedsstaaten verpflichtet, dem europäischen Recht zu größtmöglicher Wirksamkeit zu verhelfen und dementsprechend alle Maßnahmen zu unterlassen, die die Verwirklichung der Ziele der Europäischen Union gefährden könnten.
6. Entsprechend dem Telos des Effektivitätsgrundsatzes ergeben sich für die Mitgliedsstaaten Handlungspflichten, Förderungspflichten und Unterlassenspflichten, die der Verwirklichung des Europäischen Rechts dienen.
7. Als Handlungspflicht trifft die Mitgliedsstaaten gegenüber der Union grundsätzlich die Pflicht, das europäische Recht auszuführen und seine Anwendung zu kontrollieren. Die Handlungspflicht umfasst insbesondere die Gewährleistung der einheitlichen Wirksamkeit des Unionsrechts, die Sicherung der unmittelbaren Wirkung des Unionsrechts, die Sicherung des Vorrangs des Unionsrechts, das Gebot unionskonformer Auslegung, Sanktionspflichten und eine Staatshaftung bei einer hinreichend qualifizierten Verletzung von unionsrechtlichen Regelungen.
8. Nach ständiger Rechtsprechung des EuGH begründen die europäischen Wettbewerbsregelungen im Zusammenhang mit dem System eines unverfälschten Wettbewerbs, verankert in Art. 3 lit g EVG (entspricht Art. 3 lit b AEUV), und der Loyalität der Mitgliedsstaaten, Art. 5 Abs. 2 EGV (entspricht Art. 13 Abs. 2 AEUV), die Verpflichtung der Mitgliedsstaaten, keine Maßnahmen zu ergreifen oder aufrechtzuerhalten, durch die die effektive Durchsetzung des europäischen Kartellrechts beeinträchtigt werden könnte.
9. In Bezug auf kartellrechtliche Schadensersatzklagen ist der Effektivitätsgrundsatz durchgängig Argumentationslinie der nationalen und europäischen Gerichte.
10. Der Untersuchungsgegenstand beschränkt sich auf die offensive privatrechtliche Durchsetzung des Art. 101 AEUV mittels Schadensersatzklagen nach § 33 Abs. 3 GWB. Untersucht wird das deutsche und unionsrechtliche Sachrecht sowie das (unionsrechtliche) Kollisions- und internationale Verfahrensrechts unter Zugrundelegung der deutschen Perspektive. Ausgewählte einzelne Themenkomplexe werden auf ihre Effektivität im Hinblick auf die Durchsetzung des europäischen Kartellrechts untersucht.

# § 2 Effektivität der Sachrechtsanwendung

## A) Problemstellung: Bedeutung des nationalen mitgliedsstaatlichen Sachrechts für die Effektivität des europäischen Kartellrechts

Die Ausgestaltung des materiellen Rechts spielt eine wesentliche Rolle dafür, wie effektiv die Durchsetzung des europäischen Kartellrechts mittels privater Schadensersatzklagen gewährleistet wird.[155]

Durch das materielle Recht wird zunächst geregelt, welche Tatbestandsvoraussetzungen vorliegen bzw. von einem Kläger zu beweisen sind, um erfolgreich eine private Schadensersatzklage erheben zu können. Im Rahmen der vom Kläger zu beweisenden Tatbestandsmerkmale spielen Beweis- bzw. Beweiserhebungsregelungen eine zentrale Rolle. Diese sind an sich prozessrechtlich zu qualifizieren[156], aufgrund ihrer starken Verflechtung mit den zu beweisenden Tatbestandsmerkmalen sollen sie jedoch auch, soweit es um den Zugang zu behördlichen Verfahrensakten geht, unter dem Gliederungspunkt des anwendbaren materiellen Rechts abgehandelt werden. Daneben besagt das materielle Recht auch die bei erfolgreicher Schadensersatzklage eintretende Rechtsfolge; diese kann ebenfalls von zentraler Bedeutung für die Effektivität der Durchsetzung des europäischen Kartellrechts sein, da sich der Anreiz zur Erhebung einer privaten Schadensersatzklage insbesondere nach der Höhe des zu erwartenden Schadensersatzes bestimmen wird.[157]

Dabei ist die Ausgestaltung des jeweiligen nationalen mitgliedsstaatlichen Sachrechts entscheidend; die Effektivität des unionsrechtlichen kartellrechtlichen Schutzes „steht und fällt" ganz entscheidend mit der Funktionsfähigkeit und Wirksamkeit des jeweiligen nationalen privaten Rechtsschutzes.[158] Hintergrund ist, dass, auch wenn das Europäische Parlament bereits 1961 in einer Entschließung zur Verordnung Nr. 17, der ersten Durchführungsverordnung, eine europäische Regelung von Schadensersatzansprüchen gefordert hat, bis heute im Unionsrecht keine unmittelbare Regelung zur Gewährung von Schadensersatz bei Verstößen gegen die unionsrechtlichen Wettbewerbsregeln existiert.[159] Die vom Europäischen Parlament verabschiedete Richtlinie[160] begründet nur eine Verpflichtung der Mitgliedsstaaten

155 *Weyer*, ZEuP 1999, 424, 428.
156 *Immenga/Mestmäcker/Rehbinder*, GWB, Band 2, § 130 Rn. 344 ff.
157 *Remien/Wurmnest, Schadensersatz im europäischen Privat- und Wirtschaftsrecht*, S. 4.
158 *Weyer*, ZEuP 1999, 424, 428.
159 *Weyer*, ZEuP 1999, 424, 428; *Holm-Hadulla*, Private Kartellrechtsdurchsetzung unter der VO Nr. 1/2003 S. 83.
160 Richtlinie 2014/104/EU des Europäischen Parlaments und des Rates vom 26. November 2014 über bestimmte Vorschriften für Schadensersatzklagen nach na-

zur Umsetzung, stellt selbst jedoch keine verbindliche Anspruchsgrundlage für kartellrechtliche Schadensersatzansprüche in den Mitgliedsstaaten dar.[161]

## B) Entwicklung auf europäischer Ebene

Im Folgenden wird die bisherige Entwicklung auf dem Gebiet kartellrechtlicher Schadensersatzklagen auf europäischer Ebene überblicksartig dargestellt.

Hervorzuheben ist erneut, dass sich eine ausdrückliche Regelung zur Gewährung von Schadensersatzansprüchen bei Verstößen gegen die europäischen Kartellvorschriften im Primärrecht der Europäischen Union nicht findet.[162] Die Einwirkungen der Europäischen Union beschränken sich auf die Vorgaben durch die Rechtsprechung des EuGH sowie durch die Richtlinie des Europäischen Parlaments und des Rates über bestimmte Vorschriften für Schadensersatzklagen nach einzelstaatlichem Recht wegen Zuwiderhandlungen gegen wettbewerbsrechtliche Bestimmungen der Mitgliedsstaaten der Europäischen Union.[163]

### I) Rechtsprechung des EuGH zu kartellrechtlichen Schadensersatzklagen wegen Verstößen gegen das europäische Kartellverbot

Der EuGH hat die Entwicklung hin zu einer Effektionierung der Durchsetzung europäischen Kartellrechts mittels kartellrechtlicher Schadensersatzklagen mit seinem Urteilen in Sachen Courage[164] und später Manfredi[165] initiiert; erst unlängst hat er insbesondere mit seinem Urteil Pfleiderer[166] kartellrechtliche Schadensersatzklagen weiter in den Fokus gerückt. Der Rechtsprechung des EuGH zu kartellrechtlichen Schadensersatzklagen wegen Verstößen gegen das europäische Kartellverbot liegen im Wesentlichen folgende Grundprinzipien zugrunde: Die unmittelbare Anwendbarkeit des europäischen Kartellrechts, der Vorrang des Europarechts vor dem nationalen mitgliedsstaatlichen Recht[167] und der „effet utile".

---

tionalem Recht wegen Zuwiderhandlungen gegen wettbewerbsrechtliche Bestimmungen der Mitgliedstaaten und der Europäischen Union.

161 *Calliess/Ruffert/Ruffert,* EUV AEUV, Art. 288 Rn. 23.

162 Vgl. auch: § 2 A).

163 Richtlinie 2014/104/EU des Europäischen Parlaments und des Rates vom 26. November 2014 über bestimmte Vorschriften für Schadensersatzklagen nach nationalem Recht wegen Zuwiderhandlungen gegen wettbewerbsrechtliche Bestimmungen der Mitgliedstaaten und der Europäischen Union.

164 EuGH, Urt. v. 20.09.2001, C-453/99 (Courage), Slg. 2001, I-6297.

165 EuGH, Urt. v. 13.07.2006, C-295–298/04 (Manfredi), Slg. 2006, I-6619.

166 EuGH, Urt. v. 14.06.2011, C-360/09 (Pfleiderer) = WuW/E EU-R 2357.

167 Zum Prinzip des Geltungsvorrangs vgl. auch: EuGH, Urt. v. 15.07.1964, Rs. 6/64 (Costa/Enel) Slg. 1964, 1251, 1269 ff.; ebenso: EuGH, Urt. v. 13.02.1969, Rs. 14/68 (Walt Wilhelm), Slg. 1969, 1 ff.; *Mestmäcker/Schweitzer,* Europäisches Wettbewerbsrecht,

### 1) EuGH Urteil vom 20. September 2001 (Courage)

Die Courage-Entscheidung[168] aus 2001 ist die grundlegendste Entscheidung des EuGH zur effektiven Durchsetzung des europäischen Kartellrechts mittels privater Schadensersatzklagen.

#### a) Sachverhalt[169]

Die Courage Ltd., eine Brauerei, und die Grand Metropolitan, die verschiedene Beteiligungen im Hotel- und Gaststättengewerbe besitzt, vereinbarten 1990, die von ihnen verpachteten Schankwirtschaften zu fusionieren und im Zuge dessen ihre jeweiligen Schankwirtschaften auf die Entrepreneur Estates Ltd. zu übertragen, an welcher beide zu gleichen Teilen beteiligt waren. Gemäß einer Vereinbarung zwischen der Entrepreneur Estates Ltd. und der Courage Ltd. hatten alle Pächter der Entrepreneur Estates Ltd. ihr Bier ausschließlich von der Courage Ltd. zu beziehen und diese war verpflichtet, die bestellten Biermengen zu den Preisen zu liefern, die in den für die von der Entrepreneur Estates Ltd. verpachteten Pubs geltenden Tarifen festgesetzt waren. 1991 schloss Bernard Crehan, ein Schankwirt, mit der Entrepreneur Estates Ltd. zwei Pachtverträge, denen ein Musterpachtvertrag zugrunde lag. Der Musterpachtvertrag besagte, dass die Pacht mit dem potentiellen Pächter ausgehandelt werden konnte, die Alleinbezugsverpflichtung und die sonstigen Vertragsklauseln aber nicht abdingbar sind. Nach den Pachtverträgen im konkreten Fall konnte der Pachtzins alle fünf Jahre ausschließlich nach oben angepasst werden und der Schankwirt hatte eine Mindestmenge Bier abzunehmen. 1993 erhob die Courage Ltd. gegen Bernard Crehan eine Klage auf Zahlung von GBP 15.266 für Bierlieferungen, deren Bezahlung offen geblieben war. Bernard Crehan machte geltend, die Bezugsverpflichtung verstoße gegen Art. 85 EGV und sei deshalb nichtig, da die Courage Ltd. ihr Bier an unabhängige Schankwirte zu wesentlich niedrigeren Preisen verkaufe und dieser Preisunterschied zur Folge habe, dass die durch die Alleinabzugsklausel gebundenen Pächter weniger verdienten und teilweise ihre Tätigkeit aufgeben müssten. Weiter forderte er im Wege der Widerklage Schadensersatz.

#### b) Vorlagefragen des Court of Appeal

Der Court of Appeal (England & Wales, Civil Division) legte dem EuGH Fragen zur Auslegung des Art. 85 EGV[170] und anderer Vorschriften des Unionsrechts zur Vor-

§ 5 Rn. 4 ff.: Nach ständiger Rechtsprechung des EuGH sind das Wettbewerbsrecht der Union und das nationale Wettbewerbsrecht parallel anwendbar, weil sie restriktive Praktiken nach unterschiedlichen Gesichtspunkten beurteilen. Der Vorrang des Unionsrechts verlangt jedoch, dass jede nationale Rechtsvorschrift, die einer europäischen Vorschrift entgegensteht, unangewandt bleibt.

168 EuGH, Urt. v. 20.09.2001, C-453/99 (Courage), Slg. 2001, I-6297.

169 EuGH, Urt. v. 20.09.2001, C-453/99 (Courage), Slg. 2001, I-6297, Rn. 3–7.

170 Jetzt: Art. 101 AEUV.

abentscheidung vor.[171] Insbesondere hatte der EuGH zu klären, ob auch die Partei eines Vertrages, der gegen das europäische Kartellrecht verstößt, sich vor einem innerstaatlichen Gericht auf den Wettbewerbsverstoß berufen kann, um einen Schadensersatzanspruch geltend zu machen.[172] Weiter wollte der Court of Appeal wissen, ob das Unionsrecht einem Grundsatz des innerstaatlichen Rechts, wie er im englischen Recht existiert, entgegensteht, nach dem sich niemand auf seine eigenen rechtswidrigen Handlungen berufen kann, um Schadensersatz zu erlangen.[173] Für den Fall, dass das Unionsrecht einem derartigen innerstaatlichen Grundsatz entgegensteht, stellte der Court of Appeal die Frage, welche Umstände im Rahmen der Begründetheit einer Schadensersatzklage, die durch eine der Parteien des wettbewerbswidrigen Vertrages geltend gemacht wird, zu berücksichtigen sind.[174]

### *c) Wesentliche Aussagen des EuGH*[175]

Nach dem EuGH kann sich auch die Partei eines wettbewerbswidrigen Vertrages auf den Verstoß gegen das europäische Kartellverbot berufen.[176] Nicht mit dem europäischen Kartellverbot vereinbar ist demnach ein mitgliedsstaatlicher nationaler Grundsatz, nach dem Geschädigte gegen die Kartellanten mit einer privaten Schadensersatzklage allein aus dem Grund nicht vorgehen können, weil sie Partei des wettbewerbswidrigen Vertrages sind.[177] Etwas anderes gilt, wenn die sich auf Schadensersatz berufende Partei maßgeblich an dem Wettbewerbsverstoß mitgewirkt hat.[178]

Der EuGH macht deutlich, dass ein System aktiver Rechtsdurchsetzung durch Private einen wichtigen Beitrag zum Schutz des Wettbewerbs vor Verfälschungen leistet.[179] Ein solcher Schadensersatz erhöhe die Durchsetzungskraft der unionsrechtlichen Wettbewerbsregeln.[180] Nur auf diesem Weg kann nach dem EuGH eine effektive Durchsetzung des europäischen Kartellrechts gewährleistet werden.[181] Der Schadensersatzanspruch müsse dabei mangels einschlägiger unionsrechtlicher Vorschriften durch die Mitgliedsstaaten geregelt werden[182]. Dabei dürfen die Anspruchsmodalitäten nicht weniger günstig ausgestaltet werden als entsprechende, sich nur auf die Verletzung innerstaatlichen Rechts beziehende, Schadensersatzregelungen

---

171 EuGH, Urt. v. 20.09.2001, C-453/99 (Courage), Rn. 1, Slg. 2001, I-6297; vgl. auch: *Kaubisch/Sagmeister*, GRUR Int. 2007, 890.

172 EuGH, Urt. v. 20.09.2001, C-453/99 (Courage), Rn. 17, Slg. 2001, I-6297.

173 EuGH, Urt. v. 20.09.2001, C-453/99 (Courage), Rn. 17, Slg. 2001, I-6297.

174 EuGH, Urt. v. 20.09.2001, C-453/99 (Courage), Slg. 2001, I-6297, Rn. 18.

175 Vgl. auch: § 2 E) I.) 1).

176 EuGH, Urt. v. 20.09.2001, C-453/99 (Courage), Slg. 2001, I-6297, Rn. 26.

177 *Micklitz*, EWiR 2001, 1141.

178 EuGH, Urt. v. 20.09.2001, C-453/99 (Courage), Slg. 2001, I-6297, Rn. 36.

179 *Remien/Wurmnest, Schadensersatz im europäischen Privat- und Wirtschaftsrecht*, S. 15.

180 EuGH, Urt. v. 20.09.2001, C-453/99 (Courage), Slg. 2001, I-6297, Rn. 27.

181 EuGH, Urt. v. 20.09.2001, C-453/99 (Courage), Slg. 2001, I-6297, Rn. 27.

182 EuGH, Urt. v. 20.09.2001, C-453/99 (Courage), Slg. 2001, I-6297, Rn. 29.

(Äquivalenzgrundsatz) und die Durchsetzung des europäischen Wettbewerbsrechts mittels privater Schadensersatzklagen dürfe durch die nationalen mitgliedsstaatlichen Reglungen nicht praktisch unmöglich oder übermäßig erschwert werden (Effektivitätsgrundsatz).[183] Generelle Einschränkungen von Schadensersatzansprüchen seien schwer in Einklang mit dem Unionsrecht zu bringen.[184] In Konsequenz dazu hat der EuGH entschieden, dass „jedermann" einen kartellrechtlichen Schadensersatzanspruch erheben können müsse; dies gebiete der Effektivitätsgrundsatz.[185]

## *2) EuGH Urteil vom 13. Juli 2006 (Manfredi)*

In der Entscheidung Manfredi[186] führte der EuGH den mit dem Courage-Urteil[187] eingeschlagenen Weg konsequent fort.

### *a) Sachverhalt*

Bei dem Vorabentscheidungsersuch handelte es sich um zwei zusammengelegte Gesuche, denen zwei unabhängige Schadensersatzverfahren zugrunde lagen.[188] Gerichtet waren die Schadensersatzklagen von Herrn Manfredi, Herrn Cannito und Herr Tricarico sowie Frau Murgolo jeweils gegen Versicherungsgesellschaften auf Ersatz des Schadens, der den Klägern durch Prämienerhöhungen für die obligatorische Haftpflichtversicherung für Kraftfahrzeuge, Schiffe und Motorräder entstanden war.[189] Die Prämienaufschläge waren Folge eines von den italienischen Kartellbehörden für kartellrechtswidrig erklärten Informationsaustausches zwischen den Versicherungsgesellschaften.[190]

### *b) Vorlagefragen des Giudice di pace di Bitonto*

Das Giudice di pace di Bitonto wollte mit Vorabentscheidungsersuchen aus dem Jahr 2004 vor dem EuGH geklärt wissen, ob ein Informationsaustausch eine nichtige abgestimmte Verhaltensweise nach Art. 81 EG[191] darstellt, wenn dieser eine durch Marktbedingungen nicht gerechtfertigte Erhöhung der Prämien für Kfz-Haftpflichtversicherungen ermöglicht und Unternehmen aus verschiedenen Mitgliedsstaaten an der Absprache mitgewirkt haben. Weiter fragte der Giudice di pace di Bitonto, ob sich im Falle eines Kartellverstoßes aus Art. 101 AEUV ein

---

183 EuGH, Urt. v. 20.09.2001, C-453/99 (Courage), Slg. 2001, I-6297, Rn. 29.
184 *Remien/Wurmnest, Schadensersatz im europäischen Privat- und Wirtschaftsrecht*, S. 14 f.
185 EuGH, Urt. v. 20.09.2001, C-453/99 (Courage), Slg. 2001, I-6297, Rn. 26.
186 EuGH, Urt. v. 13.07.2006, C-295–298/04 (Manfredi) Slg. 2006, I-6619.
187 EuGH, Urt. v. 20.09.2001, C-453/99 (Courage), Slg. 2001, I-6297.
188 EuGH, Urt. v. 13.07.2006, C-295–298/04 (Manfredi), Slg. 2006, I-6619, Rn. 22.
189 EuGH, Urt. v. 13.07.2006, C-295–298/04 (Manfredi), Slg. 2006, I-6619, Rn. 2.
190 EuGH, Urt. v. 13.07.2006, C-295–298/04 (Manfredi), Slg. 2006, I-6619, Rn. 2, 11.
191 Jetzt: Art. 101 AEUV.

Schadensersatzanspruch herleiten lässt, sofern ein Kausalzusammenhang zwischen dem abgestimmten Verhalten und dem Schaden besteht, wann die Frist der Verjährung für einen kartellrechtlichen Schadensersatz zu laufen beginnt und wie zu verfahren ist, wenn der nach nationalem Recht ersetzbare Schaden niedriger ist als der wirtschaftliche Vorteil des Kartellanten. Außerdem betraf die Vorlage die Frage, ob eine nationale Vorschrift gegen Art. 101 AEUV verstößt, nach der ein Dritter seinen vermeintlichen Schadensersatzanspruch vor unterschiedlichen Gerichten geltend machen muss, je nachdem, ob dem Schadensersatzanspruch unionsrechtliches und nationales Recht zugrunde liegt oder ob lediglich nationales Recht betroffen ist und dies zu erheblich höheren Verfahrenskosten und einer erheblich längeren Verfahrensdauer führt.[192]

### *c) Wesentliche Aussagen des EuGH*

Der EuGH entschied, dass ein Informationsaustausch zwischen Versicherungsgesellschaften dann gegen Art. 101 AEUV verstößt, wenn die Wahrscheinlichkeit besteht, dass das abgestimmte Verhalten den Abschluss der Versicherung in dem betreffenden Mitgliedsstaat unmittelbar oder mittelbar, tatsächlich oder potenziell beeinflussen kann und dieser Einfluss nicht nur geringfügig ist.[193]

Des Weiteren konkretisiert der EuGH die Überformung des nationalen Schadensrechts mit dem unionsrechtlichen Effektivitätsgrundsatz: Bei Eintritt eines Schadens, der aus dem Verstoß gegen das unionsrechtliche Kartellverbot resultiert, kann der Geschädigte grundsätzlich einen Schadensersatzanspruch geltend machen.[194] Hinsichtlich der Ausformung des Schadensersatzanspruches ist in Ermangelung einer einschlägigen unionsrechtlichen Regelung das innerstaatliche Recht des einzelnen Mitgliedsstaates heranzuziehen, wobei der Äquivalenz- und der Effektivitätsgrundsatz zu beachten sind.[195] Auch hinsichtlich der Zuständigkeit des Gerichts und des Verfahrens sowie der Verjährungsfrist und des Umfangs des Schadensersatzes ist in Ermangelung unionsrechtlicher Vorschriften auf das jeweilige nationale Recht zurückzugreifen. Bei der Anwendung des nationalen Rechts sind auch hierbei der Äquivalenz- und der Effektivitätsgrundsatz zu beachten.[196] Insbesondere kann demnach auch ein exemplarischer oder Strafschadensersatz geltend gemacht werden – wenn dieser vom nationalen Recht in vergleichbaren Fällen vorgesehen ist und dies nicht zu einer ungerechtfertigten Bereicherung des

---

192 EuGH, Urt. v. 13.07.2006, C-295–298/04 (Manfredi), Slg. 2006, I-6619, Rn. 20–21.

193 EuGH, Urt. v. 13.07.2006, C-295–298/04 (Manfredi), Slg. 2006, I-6619, Tenor 1, Rn. 52.

194 EuGH, Urt. v. 13.07.2006, C-295–298/04 (Manfredi), Slg. 2006, I-6619, Tenor 2.

195 EuGH, Urt. v. 13.07.2006, C-295–298/04 (Manfredi), Slg. 2006, I-6619, Tenor 2, Rn. 58–59, 61–64.

196 EuGH, Urt. v. 13.07.2006, C-295–298/04 (Manfredi), Slg. 2006, I-6619, Rn. 72, Tenor 3, Rn. 81–82, Tenor 4, Rn. 98–100, Tenor 5.

Anspruchstellers führt.[197] Weiter kann neben dem Ersatz des Vermögensschadens auch der Ersatz des empfangenen Gewinns geltend gemacht werden, wenn dies so vom nationalen Recht vorgesehen ist.[198]

### *3) EuGH Urteil vom 14. Juni 2011 (Vorabentscheidungsverfahren Pfleiderer)*

Eines der aktuellsten wegweisenden Urteile des EuGH ist das Pfleiderer-Urteil vom 14. Juni 2011[199], mit dem der EuGH entschied, dass die kartellrechtlichen Bestimmungen der Europäischen Union einen Zugang von potentiellem Klägern zu den Dokumenten, die die Kronzeugenverfahren von Kartellanten betreffen, grundsätzlich nicht verbieten. Die damit zusammenhängende Problematik wird ausführlich unter § 2 F) dargestellt.

### *4) Stellungnahme zu den Entscheidungen des EuGH*

#### *a) Kein Schadensersatzanspruch aus Primärrecht Vergleich zu EuGH-Urteil vom 19. November 1991 (Francovich)*

Ein unionsrechtlicher Schadensersatzanspruch infolge der unmittelbaren Wirkung des europäischen Kartellverbots lässt sich aus den Urteilen nicht ableiten[200], wenngleich ein solcher zu einer wirksamen Durchsetzung des europäischen Kartellrechts beitragen würde.[201] Der EuGH weist in seinen Urteilen Courage[202] und Manfredi[203] ausdrücklich darauf hin, dass es in Ermangelung eines unionsrechtlichen Schadensersatzanspruchs Sache des innerstaatlichen Rechts ist, einen kartellrechtlichen Schadensersatz zur Verfügung zu stellen und diesen effektiv auszugestalten.[204]

Ein Vergleich zur Francovich-Entscheidung[205] lässt sich nicht ziehen. In der Francovich-Entscheidung wurde, zur Verwirklichung des unionsrechtlichen Effek-

---

197 EuGH, Urt. v. 13.07.2006, C-295–298/04 (Manfredi), Slg. 2006, I-6619, Rn. 99.

198 EuGH, Urt. v. 13.07.2006, C-295–298/04 (Manfredi), Slg. 2006, I-6619, Rn. 100.

199 EuGH, Urt. v. 14.06.2011, C-360/09 (Pfleiderer) = WuW/E EU-R 2357.

200 *Alexander,* Schadensersatz und Abschöpfung im Lauterkeits- und Kartellrecht, S. 327; *Bulst,* ZEuP 2008, 183; *Lübbig,* EuZW 2006, 529, 537; *Weyer,* GRUR Int. 2002, 57, 58; vgl. auch: *Kremer,* EuR 2003, 696, 698 f. m.w.N.; a.A.: *Mäsch,* EuR 2003, 825, 842.

201 *Lettl,* ZHR 2003, 473, 475 f.; *Weyer,* ZEuP 1999, 424, 434.

202 EuGH, Urt. v. 20.09.2001, C-453/99 (Courage), Slg. 2001, I-6297.

203 EuGH, Urt. v. 13.07.2006, C-295–298/04 (Manfredi), Slg. 2006, I-6619.

204 *Lettl,* ZHR 2003, 473, 477; *Lübbig,* EuZW 2006, 529, 537; *Remien/Wurmnest, Schadensersatz im europäischen Privat- und Wirtschaftsrecht,* S. 17; *Weyer,* ZEuP 1999, 424, 434; vgl. auch: *Nowak,* EuZW 2001, 715, 718, der das „ob" des Schadensersatzanspruchs aus dem Urteil herleitet.

205 EuGH, Urt. v. 19.11.1991, Verb. Rs. C-6/90 und C-9/90 (Francovich), Slg. 1991 I, S. 5357 ff.

tivitätsgrundsatzes, ein unionsrechtlicher Amtshaftungsanspruch geschaffen.[206] Im Gegensatz zur Frankovich-Entscheidung vereinheitlicht der EuGH in den Urteilen Courage[207] und Manfredi[208] nicht einzelne Voraussetzungen des kartellrechtlichen Schadensersatzanspruchs, abgesehen von der Überformung des nationalen Rechts durch das Äquivalenzgebot und den Effektivitätsgrundsatz.[209] Könnte man noch auf die ungeschriebenen Tatbestandsmerkmale des Verstoßes gegen das europäische Kartellrecht sowie einen kausalen Schaden schließen, bestehen insbesondere eine Regelungsbedürftigkeit hinsichtlich der Schadensabwälzung, der Schadensminderungsobliegenheit, des entgangenen Gewinns, der mittelbaren Schadensfolgen, dem Verschuldenserfordernis und der Verjährung.[210] Bei der Beantwortung dieser Einzelfragen ist nicht eine einzige Antwort zwingend, sodass diese nicht ohne ausdrückliche gesetzliche Grundlage bewältigt werden sollten.[211] Ein weiterer entscheidender Unterschied zur Konstellation im Frankovich-Urteil ist, dass sich der Amtshaftungsanspruch gegen den pflichtwidrig handelnden Mitgliedsstaat richtet, während sich ein ungeschriebener unionsrechtlicher Schadensersatzanspruch wegen Verstoß gegen unionsrechtliches Kartellrecht gegen den Einzelnen richten würde.[212]

### *b) Zentrale Bedeutung des Äquivalenz- und Effektivitätsgrundsatzes*

Zentrale Bedeutung kommt in der Rechtsprechung des EuGH dem Äquivalenz- und Effektivitätsgrundsatz zu.[213] Die nationalen mitgliedsstaatlichen Regelungen in Bezug auf kartellrechtliche Schadensersatzklagen müssen dem Äquivalenzgrundsatz und dem Effektivitätsgrundsatz genügen, damit die Mitgliedsstaaten ihrer Verpflichtung, das europäische Kartellrecht wirksam durchzusetzen, gerecht werden.[214]

Der Äquivalenzgrundsatz wird auch als „Diskriminierungsverbot" bezeichnet. Nach dem Äquivalenzgrundsatz darf das Gemeinschaftsrecht beim Vollzug im Verhältnis zu vergleichbaren Fallgestaltungen, die nach rein mitgliedstaatlichem Recht zu beurteilen sind, nicht schlechter gestellt sein.[215] Wenn das nationale Recht gleiche

---

206 *Dörr*, EuZW 2012, 86.

207 EuGH, Urt. v. 20.09.2001, C-453/99 (Courage), Slg. 2001, I-6297.

208 EuGH, Urt. v. 13.07.2006, C-295–298/04 (Manfredi), Slg. 2006, I-6619.

209 *Remien/Wurmnest, Schadensersatz im europäischen Privat- und Wirtschaftsrecht*, S. 17.

210 *Weyer*, ZEuP 1999, 424, 438; *Lettl*, ZHR 2003, 473, 476.

211 *Schockweile*, EuR 1993, 107, 119; *Steindorff*, EG-Vertrag und Privatrecht, S. 327; *Weyer*, ZEuP 1999, 424, 438; a.A.: Generalanwalt van Gerven, Schlussanträge, Rs. C.-182/92 (Banks), Rn. 36 ff., Slg 1994, I-1209, wonach der Schadensersatzanspruch bei Verletzung des europäischen Kartellverbots sowie die einzelnen Tatbestandsmerkmale ihre Rechtsgrundlage im Unionsrecht selbst finden; *Winterstein*, E.C.L.R. 1995, 49, 50 ff.

212 *Weyer*, ZEuP 1999, 424, 441.

213 *Bulst*, NJW 2004, 2201 f; *Weyer*, GRUR Int. 2002, 57;

214 *Lettl*, ZHR 2003, 473, 476; *Weyer*, ZEuP 1999, 424, 442.

215 EuGH, Urt. v. 21.09.1983, Rs. 205/82 (Deutsche Milchkontor), Slg 1983, 2633, Rn. 23.

Rechtsfolgen an einen Tatbestand mit rein nationalem Bezug auf der einen Seite und Europabezug auf der anderen Seite knüpft, dann wird der Äquivalenzgrundsatz durch das nationale Recht nicht verletzt. Werden etwa vertraglich gewährte staatliche Beihilfen durch Rückforderungsbescheid zurückgefordert und sind die Voraussetzungen für die Rücknahme identisch im Falle des Verstoßes gegen Gemeinschaftsrecht wie bei einem Verstoß lediglich gegen nationales Recht und damit ohne Gemeinschaftsrechtsbezug, so ist dem Äquivalenzgrundsatz genüge getan.[216] Bezogen auf kartellrechtliche Schadensersatzklagen bedeutet dies, dass der Äquivalenzgrundsatz gewahrt ist, wenn die jeweilige nationale Rechtsordnung bei der Durchsetzung von Kartellrechtsverstößen mittels privater Schadensersatzklagen nicht danach differenziert, ob gegen Europäisches Kartellrecht oder nationales Kartellrecht verstoßen wurde. Das Effizienzgebot ist letztlich nichts anderes als eine konkrete Form der Auslegung des Unionsrechts nach dem „effet utile".[217] Es muss demnach sichergestellt sein, dass die Verwirklichung der Gemeinschaftsregelungen nicht praktisch unmöglich oder übermäßig erschwert wird.[218] Bezogen auf die Rückforderung staatlich gewährter Beihilfen etwa verlangt das Effizienzgebot Modifikationen des deutschen Verwaltungsrechts in Form von starken Einschränkungen der Vertrauensschutzregelungen und einer Ermessensreduktion auf Null.[219] Hinsichtlich der privaten Durchsetzung von europäischen Kartellrecht sind insbesondere die Ausgestaltung des Kreises der Anspruchsberechtigten, die Verteilung der Darlegungs- und Beweislast und die Rechtsfolgenseite der nationalen kartellrechtlichen Schadensersatzegelungen im Hinblick auf ihre Verwirklichung der Gemeinschaftsregelungen zu betrachten. Wie weit Modifikationen reichen dürfen, um das Effizienzgebot auf der einen Seite weitest möglich zu gewährleisten und gleichzeitig auf der anderen Seite nicht gegen zwingende Vorschriften wie etwa Kompetenzvorschriften und sonstige Grundsätze des nationalen und europäischen Rechts zu verstoßen, ist im jeweiligen Einzelfall umstritten.[220]

Welche Anforderungen im Einzelnen konkret an die nationalen mitgliedsstaatlichen Regelungen gestellt werden, ist nicht immer eindeutig aus den „Worthülsen" Effizienzgebot und Äquivalenzgebot zu ermitteln.[221] Die Vorgehensweise des EuGH räumt dem nationalen Gesetzgeber und der nationalen Rechtsprechung einen weiten Spielraum ein, was zu Rechtsunsicherheit führt[222] und damit der Durchsetzung des europäischen Wettbewerbsrechts nicht zur größtmöglichen Wirksamkeit verhilft. Erst wenn die nationalen Gesetzgeber und nationalen Gerichte den pauschalen Aussagen des EuGH Konturen verleihen, kann eine effektivere Ausgestaltung

216 *Hoffmann/Bollmann*, EuZW 2006, 398.
217 *Mäsch*, EuR 2003, 825, 836.
218 EuGH, Urt. v. 21.09.1983, Rs. 205/82 (Deutsche Milchkontor), Slg 1983, 2633, Rn. 22.
219 *Hoffmann/Bollmann*, EuZW 2006, 398, 399.
220 Ähnlich *Hoffmann/Bollmann*, EuZW 2006, 398, 399.
221 *Mäsch*, EuR 2003, 825, 837 f.
222 *Mäsch*, EuR 2003, 825, 837 f.

kartellrechtlicher Schadensersatzklagen und damit eine effektive Durchsetzung des europäischen Kartellrechts gewährleistet werden.

## II) Rechtsakte des europäischen Gesetzgebers und Vorschläge der Kommission auf dem Gebiet kartellrechtlicher Schadensersatzklagen

Aufgrund diverser Studien zum aktuellen Stand der Durchsetzung des europäischen Kartellrechts mittels Schadensersatzklagen in den Mitgliedsstaaten und insbesondere auch aufgrund des Erlasses der Verordnung (EG) 1/2003[223] sah sich der europäische Gesetzgeber veranlasst, zur effektiven Ausgestaltung der Durchsetzung des europäischen Kartellrechts mittels Schadensersatzklagen beizutragen. Die Rechtsakte des europäischen Gesetzgebers – allen voran die Richtlinie des Europäischen Parlaments und des Rates über bestimmte Vorschriften für Schadensersatzklagen nach einzelstaatlichem Recht wegen Zuwiderhandlungen gegen wettbewerbsrechtliche Bestimmungen“[224], welche vom Europäischen Parlament am 26. November 2014 verabschiedet wurde[225] – zielen allesamt darauf ab, die Durchsetzung des europäischen Kartellrechts effektiver zu gestalten. Dabei wird vor allem auch der Beitrag, den die private Kartellrechtsdurchsetzung dafür leistet betont. Die Richtlinie bezweckt die Schaffung von mehr Rechtssicherheit bei der Geltendmachung von privaten Kartellrechtsklagen.

### *1) Auswirkung der Verordnung (EG) 1/2003[226] auf das materielle Kartellrecht*

Mit der Verordnung (EG) 1/2003 wurde die dezentrale behördliche Durchsetzung des europäischen Wettbewerbsrechts eingeführt[227]; das System der zentralen Rechts-

223 Verordnung (EG) Nr. 1/2003 des Rates vom 16.12.2002 zur Durchführung der in den Artikeln 81 und 82 des Vertrages niedergelegten Wettbewerbsregeln, Abl. EG 2003 Nr. L 1 S. 1.

224 Richtlinie 2014/104/EU des Europäischen Parlaments und des Rates vom 26. November 2014 über bestimmte Vorschriften für Schadensersatzklagen nach nationalem Recht wegen Zuwiderhandlungen gegen wettbewerbsrechtliche Bestimmungen der Mitgliedstaaten und der Europäischen Union.

225 *Makatsch/Mir*, EuZW 2015, 7.

226 Verordnung (EG) Nr. 1/2003 des Rates vom 16.12.2002 zur Durchführung der in den Artikeln 81 und 82 des Vertrages niedergelegten Wettbewerbsregeln, Abl. EG 2003 Nr. L 1 S. 1.

227 *Remien/Wurmnest, Schadensersatz im europäischen Privat- und Wirtschaftsrecht*, S. 1: Mit der Verordnung (EG) 1/2003 wurde das Prinzip der Legalausnahme eingeführt, wonach nationale Gerichte und Wettbewerbsbehörden den Freistellungstatbestand des Art. 103 Abs. 1 AEUV unmittelbar anwenden und es keiner Anmeldung und Freistellung wettbewerbsbeschränkender Vereinbarungen durch die Kommission mehr bedarf.

durchsetzung durch die Kommission[228] wurde abgeschafft, da nach Ansicht des europäischen Gesetzgebers angesichts einer stetig wachsenden Europäischen Union die effektive Durchsetzung der europäischen Wettbewerbsregeln nicht mehr allein durch die Kommission sichergestellt werden konnte.[229]

Um der Gefahr einer Schwächung der Durchsetzung des unionsrechtlichen Kartellrechts in Folge der Dezentralisierung und der dadurch befürchteten Inhomogenität der Rechtsanwendung entgegenzuwirken, sah sich die Kommission veranlasst als Ausgleich die Stärkung der privaten Rechtsdurchsetzung durch eine Annäherung der materiell rechtlichen Vorschriften in den Mitgliedsstaaten voranzutreiben.[230]

### *2) Studien zur Erfassung des status quo der mitgliedsstaatlichen privatrechtlichen Kartellrechtsdurchsetzung*

Ein weiterer Faktor, der die Kommission veranlasste, sich für die Stärkung der Durchsetzung des europäischen Kartellrechts mittels privater Schadensersatzklagen einzusetzen, waren die Ergebnisse der zwei großen, von der Kommission in Auftrag gegebenen, Studien zum Stand der privaten Kartellrechtsdurchsetzung in den Mitgliedsstaaten: Der „Study on the conditions of claims for damages in case of infringement of EC competition rules“, auch bekannt als Ashurst-Studie[231], und der „Study on making antitrust damages actions more effective in the EU“.

Zentrale Aussage der Ashurst-Studie ist: „The picture of antitrust damages action in the EU is one of total underdevelopment“.[232] Die Studie zeigt im Wesentlichen auf, wie ineffektiv private Schadensersatzklagen in den nationalen Rechtsvorschriften zum damaligen Zeitpunkt (2004) ausgestaltet waren und wie ineffektiv sich demzufolge die Durchsetzung der europäischen Kartellvorschriften gestaltete. Als Faktoren, die eine Erleichterung der Rechtsverfolgung bezwecken und damit dem europäischen Kartellrecht zu größerer Effektivität verhelfen würden, nennt die Ashurst-Studie den einfacheren Zugang zu den Gerichten (auch durch Sammel- und Verbandsklagen), die Verringerung des Prozessrisikos (insbesondere durch klare Rechtsvorschriften), die Einführung von Beweiserleichterungen und den besseren

---

228 *Remien/Wurmnest, Schadensersatz im europäischen Privat- und Wirtschaftsrecht*, S. 1.

229 Erwägungsgrund 3 der Verordnung (EG) Nr. 1/2003 des Rates vom 16.12.2002 zur Durchführung der in den Artikeln 81 und 82 des Vertrages niedergelegten Wettbewerbsregeln, Abl. EG 2003 Nr. L 1 S. 1.

230 *Remien/Wurmnest, Schadensersatz im europäischen Privat- und Wirtschaftsrecht*, S. 9; vgl. auch: *Schmidt*, ZEuP 2004, 881; ebenso: *Holm-Hadulla*, Private Kartellrechtsdurchsetzung unter der VO Nr. 1/2003, S. 19.

231 Ashurst Studie, „Study on the conditions of claims for damages in case of infringement of EC antitrust rules“.

232 Ashurst Studie, „Study on the conditions of claims for damages in case of infringement of EC antitrust rules“http://ec.europa.eu/competition/antitrust/actionsdamages/study.html

Zugang zu Beweismitteln, eine einfachere Schadensberechnung (durch Schadensschätzung oder Bindung an Entscheidungen von Gerichten und Kartellbehörden), die Verminderung des Kostenrisikos (durch eine Aufweichung des Grundsatzes der Kostenerstattung durch den Verlierer sowie durch die Zulassung von Erfolgshonoraren) und generell eine Verstärkung der Transparenz und Öffentlichkeit (durch eine bessere Aufklärung über die Klagemöglichkeiten).[233]

Die im Dezember 2007 veröffentlichte Studie „Making antitrust damages actions more effective in the EU"[234] wurde von einem Team erstellt, das sich aus Mitgliedern des Zentrums für Europäische Politische Studien, der Erasmus-Universität Rotterdam und der Luiss Guido Carli-Universität zusammensetzte. Die Studie stellt die Auswirkungen verschiedener alternativer Optionen dar und beleuchtet dadurch, welche Instrumente zu einer effektiven Durchsetzung des privaten Kartellrechts in der europäischen Union beitragen würden. Die Vorschläge ähneln im Wesentlichen stark denen der Ashurst Studie: Thematisiert werden insbesondere die Einführung eines Mehrfach- Schadensersatzes, erfolgsabhängiger Honorarvereinbarungen oder Sammelklagen. Weiter beschäftigt sich die Studie mit verschiedenen Ausgestaltungsmöglichkeiten hinsichtlich der Regelungen über den Zugang zu Beweismitteln, den Verjährungsfristen, der Behandlung von Kronzeugenanträgen im Rahmen der Geltendmachung privater Schadensersatzklagen sowie der Schadensberechnung. Die Studie stellt lediglich mögliche Kombinationen für eine effektivere Ausgestaltung kartellrechtlicher Schadensersatzklagen in verschiedenen Kombinationen dar, ohne für eine Variante zu votieren.

### *3) Grünbuch und Weißbuch über Schadensersatzklagen wegen der Verletzung des EU-Wettbewerbsrechts*

Infolge der von der Ashurst-Studie ausgehenden Aussage zum Zustand der Durchsetzung des europäischen Kartellrechts mittels privater Schadensersatzklagen in Europa lag ein Handlungsbedarf der Europäischen Union auf der Hand. Nach Beratungen der GD Wettbewerb mit einer ad hoc einberufenen Expertengruppe, dem sogenannten „Think Tank on private enforcements", stellt die Kommission 2005 ein Grünbuch nebst Arbeitspapier der Kommissionsdienststellen[235] und 2008 ein Weißbuch nebst begleitendem Staff Working Paper[236] zur privaten Durchsetzung der europäischen Wettbewerbs-

---

233 Ashurst-Studie, „Study on the conditions of claims for damages in case of infringement of EC antitrust rules"http://ec.europa.eu/competition/antitrust/actionsdamages/study.html.; *Conde*, GRUR Int 2006, 359 f.

234 Studie: „Making antitrust damages actions more effective in the EU: welfare impact and potential scenarios" FINAL REPORT Done in Brussels, Rome and Rotterdam, 21. December 2007. Report for the European Commission Contract DG COMP/2006/A3/012. http://ec.europa.eu/competition/antitrust/actionsdamages/files_white_paper/impact_study.pdf

235 Arbeitspapier der Kommissionsdienststellen SEC (2005), 1732 v. 19.12.2005.

236 Commission staff working paper accompanying the White paper on damages actions for breach of the EC antitrust rules SEC (2008), 404 v. 02.04.2008.

regeln vor.[237] Das Weißbuch[238] und das Grünbuch[239] dienten letztlich der Vorbereitung eines unionsweiten Instrumentes zur Stärkung des privaten Rechtsschutzes und somit der Steigerung der Effektivität der europäischen Kartellvorschriften.

### *a) Grünbuch – SEC (2005), 1732 vom 19. Dezember 2005*[240]

Die Kommission misst in dem Grünbuch über Schadensersatzklagen wegen der Verletzung des EU-Wettbewerbsrechts einem funktionierenden Wettbewerbssystem innerhalb der Europäischen Union einen hohen Stellenwert bei – sie sieht in einem lebhaften Wettbewerb den besten Garanten dafür, dass europäische Unternehmen ihre Produktivität und ihr Innovationspotential steigern. Dabei soll die private Durchsetzung der europäischen Wettbewerbsvorschriften parallel neben die öffentliche Durchsetzung treten, wobei die private Durchsetzung nicht auf sog. Folgeklagen, d. h., Fälle, die von öffentlichen Behörden bereits behandelt wurden, beschränkt sein soll[241], sondern auch eigenständige Klagen gefördert werden sollen.[242]

Als behandlungsbedürftige Punkte[243] erachtet die Kommission im Rahmen der Ausgestaltung von Schadensersatzansprüchen wegen Verstößen gegen das europäische Kartellrecht vor allem den Zugang zu Beweismitteln, das Verschuldenserfordernis, den Umfang des zu ersetzenden Schadens, die Rechtsfigur der passing-on defence und die Klagebefugnis des direkten Abnehmers, den Schutz der Verbraucherinteressen, die Prozesskosten[244], die Koordinierung der staatlichen und privatrechtlichen Wettbewerbsrechtsdurchsetzung[245], die gerichtliche Zuständigkeit und die Ermittlung des anzuwendenden Rechts[246].

---

237 *Remien/Wurmnest,* Schadensersatz im europäischen Privat- und Wirtschaftsrecht S. 10 f.

238 Weißbuch Schadenersatzklagen wegen Verletzung des EG-Wettbewerbsrechts, KOM (2008), 165 endg. vom 02.04.2008.

239 Grünbuch Schadenersatzklagen wegen Verletzung des EU-Wettbewerbsrechts, KOM (2005), 672 endg. vom 19.12.2005.

240 Grünbuch Schadenersatzklagen wegen Verletzung des EU-Wettbewerbsrechts, KOM (2005), 672 endg. vom 19.12.2005.

241 MEMO/05 489 der Europäischen Kommission,_http://europa.eu/rapid/press-release_MEMO-05-489_de.htm

242 Grünbuch Schadenersatzklagen wegen Verletzung des EU-Wettbewerbsrechts, KOM (2005), 672 endg. vom 19.12.2005, S. 4 f.

243 Vgl. auch: *Drexl/Conde Gallego/Enchelmaier/Mackenrodt,* IIC 2006, 700 ff.

244 Grünbuch Schadenersatzklagen wegen Verletzung des EU-Wettbewerbsrechts, KOM (2005), 672 endg. vom 19.12.2005, S. 10.

245 Grünbuch Schadenersatzklagen wegen Verletzung des EU-Wettbewerbsrechts, KOM (2005), 672 endg. vom 19.12.2005, S. 10 f.

246 Grünbuch Schadenersatzklagen wegen Verletzung des EU-Wettbewerbsrechts, KOM (2005), 672 endg. vom 19.12.2005, S. 11.

### *b) Weißbuch – SEC (2008), 404 vom 2. April 2008*[247]

Auch mit dem Weißbuch[248] soll die Effizienz privater Schadensersatzklagen gestärkt und zugleich die europäischen Rechtssysteme und -traditionen gewahrt werden. Dies glaubt die Kommission am besten mit einer Kombination gesetzlicher Schritte auf europäischer und nationaler Ebene erreichen zu können.[249] Wichtigstes Leitprinzip der Kommission ist dabei die vollständige Entschädigung.[250] Den Anlass für das Weißbuch[251] sah die Kommission darin, dass bis dahin in der Praxis Kartellgeschädigten nur selten ein Schadensersatz zugesprochen wurde, was die Kommission auf diverse Hindernisse in den materiellen und verfahrensrechtlichen Vorschriften zurückführt.[252] Dieser Ineffektivität von wettbewerbsrechtlichen Schadensersatzklagen versucht die Kommission in ihrem Weißbuch[253] entgegenzuwirken.

Im Einzelnen betreffen die Vorschläge der Kommission im Weißbuch[254] insbesondere die Klagebefugnis indirekter Abnehmer und den kollektiven Rechtsschutz, den Zugang zu Beweismitteln, die Bindungswirkung von Entscheidungen nationaler Wettbewerbsbehörden, das Verschuldenserfordernis, die Ermittlung des Schadens und die Schadensabwälzung, die Verjährung, die Kosten einer Schadensersatzklage und das Verhältnis zwischen Kronzeugenprogrammen und Schadensersatzklagen.[255]

## *4) Richtlinie 2014/104/EU vom 26. November 2014*

Aufbauend auf dem Grünbuch[256] und dem Weißbuch[257] zu Schadensersatzklagen wegen Verletzung des EG-Wettbewerbsrechts veröffentlichte die Kommission am 11. Juni 2013 einen „Vorschlag für eine Richtlinie des Europäischen Par-

---

247 Weißbuch Schadenersatzklagen wegen Verletzung des EG-Wettbewerbsrechts, KOM (2008), 165 endg. vom 02.04.2008.
248 Weißbuch Schadenersatzklagen wegen Verletzung des EG-Wettbewerbsrechts, KOM (2008), 165 endg. vom 02.04.2008.
249 Weißbuch Schadenersatzklagen wegen Verletzung des EG-Wettbewerbsrechts, KOM (2008), 165 endg. vom 02.04.2008, S. 3 f; *Ritter*, WuW 2008, 762.
250 Weißbuch Schadenersatzklagen wegen Verletzung des EG-Wettbewerbsrechts, KOM (2008), 165 endg. vom 02.04.2008, S. 3.
251 Weißbuch Schadenersatzklagen wegen Verletzung des EG-Wettbewerbsrechts, KOM (2008), 165 endg. vom 02.04.2008.
252 Weißbuch Schadenersatzklagen wegen Verletzung des EG-Wettbewerbsrechts, KOM (2008), 165 endg. vom 02.04.2008, S. 2.
253 Weißbuch Schadenersatzklagen wegen Verletzung des EG-Wettbewerbsrechts, KOM (2008), 165 endg. vom 02.04.2008.
254 Weißbuch Schadenersatzklagen wegen Verletzung des EG-Wettbewerbsrechts, KOM (2008), 165 endg. vom 02.04.2008.
255 Kritisch dazu: *Basedow*, EuZW 2006, 97.
256 Grünbuch Schadenersatzklagen wegen Verletzung des EU-Wettbewerbsrechts, KOM (2005), 672 endg. vom 19.12.2005.
257 Weißbuch Schadenersatzklagen wegen Verletzung des EG-Wettbewerbsrechts, KOM (2008), 165 endg. vom 02.04.2008.

laments und des Rates über bestimmte Vorschriften für Schadensersatzklagen nach einzelstaatlichem Recht wegen Zuwiderhandlungen gegen wettbewerbsrechtliche Bestimmungen der Mitgliedsstaaten und der Europäischen Union"[258]. Die Richtlinie[259] wurde vom Europäischen Parlament am 26. November 2014 erlassen.[260] Mit der Richtlinie soll die Durchsetzung privater Schadensersatzklagen, beruhend auf der Verletzung europäischen Kartellrechts, erleichtert werden.[261] Ziele der Richtlinie sind die Optimierung der Interaktion zwischen behördlicher und privater Durchsetzung des EU-Wettbewerbsrechts und die Gewährleistung, dass Opfer von Zuwiderhandlungen gegen das europäische Wettbewerbsrecht Schadensersatz in voller Höhe erhalten können.[262] Die Optimierung der Interaktion zwischen behördlicher und privater Durchsetzung geht letztlich auf das Pfleiderer-Urteil[263] zurück.

Hindernisse, die sich aus den jeweiligen nationalen Regelungen ergeben und die bewirken, dass Kartellgeschädigte für den erlittenen Schaden keinen Ersatz verlangen können, sind dabei insbesondere die Schwierigkeit der Erlangung des erforderlichen Beweismaterials, der Mangel an kollektiven Rechtsschutzinstrumenten, das Nicht-Vorhandenensein von klaren Regeln für den Einwand der Schadensabwälzung, der nicht existierende Beweiswert von Entscheidungen der einzelstaatlichen Wettbewerbsbehörden und die Art und Weise der Ermittlung des kartellrechtlichen Schadens.[264] Konkret behandelt die Richtlinie insbesondere die Anordnungsbefugnis der einzelstaatlichen Gerichte hinsichtlich der Offenlegung

---

258 Vorschlag für eine Richtlinie des Europäischen Parlaments und des Rates über bestimmte Vorschriften für Schadensersatzklagen nach einzelstaatlichem Recht wegen Zuwiderhandlungen gegen wettbewerbsrechtliche Bestimmungen der Mitgliedstaaten und der Europäischen Union, COM (2013) 404 final vom 11.06.2013.

259 Richtlinie 2014/104/EU des Europäischen Parlaments und des Rates vom 26. November 2014 über bestimmte Vorschriften für Schadensersatzklagen nach nationalem Recht wegen Zuwiderhandlungen gegen wettbewerbsrechtliche Bestimmungen der Mitgliedstaaten und der Europäischen Union.

260 *Makatsch/Mir*, EuZW 2015, 7.

261 Pressemitteilung EU Kommission vom 11.06.2013, Kartellrecht: Kommission schlägt Rechtsvorschriften vor, um den Opfern von Kartellverstößen Schadensersatzansprüche zu erleichtern = EuZW 2013, 483; *Mackenrodt*, GRUR Int. 2013, 757.

262 Richtlinie 2014/104/EU des Europäischen Parlaments und des Rates vom 26. November 2014 über bestimmte Vorschriften für Schadensersatzklagen nach nationalem Recht wegen Zuwiderhandlungen gegen wettbewerbsrechtliche Bestimmungen der Mitgliedstaaten und der Europäischen Union.

263 EuGH, Urt. v. 14.06.2011, C-360/09 (Pfleiderer) = WuW/E EU-R 2357; vgl. auch: § 2 F) II.) 2) b).

264 Vorschlag für eine Richtlinie des Europäischen Parlaments und des Rates über bestimmte Vorschriften für Schadensersatzklagen nach einzelstaatlichem Recht wegen Zuwiderhandlungen gegen wettbewerbsrechtliche Bestimmungen der Mitgliedsstaaten und der Europäischen Union, 2013/0185 (COD) vom 11.06.2013, S. 3.

von Beweismitteln[265], die Verjährungsfristen[266] sowie Regelungen hinsichtlich der gesamtschuldnerischen Haftung[267] und einer schnelleren und kostengünstigeren einvernehmlichen Beilegung von Streitigkeiten[268]. Daneben sollen nach der Richtlinie insbesondere die Entscheidungen einzelstaatlicher Wettbewerbsbehörden, mit denen ein Verstoß gegen europäisches Kartellrecht festgestellt wird, vor den Gerichten aller Mitgliedsstaaten einen Beweis für das Vorliegen der Zuwiderhandlung darstellen.[269] Weiter sollen durch die Richtlinie die Haftungsvorschriften für Fälle, in denen auf einer Zuwiderhandlung beruhende Preiserhöhungen in der Vertriebskette weitergegeben wurden, präzisiert[270] und die Ermittlung des Schadensumfangs erleichtert werden.[271]

Eines der tragenden Prinzipien der Richtlinie ist der Effektivitäts- und Äquivalenzgrundsatz, der ausdrücklich in Art. 4 der Richtlinie normiert wurde. Demnach müssen alle nationalen Vorschriften, die die Geltendmachung eines kartellrechtlichen Schadensersatzanspruches einschließlich der in dieser Richtlinie nicht behandelten Aspekte (wie den Begriff des ursächlichen Zusammenhangs zwischen der Zuwiderhandlung und dem Schaden) betreffen, dem Effektivitäts- und dem Äquivalenzgrund-

265 Richtlinie 2014/104/EU des Europäischen Parlaments und des Rates vom 26. November 2014 über bestimmte Vorschriften für Schadensersatzklagen nach nationalem Recht wegen Zuwiderhandlungen gegen wettbewerbsrechtliche Bestimmungen der Mitgliedstaaten und der Europäischen Union, Kapitel II, Art. 5–8.

266 Richtlinie 2014/104/EU des Europäischen Parlaments und des Rates vom 26. November 2014 über bestimmte Vorschriften für Schadensersatzklagen nach nationalem Recht wegen Zuwiderhandlungen gegen wettbewerbsrechtliche Bestimmungen der Mitgliedstaaten und der Europäischen Union, Kapitel III, Art. 10.

267 Richtlinie 2014/104/EU des Europäischen Parlaments und des Rates vom 26. November 2014 über bestimmte Vorschriften für Schadensersatzklagen nach nationalem Recht wegen Zuwiderhandlungen gegen wettbewerbsrechtliche Bestimmungen der Mitgliedstaaten und der Europäischen Union, Kapitel III, Art. 11.

268 Richtlinie 2014/104/EU des Europäischen Parlaments und des Rates vom 26. November 2014 über bestimmte Vorschriften für Schadensersatzklagen nach nationalem Recht wegen Zuwiderhandlungen gegen wettbewerbsrechtliche Bestimmungen der Mitgliedstaaten und der Europäischen Union, Kapitel VI, Art. 18–19.

269 Richtlinie 2014/104/EU des Europäischen Parlaments und des Rates vom 26. November 2014 über bestimmte Vorschriften für Schadensersatzklagen nach nationalem Recht wegen Zuwiderhandlungen gegen wettbewerbsrechtliche Bestimmungen der Mitgliedstaaten und der Europäischen Union, Kapitel III, Art. 9.

270 Richtlinie 2014/104/EU des Europäischen Parlaments und des Rates vom 26. November 2014 über bestimmte Vorschriften für Schadensersatzklagen nach nationalem Recht wegen Zuwiderhandlungen gegen wettbewerbsrechtliche Bestimmungen der Mitgliedstaaten und der Europäischen Union, Kapitel IV, Art 12–15.

271 Richtlinie 2014/104/EU des Europäischen Parlaments und des Rates vom 26. November 2014 über bestimmte Vorschriften für Schadensersatzklagen nach nationalem Recht wegen Zuwiderhandlungen gegen wettbewerbsrechtliche Bestimmungen der Mitgliedstaaten und der Europäischen Union, Kapitel IV, Art. 16.

satz entsprechen.[272] Entsprechend haben die Mitgliedstaaten, zu gewährleisten, dass alle nationalen Vorschriften und Verfahren für die Geltendmachung von Schadensersatzansprüchen so gestaltet sind und so angewandt werden, dass sie den vollständigen Ersatz des durch eine Zuwiderhandlung gegen das Wettbewerbsrecht verursachten Schadens nicht praktisch unmöglich machen oder übermäßig erschweren.[273] Im Einklang mit dem Äquivalenzgrundsatz dürfen nationale Vorschriften und Verfahren für kartellrechtliche Schadensersatzlagen, die auf dem einem Verstoß gegen das europäische Kartellrecht basieren, für mutmaßlich Geschädigte nicht weniger günstig sein als die Vorschriften und Verfahren für ähnliche Klagen auf Ersatz des Schadens, der aus Zuwiderhandlungen gegen nationales Recht entsteht.[274]

### *5) Empfehlung kollektiver Rechtsschutz – C (2013), 3539 vom 6. Juni 2013*

Die Einführung von kollektiven Rechtsschutzinstrumenten wird in der Richtlinie nicht geregelt, obwohl die Einführung eines kohärentes allgemeines Konzept für den kollektiven Rechtsschutz in der Europäischen Union von der Kommission als wichtiger Beitrag für die effektive Durchsetzung des unionsrechtlichen Kartellrechts begriffen wird: Parallel zur Annahme des Richtlinienvorschlags hatte die Kommission am 6. Juni 2013 eine Empfehlung mit dem Titel „Gemeinsame Grundsätze für kollektive Unterlassungs- und Schadensersatzverfahren in den Mitgliedsstaaten bei Verletzung von durch Unionsrecht garantierten Rechten“[275] angenommen, in der sie die Mitgliedsstaaten auffordert, Verfahren des kollektiven Rechtsschutzes einzuführen.[276] Begleitend ist eine Mitteilung der Kommission an das Europäische Parlament, den Rat, den Europäischen Wirtschafts- und Sozialausschuss und den

272 Richtlinie 2014/104/EU des Europäischen Parlaments und des Rates vom 26. November 2014 über bestimmte Vorschriften für Schadensersatzklagen nach nationalem Recht wegen Zuwiderhandlungen gegen wettbewerbsrechtliche Bestimmungen der Mitgliedstaaten und der Europäischen Union, Kapitel IV, Art. 16.

273 Richtlinie 2014/104/EU des Europäischen Parlaments und des Rates vom 26. November 2014 über bestimmte Vorschriften für Schadensersatzklagen nach nationalem Recht wegen Zuwiderhandlungen gegen wettbewerbsrechtliche Bestimmungen der Mitgliedstaaten und der Europäischen Union, Kapitel I, Art. 4.

274 Richtlinie 2014/104/EU des Europäischen Parlaments und des Rates vom 26. November 2014 über bestimmte Vorschriften für Schadensersatzklagen nach nationalem Recht wegen Zuwiderhandlungen gegen wettbewerbsrechtliche Bestimmungen der Mitgliedstaaten und der Europäischen Union, Kapitel I, Art. 4.

275 Empfehlung der Europäischen Kommission Gemeinsame Grundsätze für kollektive Unterlassungs- und Schadensersatzverfahren in den Mitgliedsstaaten bei Verletzung von durch Unionsrecht garantierten Rechten, CD (2013) 3539 vom 11.06.2013.

276 Pressemitteilung EU Kommission vom 11.06.2013, Kartellrecht: Kommission erleichtert Schadenersatzklagen von Kartellopfern. http://ec.europa.eu/deutschland/press/pr_releases/11454_de.htm

Ausschuss der Regionen mit dem Titel „Auf dem Weg zu einem allgemeinem europäischen Rahmen für kollektiven Rechtsschutz" ergangen.[277] Die Einführung eines unionsweit geltenden kollektiven Rechtsschutzsystems wird jedoch eine Herausforderung darstellen, da kollektiver Rechtsschutz den Rechtsordnungen der meisten europäischen Mitgliedsstaaten fremd ist.[278]

### *6) Mitteilung über die Ermittlung des Umfangs des kartellrechtlichen Schadens (2013/C 167/07) vom 6. Juni 2013*

Ebenfalls am 6. Juni 2013 hat die Kommission weiter eine Mitteilung[279] über die Ermittlung des Umfangs des kartellrechtlichen Schadens veröffentlicht.[280] Flankiert wird die Mitteilung von einem praktischen Leitfaden[281] und einem Impact Assessment Report[282]. Ziel ist es, die Richter in den Mitgliedsstaaten mit den Besonderheiten der Schadensersatzberechnung bei Kartellklagen vertraut zu machen.[283] Die Richtlinie selbst enthält keine expliziten Regelungen bezüglich der Schadensersatzberechnung, obwohl diese eines der größten Hindernisse bei der Geltendmachung von privaten kartellrechtlichen Schadensersatzansprüchen darstellt.

### *7) Stellungnahme zu den Rechtsakten des europäischen Gesetzgebers und Vorschläge der Kommission*

Das am 6. Juni 2013 veröffentliche Maßnahmenpaket, bestehend aus dem Richtlinienvorschlag (die Richtlinie wurde vom Europäischen Parlament am 26. November 2014 erlassen), der Empfehlung zur Einführung kollektiver Rechtsschutzverfahren in der EU und der Mitteilung der Kommission zur Ermittlung des Schadens im Rahmen von kartellrechtlichen Schadensersatzklagen, ist der vorläufige Höhepunkt

---

277 Mitteilung der Kommission an das Europäische Parlament, den Rat, den Europäischen Wirtschafts- und Sozialausschuss und den Ausschuss der Regionen mit dem Titel „Auf dem Weg zu einem allgemeinem europäischen Rahmen für kollektiven Rechtsschutz", COM(2013) 401 vom 11.06.2013.

278 Vgl. § 2 E) II 4).

279 Mitteilung der Kommission zur Ermittlung des Schadensumfangs bei Schadensersatzklagen wegen Zuwiderhandlungen gegen Artikel 101 oder 102 des Vertrags über die Arbeitsweise der Europäischen Union (2013/C 167/07) vom 06.06.2013.

280 Pressemitteilung Kommission vom 11.06.2013, Kartellrecht: Kommission erleichtert Schadenersatzklagen von Kartellopfern http://ec.europa.eu/deutschland/press/pr_releases/11454_de.htm.

281 Praktischer Leitfaden zur Ermittlung des Schadensumfangs bei Schadensersatzklagen wegen Zuwiderhandlungen gegen Artikel 101 oder 102 des Vertrags über die Arbeitsweise der Europäischen Union/SWD (2013) 205 vom 11.06.2013. http://ec.europa.eu/competition/antitrust/actionsdamages/quantification_guide_de.pdf.

282 Commission Staff Working Document Impact Assessment Report Damages actions for breach of the EU antitrust rules (SWD (2013) 203 final) vom 11.06.2013.

283 *Meyer-Lindemann*, WuW 12/2011, 1235, 1243.

einer über zehnjährigen Entwicklung im europäischen Kartellrecht, die 2001 mit der Entscheidung des EuGH in Sachen Courage[284] begonnen hat.[285]

Von der Aufbruchsstimmung und der Euphorie um das für Europa damals entdeckte private enforcement scheint jedoch kaum noch etwas übrig geblieben zu sein,[286] denn so recht scheint niemand von der Richtlinie[287] überzeugt[288]: weder die Literatur, noch die Mitgliedsstaaten, noch die Kommission selbst. So betonte gerade die Kommission bei Annahme des Richtlinienvorschlages, dass in rechtspolitischer Hinsicht die führende Rolle der Kartellbehörden und damit die öffentliche Durchsetzung des Kartellrechts erhalten bleiben soll und nicht etwa, wie in den USA, eine Verlagerung der Kartellrechtsdurchsetzung auf das Instrument der Privatklage erfolgen soll.[289]

Die Richtlinie wird in der Literatur sehr unterschiedlich bewertet: Nach einer Ansicht in der Literatur trägt die Richtlinie wesentlich dazu bei, die Rechtsentwicklung in der Europäischen Union auf dem Gebiet von Schadensersatzklagen aufgrund von Verstößen gegen das europäische Wettbewerbsrecht zu vereinheitlichen und die Durchsetzung des europäischen Wettbewerbsrechts mittels privater Schadensersatzklagen effektiver zu gestalten.[290] Die Gegenmeinung steht der Richtlinie jedoch kritisch gegenüber und ist der Ansicht, die Richtlinie könne die Widersprüche im System des kartellrechtlichen Schadensersatzes nicht nur nicht auflösen, sondern vergrößere sie teilweise sogar.[291] Die Regelungen der Richtlinie seien zu unklar und zum Teil zulasten des Kartellgeschädigten[292], weswegen die Richtlinie in weiten Teilen nicht zu einer effektiveren Durchsetzung des europäischen Kartellrechts mittels privater Schadensersatzklagen beitragen würde.

Grundsätzlich ist die Richtlinie geeignet, zu einer effektiven Durchsetzung des europäischen Kartellrechts beizutragen: Infolge der Umsetzung der Richtlinie werden die mitgliedsstaatlichen Regelungen zu kartellrechtlichen Schadensersatzklagen angeglichen, was zu mehr Rechtssicherheit führt. Weiter wird durch die Richtlinie die

---

284 EuGH, Urt. v. 20.09.2001, C-453/99 (Courage), Slg. 2001, I-6297.

285 *Gussone/Schreiber*, WuW 2013, 1040, 1041.

286 *Mäsch*, WuW 2013, 687.

287 Richtlinie 2014/104/EU des Europäischen Parlaments und des Rates vom 26. November 2014 über bestimmte Vorschriften für Schadensersatzklagen nach nationalem Recht wegen Zuwiderhandlungen gegen wettbewerbsrechtliche Bestimmungen der Mitgliedstaaten und der Europäischen Union, Erwägungsgrund 11.

288 *Chmielewski*, Juve 03/2015, S. 77 ff.

289 *Mackenrodt*, GRUR Int, 2013, 757, 758.

290 *Fiedler*, BB 2013, 2179, 2186; *Mederer*, EuZW 2013, 847, 851; *Seitz*, EuZW 2013, 561, 562.
Sich aufgrund der Richtlinie bzw. des Richtlinienvorschlages eine effektivere Ausgestaltung des deutschen nationalen Rechts hinsichtlich der Durchsetzung des Europäischen Kartellrechts mittels privater Schadensersatzklagen versprechend: *Gussone/Schreiber* WuW 2013, 1040.

291 *Gussone/Schreiber*, WuW 2013, 1040, 1057.

292 *Gussone/Schreiber*, WuW 2013, 1040, 1048.

Aktivlegitimation mittelbarer Abnehmer bindend vorgegeben und die Weiterwälzung des Schadens zugunsten des mittelbaren Abnehmers vermutet, mit der Folge, dass mittelbare Abnehmer ihre Kartellschäden selbst geltend machen können. Auch zu einer Klärung des Verhältnisses zwischen öffentlich-rechtlicher und privatrechtlicher Kartelldurchsetzung trägt die Richtlinie bei, indem sie den mitgliedsstaatlichen Gerichten Vorgaben und Abwägungskriterien für die Entscheidung, ob und in welche Teile der behördlichen Verfahrensakten potentiellen Schadensersatzklägern Einsicht gewährt werden darf, vorsieht. Wie die Richtlinie tatsächlich umgesetzt wird, ist fraglich: In einzelnen Mitgliedsstaaten, insbesondere in Deutschland, ist die Richtlinie im Entwurfsstadium auf Widerstand gestoßen, vor allem aufgrund der weitreichenden Änderungen des Zivilverfahrensrechts, die es auf nationaler mitgliedsstaatlicher Ebene und auf europäischer Ebene für ihre Umsetzung bedarf.[293]

## III) Zusammenfassung in Thesen

1. Die Einwirkung der Europäischen Union auf die effektive Ausgestaltung von mitgliedsstaatlichen Schadensersatzansprüchen aufgrund von Verstößen gegen das europäische Kartellverbot beschränkt sich auf die Vorgaben durch die Rechtsprechung des EuGH sowie durch die Richtlinie des Europäischen Parlaments und des Rates über bestimmte Vorschriften für Schadensersatzklagen nach einzelstaatlichem Recht wegen Zuwiderhandlungen gegen wettbewerbsrechtliche Bestimmungen der Mitgliedsstaaten der Europäischen Union.
2. Der EuGH hat die Entwicklung hin zu einer effektiveren Durchsetzung europäischen Kartellrechts mittels kartellrechtlicher Schadensersatzklagen mit seinem Urteilen in Sachen Courage und später Manfredi initiiert; erst unlängst hat er insbesondere mit seinem Pfleiderer-Urteil kartellrechtliche Schadensersatzklagen weiter in den Fokus gerückt.
3. Ein unionsrechtlicher Schadensersatzanspruch infolge der unmittelbaren Wirkung des europäischen Kartellverbots lässt sich aus den Urteilen in Sachen Courage und Manfredi nicht ableiten. Insbesondere lässt sich kein Vergleich zur Francovich-Entscheidung ziehen.
4. Dem Äquivalenz- und Effektivitätsgrundsatz kommt in der Rechtsprechung des EuGH zu Schadensersatzklagen wegen Verstößen gegen das europäische Wettbewerbsrecht zentrale Bedeutung zu. Welche Anforderungen jedoch im Einzelnen konkret an die nationalen mitgliedsstaatlichen Regelungen gestellt werden, ist nicht immer eindeutig aus den „Worthülsen" Effizienzgebot und Äquivalenzgebot zu ermitteln; dies führt zu Rechtsunsicherheit und steht der meist effektiven Durchsetzung des europäischen Wettbewerbsrechts entgegen. Erst wenn die nationalen Gesetzgeber und nationalen Gerichte den pauschalen Aussagen des EuGH Konturen zu verleihen, kann eine effektivere Ausgestaltung

293 *Fiedler*, BB 2013, 2179, 2186.

kartellrechtlicher Schadensersatzklagen und damit eine effektive Durchsetzung des europäischen Kartellrechts gewährleistet sein.

5. Neben dem EuGH befasst sich auch der europäische Gesetzgeber verstärkt mit der effektiven Durchsetzung des europäischen Wettbewerbsrechts mittels privater Schadensersatzklagen. Aufbauend auf dem Grünbuch[294] und dem Weißbuch[295] über Schadensersatzklagen wegen der Verletzung des EUWettbewerbsrechts veröffentlichte die Kommission am 6. Juni 2013 einen „Vorschlag für eine Richtlinie des Europäischen Parlaments und des Rates über bestimmte Vorschriften für Schadensersatzklagen nach einzelstaatlichem Recht wegen Zuwiderhandlungen gegen wettbewerbsrechtliche Bestimmungen". Die Richtlinie[296] wurde am 26. November 2014 erlassen. Flankiert wird die Richtlinie von der Empfehlung der Kommission mit dem Titel „Gemeinsame Grundsätze für kollektive Unterlassungs- und Schadensersatzverfahren in den Mitgliedsstaaten bei Verletzung von durch Unionsrecht garantierten Rechten" sowie der „Mitteilung der Kommission zur Ermittlung des Schadensumfangs bei Schadensersatzklagen wegen Zuwiderhandlungen gegen Artikel 101 oder 102 des Vertrags über die Arbeitsweise der Europäischen Union".
6. Das am 6. Juni 2013 veröffentliche Maßnahmenpaket sowie der Erlass der Richtlinie[297] bilden den vorläufigen Höhepunkt einer über zehnjährigen Entwicklung im europäischen Kartellrecht. Jedoch scheint niemand so recht von der Richtlinie überzeugt: weder die Literatur, noch die Mitgliedsstaaten, noch die Kommission selbst.

## C) Auswirkung des Effektivitätsgrundsatzes auf das mitgliedsstaatliche materielle Recht

### I) Verpflichtung der Mitgliedsstaaten zur Bereitstellung eines kartellrechtlichen Schadensersatzanspruchs

Im Rahmen der Anwendung der nationalen mitgliedsstaatlichen Sachrechte ist der Anknüpfungspunkt für den Effektivitätsgrundsatz die unmittelbare Anwendbarkeit

294 Grünbuch Schadenersatzklagen wegen Verletzung des EU-Wettbewerbsrechts, KOM (2005), 672 endg. vom 19.12.2005.

295 Weißbuch Schadenersatzklagen wegen Verletzung des EG-Wettbewerbsrechts, KOM (2008), 165 endg. vom 02.04.2008.

296 Richtlinie 2014/104/EU des Europäischen Parlaments und des Rates vom 26. November 2014 über bestimmte Vorschriften für Schadensersatzklagen nach nationalem Recht wegen Zuwiderhandlungen gegen wettbewerbsrechtliche Bestimmungen der Mitgliedstaaten und der Europäischen Union.

297 Richtlinie 2014/104/EU des Europäischen Parlaments und des Rates vom 26. November 2014 über bestimmte Vorschriften für Schadensersatzklagen nach nationalem Recht wegen Zuwiderhandlungen gegen wettbewerbsrechtliche Bestimmungen der Mitgliedstaaten und der Europäischen Union.

des Art. 101 AEUV[298]. Seit seiner Grundsatzentscheidung[299] aus dem Jahre 1974 führt der EuGH in ständiger Rechtsprechung aus, dass Art. 101 AEUV aufgrund seiner Verbotsnatur in den Beziehungen zwischen Einzelnen unmittelbare Wirkung entfaltet und subjektive Rechte entstehen lässt[300], zu deren effektiver Durchsetzung die Mitgliedsstaaten alle geeigneten Maßnahmen zu treffen verpflichtet sind.[301] Gleichzeitig darf die Durchsetzung der subjektiven Rechte durch die Mitgliedsstaaten auch nicht praktisch unmöglich gemacht[302] oder übermäßig erschwert werden[303].

Aus der Verpflichtung der Mitgliedsstaaten zur effektiven Durchsetzung der aus Art. 101 AEUV resultierenden subjektiven Rechte leitet der EuGH die Pflicht der Mitgliedsstaaten her, durch Kartelle Geschädigten einen privaten Schadensersatzanspruch mittels nationaler Regelungen zur Verfügung zu stellen.[304] Auch der Inhalt und der Umfang der kartellrechtlichen Schadensersatzklagen wird vom Effektivitätsgrundsatz überformt.[305]

## II) Das „richtige" Maß an Klägerfreundlichkeit

Fraglich ist, welches Maß an Klägerfreundlichkeit das europäische Kartellrecht am effektivsten verwirklichen kann. Die Schlussfolgerung, je klägerfreundlicher die privaten Schadensersatzklagen ausgestaltet sind, desto effektiver wird das euro-

---

298 EuGH Rs. 127/73 (BRT/SABAM), Slg. 1974, 51 Rn. 15/17; EuGH Rs. 37/79 (Anne Marty SA/Esteé Lauder SA), Slg. 1980, 2481 Rn. 13; EuGH Rs. C-234/89 (Delimitis/Henninger) Slg. 1991, I-935 Rn. 45; EuGH Rs. C-344/98, (Masterfoods HB Ice Cream), Slg. 2000, I-11 369 Rn. 47.

299 EuGH, Urt. v. 31.01.1974, Rs. 127/73 (BRT I), Slg. 1974, S. 51 Rn. 16.

300 *Raue*, WRP 2012, 1478; *Weyer*, ZEuP 1999, 424, 426; *Remien/Wurmnest, Schadensersatz im europäischen Privat- und Wirtschaftsrecht*, S. 13.

301 EuGH, Urt. v. 20.09.2001, C-453/99 (Courage), Slg. 2001, I-6297, Rn. 23; EuGH, Urt. v. 13.07.2006, C-295–298/04 (Manfredi), Slg. 2006, I-6619, Rn. 39; *Remien/Wurmnest, Schadensersatz im europäischen Privat- und Wirtschaftsrecht*, S. 13; *Weyer*, ZEuP 1999, 424, 444 f.; vgl. auch: *Sanner*, ZEuP 2014, 173, 184.

302 EuGH, Urt. v. 21.09.1983, Rs. 205/82 (Deutsche Milchkontor), Slg. 1983, 2633, Rn. 19; EuGH, Urt. v. 20.09.1990, Rs. C-5/89 (Kommission/Deutschland), Slg. 1990, I-3437, Rn. 12, 19; EuGH, Urt. v. 14.12.1995, Rs C-430/93 (Van Schijndel), Slg. 1995, I-4705, Rn. 17.

303 EuGH, Urt. v. 09.11.1983, Rs. 199/82 (San Giorgio), Slg. 1983, 3595, Rn. 14; EuGH, Urt. v. 19.11.1991, Rs. C-6/90 (Francovich), Slg. 1991, I-5357, Rn. 43; EuGH, Urt. v. 14.12.1995, Rs. C-430/93 (Van Schijndel), Slg. 1995, I-4705, Rn. 17; EuGH, Urt. v. 02.12.1997, Rs. C-188/95 (Fantask), Slg. 1997, I-6783, Rn. 39.

304 EuGH, Urt. v. 20.09.2001, C-453/99 (Courage), Rn. 69, Slg. 2001, I-6297; *Grabitz/Hilf/Nettesheim*, Das Recht der Europäischen Union, Art. 101 AEUV, Rn. 834; vgl. auch: *Nowak*, EuZW, 2001, 715, 718; *Weyer*, GRUR Int. 2002, 58; ebenso: *Weyer*, ZEuP 2003, 318.

305 EuGH, Urt. v. 13.07.2006, C-295–298/04 (Manfredi), Slg. 2006, I-6619, Rn. 90, 96 f; *Roth*, WRP 2013, 257, 262; vgl. auch: *Weyer*, ZEuP 1999, 424, 445; EuGH, Urt. v. 13.07.2006, C-295–298/04 (Manfredi), Slg. 2006, I-6619, Rn. 90, 96 f.

päische Kartellrecht damit durchgesetzt, kann nicht gezogen werden.[306] Ein Übermaß an Klägerfreundlichkeit kann die beabsichtigte Effektivierung ins Gegenteil verdrehen, wenn ein Großteil der Klagen geltend gemacht würde, ohne dass ein Verstoß gegen das Kartellverbot überhaupt vorliegt.

Dabei kann eine Parallele zur Entwicklung auf US-amerikanischer Ebene gezogen werden. Dort lautete über lange Zeit die Maxime des Supreme Courts: „Private antitrust litigation is one of the surest weapons for effective enforcement of the antitrust laws“[307]. Konsequenz dieser dermaßen „private antitrust“-freundlichen Rechtsprechung war, dass vermehrt Unternehmen ihre Konkurrenten mit einer Schadensersatzklage überzogen und diese – aufgrund der sehr hohen Kosten solcher Prozesse – in einen Vergleich zwangen, ohne dass erkennbar ein Verstoß gegen das US-amerikanische Kartellrecht vorlag.[308] Eine derartig klägerfreundliche Ausgestaltung der Regelungen zu kartellrechtlichen Schadensersatzklagen schießt über das Maß der anzustrebenden Effektivität hinaus[309] und wird nicht mehr den vom EuGH bei der Entwicklung der Argumentationsfigur des „effet utile“ angestrebten Motiven gerecht.

Der EuGH selbst setzt dem „effet utile“ Grenzen: „Volle“ Wirksamkeit bedeutet nicht „höchstmögliche“ Wirksamkeit, die sich über jede entgegenstehende Erwägung hinwegsetzen würde.[310] Die private Rechtsdurchsetzung wird dann zu einer wünschenswerten Effektivierung des Wettbewerbsschutzes, wenn Klägern anhand von klaren und beweisbaren Regelungen die Möglichkeit gegeben wird, gegen potentielle Kartellanten vorzugehen, wobei moderate Klageanreize gewährt werden.[311] Die „volle“ Wirksamkeit findet ihre Grenzen insbesondere im Kompensationsgrundsatz[312], weswegen etwa der Einwand des „passing-on“ in den nationalen Rechtsordnungen zulässig ist[313]. Der Kompensationsgrundsatz ist ein rechtlicher Grundsatz, der in den meisten Rechtsordnungen der Mitgliedsstaaten gilt und ist als allgemein geltender Rechtsgrundsatz Teil des europäischen Primärrechts. In Art. 3 Abs, 3

---

306 *Roth*, WRP, 2013, 257, 262.

307 *Remien/Wurmnest, Schadensersatz im europäischen Privat- und Wirtschaftsrecht*, S. 3.

308 *Remien/Wurmnest, Schadensersatz im europäischen Privat- und Wirtschaftsrecht*, S. 3. Vgl. auch: *Meyer-Lindemann*, WuW 2011, 1235, 1241. Um diese Auswüchse einzudämmen, haben die US-amerikanischen Gerichte in den vergangenen Jahren die Nachweisanforderungen an das Bestehen eines Kartellrechtsverstoßes stark erhöht, was einen deutlichen Rückgang der privaten Schadensersatzklagen in den Vereinigten Staaten nach sich zog.

309 Vgl. auch: *Mackenrodt*, GRUR Int. 2013, 757, 758.

310 *Roth*, WRP, 2013, 257, 262.

311 *Poelzig*, Normdurchsetzung durch Privatrecht, S. 140; *Remien/Wurmnest, Schadensersatz im europäischen Privat- und Wirtschaftsrecht*, S. 4.

312 *Roth*, WRP 2013, 257, 262.

313 EuGH, Urt. v. 20.09.2001, C-453/99 (Courage) Slg. 2001, I-6297 Rn. 30; EuGH, Urt. v. 13.07.2006, C-295–298/04 (Manfredi) Slg. 2006, I-6619 Rn. 94.

der Richtlinie[314] ist der Kompensationsgrundsatz nun auch in Form unionsrechtlichen Sekundärrechts normiert. Danach darf ein kartellrechtlicher Schadensersatzanspruch nicht zu Überkompensation führen, unabhängig davon, ob es sich dabei um Starfschadensersatz, Mehrfachentschädigung oder andere Arten von Schadensersatz handelt. Weiter kann die Abwägung zweier, für sich betrachtet effektiver, Institute notwendig sein, um der Durchsetzung des europäischen Kartellrechts zu größter Effektivität zu verhelfen, z. B., wenn es um die Spannungslage zwischen wirksamer behördlicher Durchsetzung einerseits und zivilrechtlicher Durchsetzung andererseits geht[315].

## III) Zusammenfassung in Thesen

1. Die Ausgestaltung des materiellen Rechts spielt eine wesentliche Rolle dafür, wie effektiv die Durchsetzung des europäischen Kartellrechts mittels privater Schadensersatzklagen gewährleistet wird; dadurch wird insbesondere festgelegt,
   a) welche Tatbestandsvoraussetzungen vorliegen müssen bzw. von einem Kläger zu beweisen sind, um erfolgreich eine private Schadensersatzklage erheben zu können, und
   b) welche Rechtsfolgen im Zuge einer solchen Klage eintreten können.
2. Dabei ist die Ausgestaltung des jeweiligen nationalen mitgliedsstaatlichen Sachrechts entscheidend, da im Unionsrecht keine unmittelbare Regelung zur Gewährung von Schadensersatz bei Verstößen gegen die unionsrechtlichen Wettbewerbsregeln im Unionsrecht existiert.
3. Aus der Verpflichtung der Mitgliedsstaaten zur effektiven Durchsetzung der aus Art. 101 AEUV resultierenden subjektiven Rechte leitet der EuGH die Pflicht der Mitgliedsstaaten her, durch Kartelle Geschädigten einen privaten Schadensersatzanspruch mittels nationaler Regelungen zur Verfügung zu stellen. Auch der Inhalt und der Umfang der kartellrechtlichen Schadensersatzklagen wird vom Effektivitätsgrundsatz überformt.
4. „Volle" Wirksamkeit bedeutet nicht „höchstmögliche" Wirksamkeit, die sich über jede entgegenstehende Erwägung hinwegsetzen würde. Die private Rechtsdurchsetzung wird dann zu einer wünschenswerten Effektivierung des Wettbewerbsschutzes, wenn Klägern anhand von klaren und beweisbaren Regelungen die Möglichkeit gegeben wird, gegen potentielle Kartellanten vorzugehen, wobei moderate Klageanreize gewährt werden.

---

314 Richtlinie 2014/104/EU des Europäischen Parlaments und des Rates vom 26. November 2014 über bestimmte Vorschriften für Schadensersatzklagen nach nationalem Recht wegen Zuwiderhandlungen gegen wettbewerbsrechtliche Bestimmungen der Mitgliedstaaten und der Europäischen Union.

315 EuGH, Urt. v. 14.06.2011, C-360/09 (Pfleiderer) = WuW/E EU-R 2357.

## D) Entwicklung auf nationaler Ebene

Auf deutscher nationaler Ebene werden die von der Europäischen Union gestellten Anforderungen an Äquivalenz und Effektivität der mitgliedsstaatlichen Schadensersatzregelungen bei Verstößen gegen das europäische Kartellverbot durch die Rechtsprechung und den deutschen Gesetzgeber umgesetzt.

### I) Schadensersatzanspruch gemäß § 33 Abs. 3 GWB

In Deutschland ist der Schadensersatzanspruch aufgrund von Verstößen gegen das europäische Kartellverbot in § 33 Abs. 3–5 GWB geregelt. Neben dem Schadensersatzanspruch sieht das materielle deutsche Recht als weitere zivilrechtliche Folge bei Verstößen gegen das europäische Kartellverbot die Unwirksamkeit des wettbewerbsbeschränkenden Rechtsgeschäftes gemäß § 134 BGB i.V.m. Art. 101 AEUV sowie Unterlassungs- und Beseitigungsansprüche nach § 33 Abs. 1 GWB vor.[316] Private Schadensersatzklagen erachtete schon der historische Gesetzgeber 1957 bei Erlass des GWB als einen wichtigen Beitrag zur effektiven Kartellrechtsdurchsetzung.[317] Angestoßen durch die Entwicklungen auf europäischer Ebene[318] und der damit einhergehenden Verpflichtung der Mitgliedsstaaten, das nationale Recht so auszugestalten, dass es dem Effektivitätsgrundsatz gerecht wird, rückte die privatrechtliche Durchsetzung mittels Schadensersatzklagen auch in Deutschland bei der Durchsetzung des europäischen Kartellrechts verstärkt in den Fokus.[319]

Die von der Europäischen Union geforderte Äquivalenz und Effektivität der mitgliedsstaatlichen Schadensersatzregelungen bei Verstößen gegen das europäische Kartellverbot hat der deutsche Gesetzgeber insbesondere bei Erlass der 7. GWB-Novelle 2005 berücksichtigt. Die 8. GWB-Novelle 2013, die am 30. Juni 2013 in Kraft getreten ist, sieht im Bereich „private enforcement" hingegen keine bahnbrechenden Erneuerungen hin zu mehr Effektivität vor. Die Regelung § 81 b GWB-E, wonach die Durchsetzung des europäischen Wettbewerbsrechts dadurch effektioniert werden sollte, dass Kartellgeschädigte keine Einsicht in die Bonusanträge der Kartellanten, gegen die sie einen kartellrechtlichen Schadensersatz erheben wollen, erhalten sollten,[320] war im Entwurf zur 8. GWB-Novelle 2013 noch vorgesehen, wurde letzt-

316 *Hempel*, WuW 2004, 362.
317 *Hempel*, WuW 2004, 362; Bgr. RegE BT-Drucks. 2/1158 vom 22.01.1955.
318 Vgl. auch: § 2 C).
319 *Makatsch/Mir*, EuZW 2015, 7.
320 Stellungnahme des Bundeskartellamts zum Referentenentwurf zur 8. GWB-Novelle vom 30.11.2011, S. 14: http://www.bundeskartellamt.de/SharedDocs/Publikation/DE/Stellungnahmen/Stellungnahme-Referentenentwurf_GWB8.html; *Gronemeyer*, WRP 2012, 290, 294.

lich jedoch nicht in die Novellierung aufgenommen. Grund dafür wird insbesondere das Donau Chemie-Urteil des EuGH[321] gewesen sein.[322]

### 1) *Maßgebliche Änderungen durch die 7. GWB-Novelle 2005*

Ausschlaggebender Anlass für die 7. GWB-Novelle 2005 war, neben dem Urteil des EuGH in Sachen Courage[323], insbesondere auch die Verabschiedung der VO (EG) 1/2003[324], die eine Anpassung an den „Paradigmenwechsel" im europäischen Recht angebracht erscheinen ließ.[325] Mit der 7. GWB-Novelle 2005 neu eingeführt wurde, dass § 33 GWB nicht mehr nur Verstöße gegen das GWB, sondern auch solche gegen Artt. 101, 102 AEUV berücksichtigt; diese wurden vorher nicht von § 33 GWB, sondern von § 823 Abs. 2 BGB erfasst.[326]

Daneben wurde das Schutzgesetzprinzip aufgegeben. Weiter wurden eine Regelung zum sog. Passing-on-Einwand in § 33 Abs. 3 S. 2 GWB, eine Erleichterung bei der Schadensberechnung in § 33 Abs. 3 S. 3 GWB und eine Verzinsung des Schadensersatzanspruchs nach § 288, 289 S. 1 BGB in § 33 Abs. 3 S. 3 und 4 GWB eingeführt. Ferner schreibt seitdem § 33 Abs. 4 GWB die Tatbestandswirkung bei Follow-on-Klagen vor. Die Anspruchsberechtigung im Rahmen der Verbandsklage wurde gemäß § 33 S. 2 GWB auf Verbraucherschutzorganisationen ausgedehnt; als neues Instrument für Verbände wurde ein Vorteilsabschöpfungsanspruch gemäß § 34 a GWB eingeführt.[327]

#### *a) Aufgabe des Schutzgesetzprinzips*

Eine wesentliche, mit der 7. GWB-Novelle 2005 einhergehende, Änderung im Rahmen des § 33 GWB war die Aufgabe des Schutzgesetzprinzips.[328] Durch die Aufgabe des Schutzgesetzprinzips wurde der Kreis der Anspruchsberechtigten erweitert.[329] Aktiv legitimiert war nach dem Schutzgesetzprinzip nur, wer sich auf die Verletzung einer Kartellrechtsnorm berufen konnte, der Schutzgesetzeigenschaft zukam.[330] Das Vorliegen einer Schutzgesetzeigenschaft musste laut BGH am konkreten Einzelfall beurteilt werden, wobei maßgeblich war, ob die betreffende Vorschrift den Schutz

---

321 EuGH, Urt. v. 06.06.2013, C-536/11 (Donau Chemie), Rn. 27, 49 = WuW/E EU-R 2746.

322 Vgl. auch: § 2 F)II.) 3) b).

323 EuGH, Urt. v. 20.09.2001, C-453/99 (Courage) Slg. 2001, I-6297.

324 Vgl. auch: § 2 C) II).

325 *Wagner-von Papp*, JA 2006, 147.

326 *Alexander*, Schadensersatz und Abschöpfung im Lauterkeits- und Kartellrecht, S. 294; *Immenga/Mestmäcker*, GWB Band 2, § 33 Rn. 20; *Wagner-von Papp*, JA 2006, 147, 150.

327 *Hempel*, WuW 2004, 362, 368.

328 MüKo/*Lübbig*, EuWettbR, Band 1, § 33 GWB, Rn 35.

329 *Bechtold/Buntscheck*, NJW 2005, 2966, 2968.

330 *Hempel*, WuW 2004, 362, 363.

eines bestimmten Personenkreises umfasste und gegen eine näher bestimmte Art der Schädigung eines Individualinteresses gerichtet war.[331] Der Kreis der durch das Kartellverbot des Art. 101 Abs. 1 AEUV geschützten Personen war demnach auf solche Abnehmer beschränkt, gegen die sich die Kartellabsprache gezielt richtete[332]; so konnte etwa im Fall von einem den gesamten Markt umspannenden Preis- und Konditionenkartell die Marktgegenseite keinen Schadensersatzanspruch geltend machen. Auch wenn die Kartellabsprache sich auf die Marktgegenseite auswirkte und damit geeignet war, den Wettbewerb einzuschränken oder zu verfälschen, richtete sie sich nicht gezielt gegen diese.

Seit der 7. GWB-Novelle 2005 ist die Betroffenheit Bezugspunkt für die Aktivlegitimation. Demnach können Mitbewerber und sonstige Marktbeteiligte anspruchsberechtigt sein, die durch den Verstoß in ihren wirtschaftlichen Interessen beeinträchtigt werden; auf einen besonderen Schutzzweck der Norm kommt es nicht mehr an.[333] Folge ist, dass auch die Marktgegenseite aktivlegitimiert ist, einen kartellrechtlichen Schadensersatzanspruch gegen den Kartellanten geltend zu machen.

#### *b) Verbot des Passing-on-Einwands*

Mit der 7. GWB-Novelle 2005 wurde eine Regelung zum sog. Passing-on-Einwand bei der Schadensberechnung in § 33 Abs. 3 S. 2 GWB eingeführt.[334] Der Schädiger soll sich nicht darauf berufen können, dass der Geschädigte zwar höhere Preise an ihn gezahlt habe, der Geschädigte diese höheren Preise aber seinerseits an Kunden weitergegeben und daher von vornherein keinen Schaden erlitten habe.[335] Die Frage, ob dies eine Vorteilsausgleichung per se ausschließt, wie von der herrschenden Meinung vor Inkrafttreten der 7. GWB-Novelle 2005 vertreten,[336] hat der Gesetzgeber der Judikatur überlassen.[337]

### *2) Praktische Auswirkungen der 7. GWB-Novelle 2005*

Während es zwischen 2005 und 2007 insgesamt lediglich 40 kartellrechtliche Schadensersatzverfahren in Deutschland gab, waren 2009/2010 556 kartellrechtliche

---

331 BGH, Urt. v. 04.04.1975 (Krankenhaus-Zusatzversicherung) BGHZ 64, 232–238; BGH, Urt. v. 12.05.1998 (Depotkosmetik) = WRP 1999, 203 ff; *Hempel*, WuW 2004, 362, 363; MüKo/*Lübbig*, EuWettbR, Band 1, § 33 GWB, Rn 35.

332 BGH, Urt. v. 28.06.2011, KVR 75/10 (Selbstdurchschreibepapier), BGHZ 190, 145–172, Rn. 16 f.

333 *Bechtold/Buntscheck*, NJW 2005, 2966, 2968; *Langen/Bunte/Bornkamm* § 33 Rn 20; *Glöckner*, WRP 2007, 490, 491; *Koch*, WuW 2005, 1210, 1213 *Langen/Bunte/Bornkamm* § 33 Rn 20.

334 *Bechtold/Buntscheck*, NJW 2005, 2966, 2968; *Keßler*, BB 2005, 1125 ff.

335 *Wagner-von Papp*, JA 2006, 147, 150.

336 *Berrisch/Buranski*, WuW 2005, 878, 886; *Glöckner*, WRP 2007, 490, 491; *Hempel*, WuW 2004, 364 m.w.N., *Lettl*, ZHR 2003, 473, 489; *Keßler*, BB 2005, 1125, 1127.

337 *Glöckner*, WRP 2007, 490, 491; BT-Drucks. 15/3640 vom 12.08.2004, S. 35.

Schadensersatzverfahren in Deutschland anhängig.[338] Die deutliche Zunahme privater Schadensersatzklagen ist zumindest teilweise Verdienst der 7. GWB-Novelle 2005 und der damit einhergehenden, effektiveren Ausgestaltung kartellrechtlicher Schadensersatzklagen.[339]

## II) Bedeutende aktuelle Entscheidungen der deutschen Gerichte

Jüngere bedeutende Verfahren und Entscheidungen deutscher Gerichte im Hinblick auf die Effektivität von Schadensersatzklagen bei Verstößen gegen das europäische Kartellverbot sind, bezogen auf die mittelbare Anspruchsinhaberschaft, insbesondere das Urteil des BGH in Sachen Selbstdurchschreibepapier[340] und des KG Berlin in Sachen Berliner Transportkartell[341] sowie das Verfahren des LG Düsseldorf in Sachen Zementkartell[342]. In seinem Urteil vom 28. Juni 2011 in Sachen Selbstdurchschreibepapier stellte der BGH fest, dass indirekten Abnehmern in Deutschland grundsätzlich ein Recht zugestanden wird, sich gegen europäische Kartellrechtsverstöße, von denen sie betroffen sind, klageweise zur Wehr zu setzen. Allerdings spricht sich der BGH, entgegen der nicht bindenden Vorgaben der Kommission, ausdrücklich gegen eine widerlegliche Vermutung der Abwälzung kartellbedingter Preisaufschläge auf den indirekten Abnehmer aus.[343] Das KG Berlin vertritt in seinem Urteil vom 1. Oktober 2009 die Auffassung, dass die indirekte Abnehmer verschiedener Marktstufen, die durch ein Kartell geschädigt wurden, Gesamtgläubiger kartellrechtlicher Schadensersatzansprüche gemäß § 428 BGB sind.[344] Der Kartellant kann sich nach der Rechtsprechung des KG Berlin nicht auf eine Vorteilsausgleichung bei dem indirekten Abnehmer berufen. Der Teilnehmer der 2. Marktstufe hat einen erhaltenen Schadensersatz gemäß § 430 BGB in demjenigen Umfang an den Teilnehmer der 3. Marktstufe weiterzureichen, als diesem ein Schaden durch das Kartell entstanden ist.[345] Nach dem Urteil des LG Düsseldorf in Sachen Zementkartell sind Abtretungen geschädigter Abnehmer hinsichtlich Schadensersatzansprüchen gegen die Mitglieder des Kartells zwecks gerichtlicher Geltendmachung an ein

---

338 Bundeskartellamt, Tätigkeitsbericht 2009/2010 S. 49, http://www.bundeskartellamt.de/SharedDocs/Publikation/DE/Taetigkeitsberichte/Bundeskartellamt%20-%20T%C3%A4tigkeitsbericht%202010.html.

339 *Dreher*, FS Möschel (2011), 149.

340 BGH, Urt. v. 28.06.2011 – KZR 75/10, BGHZ 190, 145–172, vgl. auch: § 2 E) II) 3).

341 KG Berlin, 01.10.2009–2 U 17/03 = GWR 2010, 69.

342 LG Düsseldorf, Urt. v. 17.12.2003, 37 O 200/09 = WuW/E DE-R 4087 ff; Zwischenurteil: LG Düsseldorf, 21.02.2007–34 O (Kart) 147; gegen das Zwischenurteil hatten die Beklagten Nichtzulassungsbeschwerde eingereicht, die vom BGH abgelehnt wurde (BGH, Beschluss v. 07.04.2009 – K R 42/08).

343 BGH, Urt. v. 28.06.2011 – KZR 75/10, BGHZ 190, 145–172, vgl. auch: § 2 E) II) 3).

344 KG Berlin, 01.10.2009–2 U 17/03, Rn. 103.

345 KG Berlin, 01.10.2009–2 U 17/03, Rn. 106.

Unternehmen gemäß § 134 BGB i.V.m. Art. 1 § 1 Abs. 1 Satz 1 RBerG unwirksam, wenn das Unternehmen nicht über eine finanzielle Ausstattung verfügt, die die im Fall des Prozessverlustes zu tragenden Prozesskosten, insbesondere die Kostenerstattungsansprüche, vollständig abdeckt.[346].

Auch von großer Bedeutung ist das Pfleiderer-Urteil des AG Bonn[347], mit dem dieses der Pfleiderer AG die Einsicht in Bonusanträge zur Vorbereitung zu kartellrechtlichen Schadensersatzansprüchen untersagte. Nach nationalem Recht und unter Abwägung der unionsrechtlichen Interessen sei die Akteneinsicht in die Bonusanträge zu versagen. Einer Akteneinsicht stünde insbesondere die Gefährdung des Untersuchungszwecks nach § 406 e Abs. 2 S. 2 StPO entgegen.[348].

## III) Stellungnahme

Die 7. GWB-Novelle 2005 brachte gravierende Änderungen mit sich[349] und „europäisierte" stark.[350] Dem erklärten Ziel der 7. GWB-Novelle 2005, dem durch einen Kartellverstoß Geschädigten die Durchsetzung des Schadensersatzanspruchs zu erleichtern[351], ebnete sie den Weg, blieb jedoch deutlich hinter den Vorschlägen der Monopolkommission zurück.[352]

Unklarheiten ergaben sich auch nach der Einführung der 7. GWB-Novelle 2005 weiterhin, insbesondere im Bereich der Aktivlegitimation und der Weiterwälzung des Schadens[353]. So brachte die 7. GWB-Novelle 2005 keine Klarheit, ob auch indirekte Abnehmer sich auf einen kartellrechtlichen Schadensersatzanspruch berufen können sollten und ob ein weitergereichter Schaden beim direkten Abnehmer als schadensmindernd zu berücksichtigen ist. Weiter gibt die 7. GWB-Novelle 2005 keinen Aufschluss darüber, ob einem potentiellen Schadensersatzkläger ein Recht auf Akteneinsicht bei den Wettbewerbsbehörden zur Vorbereitung von Schadensersatzklagen zusteht. Die deutschen Kartellbehörden lehnten die Einsichtnahme regelmäßig unter Berufung auf die Gefährdung des Untersuchungszwecks ab. Gleichwohl ist es für einen kartellrechtlichen Schadensersatzkläger (insbesondere wenn es sich um einen indirekten Abnehmer handelt) nur sehr schwer möglich ohne die Einsichtnahme einen kartellrechtlichen Schadensersatzanspruch zu

346 LG Düsseldorf, Urt. v. 17.12.2003, 37 O 200/09, Rn. 53, Rn. 82, Rn. 86.

347 AG Bonn, Beschl. v. 18.01.2012, 51 Gs 53/09 (Pfleiderer) = GRUR-RR 2012, 178–180; vgl. auch F) II) 2).

348 AG Bonn, Beschl. v. 18.01.2012, 51 Gs 53/09 (Pfleiderer) = GRUR-RR 2012, 178–180.

349 *Wagner-von Papp*, JA 2006, 147.

350 *Alexander*, GRUR Int. 2013, 636, 637.

351 *Bornkamm*, GRUR 2010, 501

352 Das allgemeine Wettbewerbsrecht in der Siebten GWB-Novelle, Sondergutachten der Monopolkommission gem. Art. 44 Abs. 1 Satz 4 GWB, Kapitel 2.51063, Rn. 19 ff, http://www.gesmat.bundesgerichtshof.de/gesetzesmaterialien/15_wp/KartellG/monopolkomm.pdf; *Keßler*, WRP 2006, 1061.

353 *Glöckner*, WRP 2007, 490, 491.

substantiieren. Hier hat es die Novelle der Rechtsprechung überlassen, tätig zu werden[354], da sie sich zu diesen Themen ungenügend bzw. gar nicht geäußert hat. Das Zusammenspiel aus Gesetzgebung und Rechtsprechung verdichtet sich zunehmend. Inwieweit dennoch Unklarheiten bestehen, welche aufgrund der damit einhergehenden Rechtsunsicherheit der effektiven Durchsetzung des europäischen Wettbewerbsrechts mittels privater Schadensersatzklagen entgegenstehen, ist im Folgenden zu klären.

## IV) Zusammenfassung in Thesen

1. Die von der Europäischen Union geforderte Äquivalenz und Effektivität der mitgliedsstaatlichen Schadensersatzregelungen bei Verstößen gegen das europäische Kartellverbot hat der deutsche Gesetzgeber insbesondere bei Erlass der 7. GWB-Novelle 2005 berücksichtigt. Mit der 7. GWB-Novelle 2005 geändert wurde insbesondere, dass § 33 GWB auch Verstöße gegen Artt. 101, 102 AEUV erfasst, daneben wurde das Schutzgesetzprinzip aufgegeben, eine Regelung zum sog. Passing-on-Einwand in § 33 Abs. 3 S. 2 GWB und die Tatbestandswirkung bei Follow-on-Klagen in § 33 Abs. 4 GWB eingeführt. Die deutliche Zunahme privater Schadensersatzklagen in Deutschland ist zumindest teilweise Verdienst der 7. GWB-Novelle 2005 und der damit einhergehenden, effektiveren Ausgestaltung kartellrechtlicher Schadensersatzklagen.
2. Insbesondere bei der praktischen Ausformung der Anspruchsberechtigung hat es der deutsche Gesetzgeber der Rechtsprechung überlassen, tätig zu werden. Diesbezüglich, wie auch im Hinblick auf die Thematik der Akteneinsicht durch Kartellgeschädigte zur Vorbereitung von Schadensersatzklagen, verdichtet sich das Zusammenspiel aus Gesetzgebung und Rechtsprechung. Zu nennen sind insbesondere die Urteile des BGH in Sachen Selbstdurchschreibepapier[355], des KG Berlin in Sachen Berliner Transportkartell[356] und des LG Düsseldorf in Sachen Zementkartell[357] sowie das Urteil des AG Bonn in Sachen Pfleiderer[358].

# E) Aktivlegitimation: Jedermann

Die Reichweite der Anspruchsberechtigung bei privaten Schadensersatzansprüchen aufgrund von Kartellrechtsverstößen ist für die Effektivität der Durchsetzung des europäischen Kartellrechts von zentraler Bedeutung[359]; durch die Anspruchsberechtigung wird der Kreis derjenigen, die überhaupt infrage kommen, eine private

---

354 Vgl. auch: § 2 E).

355 BGH, Urt. v. 28.06.2011, KVR 75/10 (Selbstdurchschreibepapier), BGHZ 190, 145–172.

356 KG Berlin 01.10.2009–2 U 17/03 = GWR 2010, 69.

357 LG Düsseldorf, Urt. v. 17.12.2003, 37 O 200/09 = WuW/E DE-R 4087 ff.

358 EuGH, Urt. v. 14.06.2011, C-360/09 (Pfleiderer) = WuW/E EU-R 2357.

359 *Poelzig*, Normdurchsetzung durch Privatrecht, S. 151.

Schadensersatzklage geltend zu machen, festgelegt wird. Ausgangspunkt auf europäischer Ebene ist die Aussage des EuGH in seinem Urteil in Sachen Courage, wonach die volle Wirksamkeit des europäischen Kartellverbotes beeinträchtigt würde, wenn nicht jedermann Ersatz des Schadens verlangen könnte, der ihm durch eine wettbewerbswidrige Verhaltensweise entstanden ist.[360] Die Formel des EuGH, wonach jedermann Schadensersatz verlangen können soll, wird vielfach im Sinne einer grenzenlosen Ausdehnung der Aktivlegitimation verstanden.[361]

Auf nationaler Ebene erfolgte ein grundlegender Richtungswechsel hin zu einem weiteren Kreis der Anspruchsberechtigten und damit hin zu mehr Effektivität mit der 7. GWB-Novelle 2005; das Schutzgesetzprinzip wurde vom Gesetzgeber ausdrücklich aufgegeben und stattdessen der Kreis der Anspruchsberechtigten anhand der Betroffenheit begrenzt.[362] Betroffen ist nach § 33 Abs. 1 S. 3 GWB, wer als Mitbewerber oder sonstiger Marktbeteiligter durch den Verstoß beeinträchtigt wird.[363] Eine Beeinträchtigung ist wiederum anzunehmen, wenn sich die kartellrechtswidrige Praktik auf das von der verletzten Norm geschützte Rechtsgut nachteilig auswirkt.[364] Damit werden zumindest alle diejenigen, die einen Schaden erlitten haben, erfasst.[365] Die Begrenzung auf die Betroffenheit gilt auch für kartellrechtliche Schadensersatzansprüche nach § 33 Abs. 3 GWB in Folge der Bezugnahme auf den gesamten § 33 Abs. 1 GWB durch § 33 Abs. 3 GWB.[366] Nach der 7. GWB-Novelle 2005 kann somit grundsätzlich jedermann einen kartellrechtlichen Schadensersatzanspruch geltend machen unter der Einschränkung, dass er sich auf eine rechtserhebliche Betroffenheit berufen kann.[367] Die Reichweite der Anspruchsberechtigung, bezogen auf die Parteien des wettbewerbswidrigen Vertrages und mittelbare Abnehmer, ist im Hinblick auf die effektive Durchsetzung des europäischen Kartellrechts von zentraler Bedeutung. Dabei ist vor allem auch nach der neuesten Rechtsprechung des BGH[368] und der Instanzengerichte[369] teilweise noch

---

360 EuGH, Urt. v. 20.09.2001, C-453/99 (Courage), Slg. 2001, I-6297, Rn. 26 ff.

361 *Bulst*, ZEuP 2008, 178, 187 ff.

362 Vgl. auch: § 2 D) I) 1); *Immenga/Mestmäcker/Schmidt*, EU-Kartellrecht, Band 1, VO 1/2003 Anhang 2, Rn. 18.

363 *Immenga/Mestmäcker/Schmidt*, EU-Kartellrecht, Band 1, VO 1/2003 Anhang 2, Rn. 18.

364 *Alexander*, Schadensersatz und Abschöpfung im Lauterkeits- und Kartellrecht, S. 353.

365 *Alexander*, Schadensersatz und Abschöpfung im Lauterkeits- und Kartellrecht, S. 353.

366 *Immenga/Mestmäcker/Emmerich*, GWB, Band 2, § 33, Rn. 10.

367 *Immenga/Mestmäcker/Schmidt*, EU-Kartellrecht, Band 1, VO 1/2003 Anhang 2, Rn. 18.

368 BGH, Urt. v. 28.06.2011, KVR 75/10 (Selbstdurchschreibepapier), BGHZ 190, 145–172.

369 KG Berlin, 01.10.2009–2 U 17/03 = GWR 2010, 69; LG Düsseldorf, Urt. v. 17.12.2003, 37 O 200/09 = WuW/E DE-R 4087 ff; *Kamann/Ohlhoff*, ZWeR 2010, 303.

ungeklärt, wie die Anspruchsinhaberschaft mittelbarer Abnehmer sowie die damit verbundenen Konsequenzen auszugestalten sind, um der Durchsetzung des europäischen Kartellrechts mittels privater Schadensersatzklagen zur größtmöglichen Effektivität zu verhelfen. Zentraler Bezugspunkt für die Anspruchsinhaberschaft mittelbarer Abnehmer ist die Rechtsprechung des EuGH in Sachen Courage.[370]

## I) Parteien der wettbewerbswidrigen Abrede als Aktivlegitimierte

### *1) Vorgaben des Europäischen Rechts*

Vor der Auseinandersetzung des EuGH mit der Aktivlegitimation der Partei eines wettbewerbswidrigen Vertrages im Rahmen von kartellrechtlichen Schadensersatzansprüchen wurden Schadensersatzansprüche zwischen den Beteiligten zumindest für horizontale Wettbewerbsbeschränkungen von der herrschenden Lehre verneint.[371]

Ein Teil der Lehre sah in der generellen Verweigerung eines kartellrechtlichen Schadensersatzanspruchs für die Parteien der wettbewerbsbeschränkenden Vereinbarung einen Verstoß gegen den Effektivitätsgrundsatz und differenzierte zwischen Schadensersatzansprüchen, die auf den Ausgleich von Nachteilen gerichtet sind, die ein Beteiligter erleidet, weil er sich dem Abschluss oder der Durchführung einer nach Art. 101 AEUV verbotenen Verhaltenskoordination verweigert, und solchen, die auf den Ausgleich der Nachteile gerichtet sind, die die Durchführung einer verbotenen Verhaltenskoordination für daran Beteiligte mit sich bringt.[372] Lediglich erstere seien unionsrechtlich geboten, um die effektive Durchsetzung des europäischen Kartellrechts zu gewährleisten.[373] Dagegen sei ein Anspruch, der auf den Ersatz eines Schadens gerichtet ist, welcher sich aus der Durchführung der verbotswidrigen Verhaltenskoordination für die Beteiligten ergibt, abzulehnen. Abschluss und Durchführung der Vereinbarung seien rechtswidrig und daher nicht schutzwürdig; die Zuerkennung von Schadensersatzansprüchen würde vielmehr die Durchführung der verbotenen Verhaltenskoordination fördern und damit gegen den Effektivitätsgrundsatz verstoßen, da die Beteiligten darauf hoffen könnten, sich bei negativer Entwicklung ohne Nachteil wieder lösen zu können.[374]

370 EuGH, Urt. v. 20.09.2001, C-453/99 (Courage), Slg. 2001, I-6297.

371 *Immenga/Mestmäcker/Schmidt*, EU-Kartellrecht, Band 1(1997), Art. 85 Abs. 2, Rn. 80; *Weyer*, ZEuP 1999, 424, 446.

372 *Bauer/Weyer*, in FK: Kartellrecht, 1982/2001, Band II, § 33, 1999, Rn. 138; *Weyer*, ZEuP 1999, 424, 446 f.; *FK/Bauer/Weyer*, Kartellrecht, 1982/2001, Band II, § 33, 1999, Rn. 138.

373 *Weyer*, ZEuP 1999, 424, 447.

374 *Weyer*, ZEuP 1999, 424, 448.

Den Effektivitätsgrundsatz zieht auch der EuGH im Urteil Courage[375] als wesentliches Argument für die grundsätzliche Bejahung der Aktivlegitimation von an wettbewerbswidrigen Absprachen Beteiligten heran.[376] Die Ausgestaltung und Durchsetzung von Schadensersatzansprüchen aufgrund von Verstößen gegen das europäische Wettbewerbsrecht unter Zugrundelegung des Äquivalenz- und Effektivitätsgrundsatzes zu regeln sei jedoch Sache der Mitgliedsstaaten.[377] Die Erwägung des vorlegenden Court of Appeal[378], die Aktivlegitimation einer an dem wettbewerbswidrigen Vertrag beteiligten Partei zu verneinen, da die Partei Verursacher und nicht Opfer der Wettbewerbsbeschränkung sei und daher nicht schutzwürdig wäre[379], sieht der EuGH in dieser Pauschalität als nicht mit dem Effektivitätsgrundsatz vereinbar an. Das innerstaatliche Recht könne jedoch eine Partei, die eine erhebliche Verantwortung für die Wettbewerbsverzerrung trägt, von der Aktivlegitimation ausschließen (sog. significant responsibility-Test).[380] Dabei könne das Gericht als Beurteilungsspielräume den wirtschaftlichen und rechtlichen Rahmen der Parteien und die Stärke der Verhandlungsposition und das jeweilige Verhalten der beiden Vertragsparteien berücksichtigen.[381]

### *2) Relativierung der Jedermann-Aktivlegitimation durch den significant responsibility-Test*

Durch den significant responsibility-Test relativiert der EuGH seine Aussage, dass jedermann Schadensersatz geltend machen können muss, gravierend.[382]

#### *a) Sinn und Zweck der Einschränkung der Anspruchsberechtigung*

Indem der EuGH die Anspruchsberechtigung in Fällen der erheblichen Verantwortung an der Wettbewerbsverzerrung einschränkt, soll verhindert werden, dass die Vertragsparteien einen Kartellverstoß billigend in Kauf nehmen (mit dem Wissen in diesem Fall einen Schadensersatzanspruch gegen die anderen Kartellbeteiligten erheben zu können). Der EuGH bezweckt die bestehende Missbrauchsgefahr und damit die Effektivität der Durchsetzung von kartellrechtlichen Schadensersatzklagen wegen Verstößen gegen das europäische Kartellrecht durch die Einschränkung zu stärken.[383]

---

375 EuGH, Urt. v. 20.09.2001, C-453/99 (Courage), Slg. 2001, I-6297.
376 EuGH, Urt. v. 20.09.2001, C-453/99 (Courage), Slg. 2001, I-6297, Rn. 24 ff.
377 EuGH, Urt. v. 20.09.2001, C-453/99 (Courage), Slg. 2001, I-6297, Rn. 29.
378 Court of Appeal (England), Civil Division, judgment of 27/05/1999 (order of 16/07/99).
379 EuGH Urt. v. 20.09.2001, C-453/99 (Courage), Slg. 2001, I-6297, Rn. 11 ff.
380 EuGH, Urt. v. 20.09.2001, C-453/99 (Courage), Slg. 2001, I-6297, Rn. 29.
381 EuGH, Urt. v. 20.09.2001, C-453/99 (Courage), Slg. 2001, I-6297, Rn. 32.
382 *Cumming*, E.C.L.R. 2002, S. 199, 202.
383 EuGH, Urt. v. 20.09.2001, C-453/99 (Courage), Slg. 2001, I-6297, Rn. 29.

### *b) Konsequenzen des significant responsibility-Tests bei Ausfüllung durch vom EuGH vorgegebenen Kriterien*

Der EuGH schreibt zwar keine zwingenden Kriterien zur Ausfüllung des significant responsibility-Tests vor.[384] Als entscheidend für die Umsetzung durch die Mitgliedsstaaten zu erachten werden jedoch insbesondere die wirtschaftliche Position der den Schadensersatz begehrenden Partei und ihr Verhalten bei den Vertragsverhandlungen sein,[385] welche auch als fakultative Kriterien vom EuGH erwähnt werden.

Keine erhebliche Verantwortung für einen Wettbewerbsverstoß aufgrund ihres Verhaltens bei den Vertragsverhandlungen wird einem Vertragspartner insbesondere regelmäßig dann zukommen, wenn der wettbewerbsbeschränkende Vertrag mittels AGB geschlossen wurde[386] oder/und ein vertikaler Kartellverstoß vorliegt.[387] Geht es um die Schadensersatzklage eines Händlers gegen den Hersteller aufgrund eines vertikalen Wettbewerbsverstoßes in Form einer Exklusivitätsklausel, ist anzunehmen, dass der Händler bei Abschluss des wettbewerbswidrigen Vertrages nicht darauf hingewirkt haben wird, nur innerhalb eines gewissen Gebietes seine Waren vertreiben zu dürfen, sondern dies lediglich in Kauf genommen hat.[388] Daran ändert auch nichts, dass es grundsätzlich auch im Interesse des Händlers lag, dass der Vertriebsvertrag zwischen ihm und dem Hersteller zustande kam.[389] Im Horizontalverhältnis ist nur in Ausnahmefällen eine Anspruchsberechtigung denkbar, etwa im Falle eines Quotenkartells, in denen kleineren Wettbewerbern nur eine unter ihrem Potential liegende Quote zugebilligt wird.[390] In dem Fall, dass der wettbewerbsbeschränkende Vertrag mittels AGB geschlossen wurde, ist im Rahmen des significant responsibility-Tests maßgeblich, ob der Vertragspartner, der sich auf den Wettbewerbsverstoß beruft, eine Möglichkeit hatte, den Vertrag wettbewerbskonform zu verändern[391], d.h., ob die Standardvereinbarung tatsächlich die schwächere Position einer Partei indiziert und deshalb eine erhebliche Verantwortung für den Wettbewerbsverstoß durch diese Partei auszuschließen ist.[392] Oder, ob die Vereinbarung aus anderen Motiven, etwa aus Kostenersparnisgründen in Form einer Allgemeinen Geschäftsbedingung, getroffen wurde.[393] Durch das Abstellen auf das Verhalten bei den Vertragsverhandlungen und die wirtschaftliche Situation der Vertragsparteien wird bewirkt, dass letztlich das Unionsrecht grundsätzlich nur denjenigen aktivlegitimiert, der eher die Rolle eines Konsumenten als die eines

---

384 EuGH, Urt. v. 20.09.2001, C-453/99 (Courage), Slg. 2001, I-6297, Rn. 29.
385 *Jones/Beard*, E.C.L.R. 2002, 252.
386 *Andreangeli*, E.C.L.R. 2004, 759.
387 *Jones/Beard*, E.C.L.R. 2002, 252.
388 *Jones/Beard*, E.C.L.R. 2002, 252.
389 *Jones/Beard*, E.C.L.R. 2002, 252.
390 *Langen/Bunte/Bornekamm*, Band 1,§ 33 Rn. 35.
391 *Andreangeli*, E.C.L.R. 2004, 759.
392 *Jones/Beard*, E.C.L.R. 2002, 252.
393 *Jones/Beard*, E.C.L.R. 2002, 252.

Vertragspartners auf Augenhöhe einnimmt.[394] Regelmäßig wird demnach innerhalb vertikaler Vereinbarungen eine Anspruchsberechtigung der Partei auf der niedrigeren Stufe durch Europarecht gewährleistet sein, während bei horizontalen Vereinbarungen eine Anspruchsberechtigung der Parteien regelmäßig verneint werden muss. Eine so weitreichende Einschränkung der Aktivlegitimation von an wettbewerbswidrigen Absprachen Beteiligten durch den significant responsibility-Test ist schwer mit dem Effektivitätsgrundsatz in Einklang zu bringen. Auch im Verhältnis von horizontalen Vereinbarungen kann die Partei des wettbewerbswidrigen Vertrages schutzwürdig sein und dem europäischen Kartellrecht zu mehr praktischer Wirksamkeit verholfen werden, wenn dieser die Möglichkeit gegeben wird, gegen ihren Vertragspartner vorzugehen. Lediglich in Fällen, in denen die Parteien mit Wissen und Wollen einen wettbewerbswidrigen Vertrag abschließen und sich die Wahl von dem Kartellverstoß zu profitieren oder gegen ihren jeweiligen Vertragspartner vorzugehen, vorbehalten, würde der Ausschluss der Aktivlegitimation die Effektivität des europäischen Kartellrechts stärken.

### *3) Umsetzung der europäischen Vorgaben im nationalen Recht anhand der Auslegung des Merkmals der Betroffenheit*

Vor Inkrafttreten der 7. GWB-Novelle 2005 verneinte die Rechtsprechung die Anspruchsberechtigung für kartellrechtliche Schadensersatzansprüche von Vertragspartnern einer wettbewerbsbeschränkenden Vereinbarung.[395] Dies wurde unter anderem damit begründet, dass die Nichtigkeit der wettbewerbsbeschränkenden Vereinbarung den Vertragspartnern genug Schutz biete.[396]

Nach Inkrafttreten der 7. GWB-Novelle 2005 ist ein vollständiger Ausschluss der Anspruchsberechtigung von Kartellbeteiligten in Folge der Erweiterung der Aktivlegitimation auf die „Betroffenen" per se nicht mehr möglich und auch nicht mit der Rechtsprechung des EuGH vereinbar.[397] Ausgangspunkt für die unionskonforme Auslegung der Betroffenheit muss der Effektivitätsgrundsatz sein.[398] Der Anspruch kann nach der Gesetzesbegründung jedoch im Einzelfall ausgeschlossen sein, wenn der Anspruchsteller sich andernfalls auf eine eigene rechtswidrige Handlung stützen würde, um Schadensersatz zu erlangen, und wenn ihn eine erhebliche Verantwortung an der Wettbewerbsverzerrung nach § 254 BGB trifft.[399] Dies entspricht den vom EuGH entwickelten Vorgaben für die Ausfüllung des significant

---

394 *Andreangeli*, E.C.L.R. 2004, 759.

395 KG, 07.09.1977 (Air Conditioning-Anlagen) = WuW/E OLG 1903, 1905; *Immenga/Mestmäcker/Emmerich*, GWB, Band 2, § 33 Rn. 18, 30; *Langen/Bunte/Bornekamm*, Band 1, § 33, Rn. 19.

396 *Langen/Bunte/Bornekamm*, Band 1, § 33, Rn. 33.

397 Gesetzesbegründung zur 7. GWB-Novelle 2005, BT-Drucks. 15/3640.

398 *Poelzig*, Normdurchsetzung durch Privatrecht, S. 162.

399 Gesetzesbegründung zur 7. GWB-Novelle 2005, BT-Drucks. 15/3640; *Poelzig*, Normdurchsetzung durch Privatrecht, S. 163.

responsibility-Tests durch nationales Recht. Die Literatur geht jedoch noch einen Schritt weiter und füllt den Auslegungsspielraum des Begriffs der Beteiligung dergestalt, dass sie zwischen Horizontalvereinbarungen und Vertikalvereinbarungen unterscheidet.[400] Bei horizontalen Vereinbarungen sind die Kartellbeteiligten nicht Repräsentanten des betroffenen Marktes und folglich nur Beteiligte, nicht aber Betroffene des Kartelldelikts.[401] Für Vertikalvereinbarungen sei hingegen aus der Schutzdoktrin des Urteils des EuGH in Sachen Courage[402] zu folgern, dass Ansprüche aus § 33 GWB auch einem Kartellrechtspartner zustehen können.[403]

Im Einklang mit der Rechtsprechung des EuGH in Sachen Courage[404] können demnach grundsätzlich auch Parteien wettbewerbswidriger Absprachen einen kartellrechtlichen Schadensersatzanspruch nach deutschem nationalem Recht geltend machen; dies trägt grundsätzlich zur effektiveren Durchsetzung des europäischen Kartellrechts bei.[405]

Problematisch ist, dass die Einschränkung der Anspruchsberechtigung in Form der erheblichen Verantwortung erneut Rechtsunsicherheit hinsichtlich der Erfolgsaussichten eines kartellrechtlichen Prozesses nach sich zieht. Ob die klagende Partei eines wettbewerbswidrigen Vertrages von dem zuständigen Gericht als für aktivlegitimiert befunden wird, wird sich oft nicht mit hinreichender Sicherheit beurteilen lassen, da es dafür keine klaren Anhaltspunkte gibt und den Gerichten ein weiter Beurteilungsspielraum zu kommt. Dies wird potentielle Kläger abschrecken, ihre Schäden mittels kartellrechtlicher Schadensersatzklagen einzuklagen. Nicht mit dem Effektivitätsgrundsatz vereinbar ist die pauschale Differenzierung nach Horizontalvereinbarungen und Vertikalvereinbarungen, wie sie von der Literatur vorgeschlagen wird. Hierdurch würde letztlich das Schutzgesetzprinzip erneut aufgegriffen, indem auf die Eigenschaft als Marktrepräsentant für die Aktivlegitimation des am Kartell Beteiligten abgestellt wird. Vor Einführung der 7. GWB Novelle 2005 konnten nur diejenigen durch ein Kartell Geschädigten einen kartellrechtlichen Schadensersatz geltend machen, gegen die sich die Kartellabsprache gezielt richtete. Schließt man bei horizontalen Vereinbarungen eine Aktivlegitimation generell aus, würde letztlich der Zustand wiederhergestellt, der vor Einführung der 7 GWB Novelle 2005 galt, was mit dem geltenden Recht nicht vereinbar ist: Im Zuge der 7. GWB Novelle 2005 wurde gerade das Schutzgesetzprinzip aufgegeben und und Aktivlegitimation auf die Beteiligteneigenschaft erweitert.

---

400 Vgl. auch: § 2 E) I) 1); *Immenga/Mestmäcker/Schmidt*, EU-Kartellrecht, Band 1, VO 1/2003 Anhang 2, Rn. 20.

401 *Immenga/Mestmäcker/Schmidt*, EU-Kartellrecht, Band 1, VO 1/2003 Anhang 2, Rn. 20; *Löwenheim/Meessen/Riesenkampff/Rehbinder*, § 33 GWB Rn. 14.

402 EuGH, Urt. v. 20.09.2001, C-453/99 (Courage), Slg. 2001, I-6297.

403 *Immenga/Mestmäcker/Schmidt*, EU-Kartellrecht, Band 1, VO 1/2003 Anhang 2, Rn. 20; *Langen/Bunte/Bornekamm*, Band 1, § 33 Rn. 50.

404 EuGH, Urt. v. 20.09.2001, C-453/99 (Courage), Slg. 2001, I-6297.

405 *Poelzig*, Normdurchsetzung durch Privatrecht, S. 163.

### 4) *Zusammenfassung in Thesen*

1. Die Aussage des EuGH, wonach die Partei eines wettbewerbswidrigen Vertrages grundsätzlich Ersatz des Schadens verlangen kann, der ihr durch einen wettbewerbswidrigen Vertrag entstanden ist, und auch das Korrektiv des significant responsibility-Tests erhöhen grundsätzlich die Effektivität der Durchsetzung der unionsrechtlichen Wettbewerbsregeln mittels privater Schadensersatzklagen.
2. Die praktische Ausfüllung des significant responsibility-Tests führt jedoch dazu, dass letztlich das Unionsrecht grundsätzlich nur denjenigen aktivlegitimiert, der eher die Rolle eines Konsumenten als die eines Vertragspartners auf Augenhöhe einnimmt. Insbesondere wird regelmäßig innerhalb vertikaler Vereinbarungen eine Anspruchsberechtigung der Partei auf der niedrigeren Stufe durch Europarecht gewährleistet sein, während bei horizontalen Vereinbarungen eine Anspruchsberechtigung der Parteien regelmäßig verneint werden muss. Eine so weitreichende Einschränkung der Aktivlegitimation von an wettbewerbswidrigen Absprachen Beteiligten durch den significant responsibility-Test ist schwer mit dem Effektivitätsgrundsatz in Einklang zu bringen.
3. Die Aufgabe des Schutzgesetzprinzips im deutschen nationalen Recht und die Erweiterung der Anspruchsberechtigung auf die „Beteiligten" im Zuge der 7. GWB-Novelle 2005 führt dazu, dass, im Einklang mit der Rechtsprechung des EuGH in Sachen Courage, auch die Parteien eines wettbewerbswidrigen Vertrages einen kartellrechtlichen Schadensersatzanspruch geltend machen können. Der Ausschluss der Aktivlegitimation bei einer erheblichen Verantwortlichkeit stellt grundsätzlich significant responsibility-Test auch ein sinnvolles Korrektiv dar. Parallel zum significant responsibility-Test kommt es jedoch auch hier darauf an, wie das Merkmal der erheblichen Verantwortlichkeit praktisch ausgefüllt wird.
4. Nicht mit dem Effektivitätsgrundsatz vereinbar ist die pauschale Differenzierung nach Horizontalvereinbarungen und Vertikalvereinbarungen, wie sie von der Literatur vorgeschlagen wird. Hierdurch würde letztlich das Schutzgesetzprinzip erneut aufgegriffen, indem auf die Eigenschaft als Marktrepräsentant für die Aktivlegitimation des am Kartell Beteiligten abgestellt wird.

## II) Indirekte Abnehmer

Wohl am ausschlaggebendsten für die möglichst effektive Ausgestaltung von kartellrechtlichen Schadensersatzklagen ist die Frage, ob, und wenn ja, wie sich mittelbare Abnehmer auf den Verstoß des europäischen Kartellrechts mittels privater Schadensersatzklagen berufen können sollen. Entscheidend ist dabei vor allem auch, ob bzw. wie eine tatsächlich praktikable Durchsetzbarkeit der Ansprüche indirekter Abnehmer gewährleistet werden kann.

Indirekte Abnehmerhaben im Gegensatz zu unmittelbaren Abnehmern keinen unmittelbaren Kontakt mit dem Rechtsverletzter, können aber dennoch einen Schaden erlitten haben, weil auf sie in der Vertriebskette rechtswidrige Preisaufschläge abgewälzt wurden.[406]

Im Einzelnen zu untersuchen ist, ob an sich die Anspruchsinhaberschaft indirekter Abnehmer zu bejahen ist, ob das Institut der Vorteilsausgleichung oder eine sonstige Form der Schadensabwälzung Anwendung finden soll und wie gewährleistet werden kann, dass insbesondere Streuschäden in der Praxis von den indirekten Abnehmern geltend gemacht werden und gleichzeitig eine mehrfache Inanspruchnahme des Kartellanten für denselben Schaden vermieden werden kann. Im Einzelnen:

## *1) Behandlung der indirekten Anspruchsberechtigung im europäischen Recht*

### *a) Herleitung der Anspruchsberechtigung indirekter Abnehmer*

Zu untersuchen ist, ob das europäische Recht eine Anspruchsberechtigung indirekter Abnehmer für die effektive Durchsetzung des europäischen Kartellrechts erfordert.[407]

In seinem Courage-Urteil trifft der EuGH die grundsätzliche Aussage, dass jedermann berechtigt sein soll, einen kartellrechtlichen Schadensersatzanspruch geltend zu machen.[408] Im Folgeurteil Manfredi[409] stellte der EuGH klar, dass zumindest alle Personen anspruchsberechtigt sein sollen, die kausal durch den Wettbewerbsverstoß geschädigt wurden.[410] Aus diesen vom EuGH aufgestellten Grundsätzen folgert die Kommission im Weißbuch[411] die unabdingbare Anspruchsberechtigung von indirekten Abnehmern.[412] Auch nach der europäischen Richtlinie zu kartellrechtlichen Schadensersatzklagen sind sowohl der unmittelbare als auch mittelbare Abnehmer anspruchsberechtigt.[413]

Die Verpflichtung der Mitgliedsstaaten, einen zivilrechtlichen Anspruch auch zugunsten indirekter Abnehmer zu gewähren, wird auch teilweise in der Literatur

406 *Soyez*, EuZW 2012, 100.
407 Dagegen im Endeffekt: *Ritter*, WuW 2008, 762, 766.
408 EuGH, Urt. v. 20.09.2001, C-453/99 (Courage), Slg. 2001, I-6297, Rn. 26.
409 EuGH, Urt. v. 13.07.2006, C-295–298/04 (Manfredi), Slg. 2006, I-6619.
410 EuGH, Urt. v. 13.07.2006, C-295–298/04 (Vizenzo Manfredi) Slg. 2006, I-6619, Rn. 61.
411 Weißbuch Schadenersatzklagen wegen Verletzung des EG-Wettbewerbsrechts, KOM (2008), 165 endg. vom 02.04.2008.
412 Weißbuch Schadenersatzklagen wegen Verletzung des EG-Wettbewerbsrechts, KOM (2008), 165 endg. vom 02.04.2008, S. 4; *Ritter*, WuW, 762 f.
413 Art 12 ff Richtlinie 2014/104/EU des Europäischen Parlaments und des Rates vom 26. November 2014 über bestimmte Vorschriften für Schadensersatzklagen nach nationalem Recht wegen Zuwiderhandlungen gegen wettbewerbsrechtliche Bestimmungen der Mitgliedstaaten und der Europäischen Union.

als zwingende Folgerung der Urteile Courage[414] und Manfredi[415] gesehen.[416] Jedoch schließt ein Teil der Literatur aus der Formulierung „jedermann" lediglich, dass die Tendenz besteht, dass das europäische Recht denjenigen, der einen wirtschaftlichen Schaden durch den Kartellverstoß davongetragen hat, grundsätzlich nicht von der Berechtigung ausschließen will.[417] Gegen eine zwingende Folgerung spräche, dass beide Entscheidungen unmittelbar betroffene Marktteilnehmer betrafen, weswegen die Aussagekraft für die Frage der Anspruchsberechtigung indirekter Abnehmer von vornherein beschränkt sei.[418] Ein Teil der Literatur geht noch einen Schritt weiter und vertritt die Auffassung, aus den Urteilen des EuGH ließe sich schlussfolgern, dass indirekte Abnehmer gerade nicht anspruchsberechtigt seien[419], da mit Blick auf die möglichen Vermögenseinbußen mittelbarer Abnehmer keine adäquate Kausalität vorläge.[420] Eine solche verlange der EuGH jedoch, indem er in der Rechtssache Manfredi[421] die kausale Verknüpfung zwischen Kartellverstoß und Schadenseintritt fordert, wobei entsprechend den allgemeinen schadensrechtlichen Grundsätzen dies nicht als Kausalität im Sinne der Äquivalenztheorie, sondern im Sinne eines adäquat kausalen Schadensverlaufes zu verstehen sei.[422] Vielmehr läge zwischen Kartellverstoß und der möglichen Vermögenseinbuße der mittelbaren Abnehmer ein willkürliches Verhalten des unmittelbaren Abnehmers, da dieser allein darüber entscheide, ob, wann und gegebenenfalls in welchem Umfang ein erhöhter Einkaufspreis an nachgelagerte Abnehmerstufen weitergegeben wird.[423]

Dies überzeugt nicht. Zwar hatte der EuGH in Sachen Courage[424] und Manfredi[425] nicht über einen Sachverhalt zu urteilen, der einen indirekten Abnehmer betraf. Den Ausführungen zur Anspruchsberechtigung durch den EuGH kommt jedoch eine verallgemeinerungsfähige Aussagekraft zu. Die Anspruchsberechtigung jedermanns besagt, dass grundsätzlich alle, und damit auch indirekte Abnehmer, im Rahmen von kartellrechtlichen Schadensersatzansprüchen aktivlegitimiert sein können.[426]

---

414 EuGH, Urt. v. 20.09.2001, C-453/99 (Courage), Slg. 2001, I-6297.

415 EuGH, Urt. v. 13.07.2006, C-295–298/04 (Manfredi), Slg. 2006, I-6619.

416 *Bulst*, EWS 2004, 62, 64; *Bulst*, NJW 2004, 2201; *Fritsche*, WRP 2006, 42, 46; *Lettl*, ZHR 2003, 167; *Schütt*, WuW 2004, 1124, 1128; *Soyez*, EWS 2011, Nr. 12, Die erste Seite.

417 *Langen/Bunte/Bornekamm*, Band 1, § 33 Rn. 41; in diese Richtung: *Alexander*, Schadensersatz und Abschöpfung im Lauterkeits- und Kartellrecht, S. 329.

418 *Langen/Bunte/Bornekamm*, Band 1, § 33, Rn. 41.

419 *Soyez*, EuZW 2012, 100, 101.

420 *Soyez*, EuZW 2012, 100, 101.

421 EuGH, Urt. v. 13.07.2006, C-295–298/04 (Manfredi), Slg. 2006, I-6619.

422 *Soyez*, EuZW 2012, 100, 101.

423 *Soyez*, EuZW 2012, 100, 101; nach Preisanpassung des Direktabnehmers und des Wettbewerbers differenzierend: *Bulst*, Schadensersatzansprüche der Marktgegenseite, S. 255.

424 EuGH, Urt. v. 20.09.2001, C-453/99 (Courage), Slg. 2001, I-6297.

425 EuGH, Urt. v. 13.07.2006, C-295–298/04 (Manfredi), Slg. 2006, I-6619.

426 *Dittrich*, GRUR 2009, 123, 125.

Die Weitergabe des Kartellschadens lässt auch nicht den Kausalzusammenhang entfallen. Ein schädigendes Ereignis ist adäquat kausal, wenn es im Allgemeinen und nicht nur unter besonders eigenartigen, unwahrscheinlichen oder nach dem gewöhnlichen Verlauf der Dinge außer Betracht bleibenden Umständen geeignet ist, einen Erfolg der eingetretenen Art herbeizuführen.[427] Das Kriterium der Adäquanz soll nur Schädigungen herausfiltern, die völlig außerhalb des zu erwartenden Verlaufs stehen.[428] Es bewegt sich nicht völlig außerhalb des zu Erwartenden, wenn der unmittelbare Abnehmer den erhöhten Einkaufspreis an die nachgelagerten Stufen weitergibt. Nach dem Weißbuch[429], welches die Anspruchsberechtigung indirekter Abnehmer bejaht, besteht vielmehr richtigerweise eine widerlegliche Vermutung, dass der rechtswidrige Preisaufschlag in vollem Umfang auf die nachgelagerten Stufen abgewälzt wurde.[430] Mit der widerleglichen Vermutung wird auch dem Problem begegnet, dass der indirekte Abnehmer die Abwälzung der kartellbedingten Preiserhöhung nicht ohne Weiteres wird beweisen können.[431]

Auch die Richtlinie spricht sich grundsätzlich für den Einwand der Abwälzung von Vermögenseinbußen und unter gewissen Voraussetzungen für eine widerlegbare Vermutung der Schadensabwälzung auf den mittelbaren Abnehmer aus.[432]

Problematisch ist, dass mit einer widerleglichen Vermutung der Schadensabwälzung die Gefahr der Vielfachbelastung des Schädigers begründet wird;[433] so könnte regelmäßig die Konstellation eintreten, dass der Schädiger dem direkten Abnehmer gegenüber Schadensersatz zu leisten hat, weil er nicht beweisen kann, dass der Schaden abgewälzt wurde und gleichzeitig dem indirekten Abnehmer zum Schadensersatz verpflichtet ist, da er nicht beweisen kann, dass der Schaden nicht abgewälzt wurde.[434] Eine derartige Überkompensation sollen die Mitgliedsstaaten durch entsprechende nationale Regelungen verhindern.[435]

---

427 BGH, Urt. v. 16.04. 2002 – VI ZR 227/01 = NJW 2002, 2232, 2233.

428 BGH, Urt. v. 16.04. 2002 – VI ZR 227/01 = NJW 2002, 2232, 2233.

429 Weißbuch Schadenersatzklagen wegen Verletzung des EG-Wettbewerbsrechts, KOM (2008), 165 endg. vom 02.04.2008.

430 Weißbuch Schadenersatzklagen wegen Verletzung des EG-Wettbewerbsrechts, KOM (2008), 165 endg. vom 02.04.2008, S. 10.

431 *Bornkamm*, GRUR 2010, 501, 504.

432 Art 13, Art 14 Richtlinie 2014/104/EU des Europäischen Parlaments und des Rates vom 26. November 2014 über bestimmte Vorschriften für Schadensersatzklagen nach nationalem Recht wegen Zuwiderhandlungen gegen wettbewerbsrechtliche Bestimmungen der Mitgliedstaaten und der Europäischen Union.

433 *Bornkamm*, GRUR 2010, 501, 504.

434 *Bornkamm*, GRUR 2010, 501, 504.

435 Art. 12 Abs. 2 Richtlinie 2014/104/EU des Europäischen Parlaments und des Rates vom 26. November 2014 über bestimmte Vorschriften für Schadensersatzklagen nach nationalem Recht wegen Zuwiderhandlungen gegen wettbewerbsrechtliche Bestimmungen der Mitgliedstaaten und der Europäischen Union.

### b) *Praktikable Durchsetzbarkeit der Anspruchsberechtigung indirekter Abnehmer*

Geht man von einer Anspruchsberechtigung indirekter Abnehmer aus, so kann durch sie die Effizienz der Durchsetzung des europäischen Kartellrechtes nur dann gesteigert werden, wenn der Wettbewerbsverstoß von diesen auch tatsächlich geltend gemacht wird.

Die indirekten Abnehmer – insbesondere Verbraucher und kleinere Unternehmen – werden vor allem bei geringwertigen Streuschäden angesichts der mit einem Gerichtsverfahren verbundenen Kosten, Verzögerungen, Unabwägbarkeiten, Risiken und Belastungen vor Individualklagen zurückschrecken.[436]

Dies wirft die Frage auf, wie das Vertrauen der indirekten Abnehmer auf die Durchsetzbarkeit ihrer Rechte geschaffen und wie gleichzeitig der prozessökonomischen Ineffizienz im Falle einer Vielzahl von Einzelklagen begegnet werden kann. Dabei ist nach Art. 3 Abs. 3 der Richtlinie[437], welcher besagt, dass ein kartellrechtlicher Schadensersatzanspruch nicht zu Überkompensation führen darf, sicherzustellen, dass der Kartellant nicht mehrfach wegen desselben Verstoßes über den Kompensationsgrundsatz hinaus belastet wird.

Die Kommission verknüpft die ihrer Auffassung nach unabdingbare Anspruchsberechtigung indirekter Abnehmer mit dem unabdingbaren Bedarf an kollektiven Rechtsschutzmechanismen in Form von Verbandsklagen und Opt-in-Gruppenklagen.[438] Zur Vermeidung der mehrfachen Inanspruchnahme des Kartellanten sieht die Richtlinie vor, dass es den einzelstaatlichen Gerichten obliegt, soweit nach dem geltenden einzelstaatlichen oder Unionsrecht zulässig, parallele oder vorangegangene Klagen (oder Urteile, mit denen über solche Klagen entschieden wird) gebührend zu berücksichtigen.[439] Demnach könnten Klagen, die bei Gerichten verschiedener Mitgliedstaaten anhängig sind, im Sinne des Art. 30 der Verordnung (EU) Nr. 1215/201247 als im Zusammenhang stehend angesehen werden. Zwischen ihnen ist eine so enge Beziehung gegeben, dass eine gemeinsame Verhandlung und

---

436 Vgl. auch:§ 2 E) II) 4) (1) (b); Weißbuch Schadenersatzklagen wegen Verletzung des EG-Wettbewerbsrechts, KOM (2008), 165 endg. vom 02.04.2008, S. 4; Empfehlung der Europäischen Kommission Gemeinsame Grundsätze für kollektive Unterlassungs- und Schadensersatzverfahren in den Mitgliedsstaaten bei Verletzung von durch Unionsrecht garantierten Rechten, CD (2013) 3539 vom 11.06.2013.

437 Richtlinie 2014/104/EU des Europäischen Parlaments und des Rates vom 26. November 2014 über bestimmte Vorschriften für Schadensersatzklagen nach nationalem Recht wegen Zuwiderhandlungen gegen wettbewerbsrechtliche Bestimmungen der Mitgliedstaaten und der Europäischen Union.

438 Weißbuch SEC (2008) 404 vom 02.04.2008, S. 4 f; *Ritter*, 762, 763.

439 Art 15 Richtlinie 2014/104/EU des Europäischen Parlaments und des Rates vom 26. November 2014 über bestimmte Vorschriften für Schadensersatzklagen nach nationalem Recht wegen Zuwiderhandlungen gegen wettbewerbsrechtliche Bestimmungen der Mitgliedstaaten und der Europäischen Union.

Entscheidung geboten erscheint, um zu vermeiden, dass in getrennten Verfahren widersprechende Entscheidungen ergehen könnten.[440]

Fraglich ist, wie diese Klagen vor nationalen Gerichten, insbesondere wenn sie internationale Sachverhalte betreffen, ausgestaltet sein müssen, um einerseits den europäischen Vorgaben zu entsprechen und eine effektive Durchsetzung des europäischen Kartellrechts zu gewährleisten und andererseits nicht gegen europäische und nationale Gebote zu verstoßen.[441]

## 2) *Umsetzung der Vorgaben auf europäischer Ebene durch das GWB*

### a) *Umgang mit der Anspruchsinhaberschaft indirekter Abnehmer vor der 7. GWB-Novelle 2005*

Infolge der Einschränkung der Anspruchsberechtigung durch das Schutzgesetzprinzip war vor der 7. GWB-Novelle 2005 die Anspruchsberechtigung von Marktteilnehmern auf nachgelagerten Marktstufen, also insbesondere die der indirekten Abnehmer, höchst umstritten.[442]

Nach der Rechtsprechung der Instanzengerichte[443] und des BGH[444] sowie der herrschenden Literatur[445] wurde die Schutzwirkung des Art. 101 AEUV nur bejaht, wenn der Abnehmer oder Lieferant unmittelbar und objektiv betroffen war und sich die Kartellabsprache oder das abgestimmte Verhalten gezielt gegen ihn richteten. Auf die Verletzung des Art. 101 AEUV konnten sich demnach grundsätzlich nur die direkten, nicht aber die indirekten Abnehmer berufen, da sich regelmäßig eine wettbewerbswidrige Absprache unmittelbar und gezielt nur gegen erstere richtet. Folglich waren grundsätzlich auch nur die direkten Abnehmer anspruchsberechtigt.[446] Aufgrund des Erfordernisses der Zielgerichtetheit des Kartellverstoßes zählten insbesondere Verbraucher als Marktgegner eines Preiskartells im Einzelhandel regelmäßig nicht zu den Anspruchsberechtigten.[447] Die restriktive Auslegung der Schutzgesetzeigenschaft des Art. 101 AEUV verhinderte, dass sich Opfer von Preis-, Gebiets-, Mengen- und Quotenkartellen auf nachgelagerten Ab-

---

440 Richtlinie 2014/104/EU des Europäischen Parlaments und des Rates vom 26. November 2014 über bestimmte Vorschriften für Schadensersatzklagen nach nationalem Recht wegen Zuwiderhandlungen gegen wettbewerbsrechtliche Bestimmungen der Mitgliedstaaten und der Europäischen Union, Art. 15.

441 Vgl. auch: § 2 E) II) 4) (1) (b).

442 *Hempel*, WuW 2004, 362, 363.

443 LG Mannheim, Urt. v. 11.07.2003–7 O 326/02 (Vitaminkartell) = GRUR 2004, 182; OLG Düsseldorf, Urt. v. 14.03.1989 (Schmiedeeisenwaren) = WuW/E OLG 4481; OLG Düsseldorf, Urt. v. 23.05.1989 (Ennepetal-Vertrag) = WuW/E OLG 4454.

444 BGH, Urt. v. 25.01.1983 (Familienzeitschrift) = BGHZ 86, 324, 330; BGH, Urt. v. 10.11.1987 (Cartier-Uhren) = WuW/E BGH 2451, 2457.

445 *Hempel*, WuW 2004, 362, 363; *Köhler*, GRUR 2004, 99, 100.

446 *Köhler*, GRUR 2004, 99, 101.

447 MüKo/*Lübbig*, EuWettbR, Band 1, § 33 Rn. 43.

nehmerstufen und der Marktgegenseite gegen die jeweiligen Kartelle klageweise zur Wehr setzten[448] und schränkte somit die Effektivität der Durchsetzung des Kartellrechts drastisch ein.[449]

Die Entscheidung des EuGH in Sachen Courage[450] hatte keine grundlegende Wendung der Beurteilung der Anspruchsberechtigung im Rahmen kartellrechtlicher Schadensersatzklagen auf deutscher Ebene zur Folge.[451]

### *b) Änderungen im Umgang mit der Anspruchsinhaberschaft indirekter Abnehmer im Zuge der 7. GWB-Novelle 2005*

Seit der 7. GWB-Novelle 2005 kommt aufgrund der Aufgabe des Schutzgesetzprinzips und der Erweiterung der Anspruchsberechtigung auf „Betroffene" auch eine Anspruchsberechtigung von Abnehmern in Betracht, gegen die sich die wettbewerbsbeschränkende Vereinbarung nicht gezielt richtet.[452]

Ob dies bedeutet, dass auch indirekte Abnehmer, auf die ein kartellrechtswidriger Preisaufschlag abgewälzt wurde, einen Schadensersatzanspruch geltend machen können, ist von der Literatur dennoch weiterhin umstritten gewesen.[453]

Nach einer Auffassung in der Literatur ist aus dem Verzicht auf das Schutzprinzip in der Neufassung des § 33 Abs. 3 GWB zu folgern, dass grundsätzlich Folge-Abnehmer bis hin zu den Verbrauchern berechtigt sind, Schadensersatzansprüche geltend zu machen.[454] Für diese Auffassung spricht auch die Intention des Gesetzgebers, nach der Endverbraucher explizit zum Kreis der Anspruchsberechtigten gehören sollen.[455] Auch eine systematische Betrachtung des GWB mit dem UWG stützt diese Auffassung. Aufgrund der Nähe zwischen GWB und UWG liegt es nahe, die Betroffenheit nach § 33 Abs. 1 S. 1 und S. 3 GWB parallel zu § 2 Abs. 1 Nr. 2 UWG auszulegen.[456] Nach dem UWG sind neben den Mit-

---

448 *Hempel*, WuW 2004, 362, 365.

449 A.A. wohl: Deutsche Vereinigung für gewerblichen Rechtsschutz und Urheberrecht, GRUR 2008, 976, 977.

450 EuGH, Urt. v. 20.09.2001, C-453/99 (Courage), Slg. 2001, I-6297.

451 Deutsche Vereinigung für gewerblichen Rechtsschutz und Urheberrecht, GRUR 2008, 976 f.

452 *Logemann*, Der Kartellrechtliche Schadensersatzanspruch, S. 222 ff; *Maier*, Marktortanknüpfung, S. 43; *Loewenheim/Meessen/Riesenkampff/Rehbinder*, § 33 Rn. 8 ff.

453 *Bechtold/Bechtold*, GWB, 6. Auflage 2010, § 33, Rn. 11, 22; *Loewenheim/Meessen/Riesenkampff/Rehbinder*, § 33 Rn. 13 ff.

454 *Bulst*, Schadensersatzansprüche der Marktgegenseite, S. 123; *Dittrich*, GRUR 2009, 123, 125; *Kießling*, GRUR 2009, 733, 735 ff.

455 Begründung des Entwurfs des Siebten Gesetztes zur Änderung des Gesetztes gegen Wettbewerbsbeschränkungen, BT-Drucks. Nr. 15/3640, S. 53.

456 *Dück/Eufinger*, WRP 2011, 1530, 1531; Immenga/Mestmäcker/*Emmerich*, GWB, Band 2, § 33, Rn. 23; *Kießling*, GRUR 2009, 733, 735.

bewerbern die Verbraucher und alle Personen, die als Anbieter oder Nachfrager von Waren oder Dienstleistungen tätig sind, anspruchsberechtigt.[457]

Demgegenüber herrscht in der Literatur noch teilweise die Ansicht vor, Schadensersatzansprüche stünden nach wie vor nur der unmittelbaren Marktgegenseite zu.[458] Als Argument dafür wird u. a der Wortlaut des § 33 GWB angeführt, wonach es darauf ankommt, dass der Geschädigte als Marktteilnehmer durch den Verstoß beeinträchtigt ist, was eher auf eine engere Auslegung des Begriffs „Betroffenheit" hindeute.[459] Hierbei handele es sich um Teilnehmer auf dem geregelten Markt, die dort in ihrer Handlungsfreiheit beeinträchtigt sind; auf ferneren Marktstufen sei dagegen nur ein Reflexschaden gegeben.[460] Nur auf dem geregelten Markt, auf dem die kartellrechtswidrige Absprache vorliegt, stünden sich gesetzestreue und gesetzwidrig handelnde Marktteilnehmer gegenüber und nur hier sei der von Art. 101 AEUV geschützte Wettbewerb gestört.[461] Die wettbewerbsbeschränkenden, horizontalen Vereinbarungen auf dem Erstmarkt würden dagegen nicht den Wettbewerb auf dem Folgemarkt beeinträchtigen. Die indirekten Abnehmer würden einen Preis zahlen, der durch Wettbewerb auf dem Markt, an dem sie teilnehmen, entstanden ist. Das Preisniveau als solches würde vom Kartellverbot jedoch nicht geschützt.[462] Daneben sprächen Gründe der Praktikabilität, der Prozessökonomie und der Beweisbarkeit des Schadens für die Beschränkung der Anspruchsberechtigung von Kartellgeschädigten auf die direkten Abnehmer.[463]

Entgegen der vertretenen Auffassungen in Teilen der Literatur[464], nach denen indirekte Abnehmer keine kartellrechtlichen Schäden mittels privater Schadensersatzklagen geltend machen können, hat der BGH in seiner Selbstdurchschreibepapier-Entscheidung vom 28. Juni 2011[465] die grundsätzliche Anspruchsberechtigung indirekter Abnehmer höchstrichterlich bestätigt.

### *3) BGH Urteil vom 28. Juni 2011 (Selbstdurchschreibepapier)*

Nach dem Urteil des BGH[466] können nicht nur direkte Abnehmer der Kartellteilnehmer kartellrechtlichen Schadensersatz verlangen, sondern auch ihnen in der Absatzkette

---

457 *Dück/Eufinger*, WRP 2011, 1530, 1531; Immenga/Mestmäcker/*Emmerich*, GWB, Band 2, § 33, Rn. 23; *Kießling*, GRUR 2009, 733, 735.

458 Loewenheim/Meessen/Riesenkampff/*Rehbinder*, § 33, Rn. 15.

459 Loewenheim/Meessen/Riesenkampff/*Rehbinder*, § 33, Rn. 16.

460 Loewenheim/Meessen/Riesenkampff/*Rehbinder*, § 33, Rn. 16.

461 *Haas/Dittrich*, LMK 2012, 327348, beck-online, S. 2.

462 *Haas/Dittrich*, LMK 2012, 327348, beck-online, S. 2.

463 *Logemann*, Der Kartellrechtliche Schadensersatzanspruch, S. 307 ff: Loewenheim/Meessen/Riesenkampff/*Rehbinder*, § 33, Rn. 16.

464 *Bechtold/Bechtold*, GWB, 6. Auflage 2010, § 33, Rn. 11, 22; *Dittrich*, GRUR 2009, 123 ff.; *Loewenheim/Meessen/Riesenkampff/Rehbinder*, § 33 Rn. 13 ff.

465 BGH, Urt. v. 28.06.2011, KVR 75/10 (Selbstdurchschreibepapier), BGHZ 190, 145–172.

466 BGH, Urt. v. 28.06.2011, KVR 75/10 (Selbstdurchschreibepapier), BGHZ 190, 145–172.

folgende indirekte Abnehmer.[467] Grundlage des Schadensersatzanspruches im Streitfall war § 823 Abs. 2 BGB i.V.m. Art. 81 EG[468] und nicht § 33 GWB, da diese Norm zum Zeitpunkt der maßgeblichen Warenlieferung noch nicht für Verstöße gegen das europäische Kartellrecht galt. Der BGH hat jedoch in seinem Urteil klargestellt, dass sich für Schadensersatzansprüche gemäß § 33 Abs. 3 GWB wegen Verstößen gegen das europäische Kartellrecht keine grundsätzlich abweichende Beurteilung ergibt.[469]

### *a) Sachverhalt*[470]

Die Beklagte ist Herstellerin von Selbstdurchschreibepapier, das sie über ihre hundertprozentige Tochtergesellschaft R GmbH auch als Großhändlerin vertreibt. Die Kommission hatte im Dezember 2001 gegen die Beklagte u. a. wegen eines von Januar 1992 bis September 1995 europaweit durchgeführten Preiskartells für Selbstdurchschreibepapier mittels (inzwischen rechtskräftiger) Entscheidung[471] Geldbußen von insgesamt 313,7 Mio. Euro verhängt, wobei 33,07 Mio. Euro auf die Beklagte entfielen.

Die Klägerin nahm die Beklagte aus abgetretenem Recht eines Druckereiunternehmens[472], der ORWI Formulardruck GmbH & Co. KG, auf Ersatz kartellbedingten Schadens in Anspruch. Die ORWI Formulardruck GmbH & Co. KG befasste sich bis zu ihrer Insolvenz mit dem Druck selbstdurchschreibender Papiere. Das dafür benötigte Papier bezog sie von der R-GmbH und drei weiteren Großhändlern, die alle von den am Kartell beteiligten Herstellern beliefert wurden. Den kartellbedingten Schaden begründete die Klägerin damit, dass die ORWI Formulardruck GmbH & Co. KG aufgrund der kartellbedingten Preisabsprachen von Februar 1994 bis Februar 1996 überhöhte Preise an die R-GmbH und die anderen Großhändler zahlen musste. Die Vertreiber des Selbstdurchschreibepapiers hätten nämlich zumindest teilweise die kartellrechtswidrig vereinbarten Preiserhöhungen auf ihre Abnehmer, und damit auch auf die ORWI Formulardruck GmbH & Co. KG, abgewälzt. Der ORWI Formulardruck GmbH & Co. KG seien deshalb insgesamt Mehrkosten von 223.540,26 Euro entstanden, die sie nicht an ihre Kunden weitergegeben hätte.

### *b) OLG-Urteil vom 11. Juni 2010 (Selbstdurchschreibepapier)*[473]

Nachdem das LG Mannheim[474] die Klage vollumfänglich abgewiesen hatte, gab das OLG Karlsruhe in der Berufungsinstanz der Klage teilweise statt.

---

467 BGH, Urt. v. 28.06.2011, KVR 75/10 (Selbstdurchschreibepapier), BGHZ 190.
468 Jetziger Art. 101 AEUV.
469 BGH, Urt. v. 28.06.2011, KVR 75/10 (Selbstdurchschreibepapier), BGHZ 190.
470 BGH, Urt. v. 28.06.2011, KVR 75/10 (Selbstdurchschreibepapier), BGHZ 190, 145–172, Rn. 1 ff.
471 Entscheidung der Kommission v. 20.12.2001, COMP/E-1/36.212.
472 Das Recht war auf die Beklagte übergegangen, da die ORWI Formulardruck GmbH & Co. KG im Frühjahr 2003 insolvent gegangen war.
473 OLG Karlsruhe, Urt. v. 11.06.2010, 6 U 118/05 (Kart), juris.
474 LG Mannheim, Urt. v. 29.04.2005, 22 O 74/04 (Kart), juris.

Das LG Mannheim hatte die Klage mit der Begründung abgewiesen, dass dem Kunden eines Großhändlers als nur mittelbar Betroffenem die Aktivlegitimation für einen Kartellschadensanspruch gegen den Kartellanten fehle. Zudem habe die Klägerin nicht substantiiert behauptet, dass sie die erhöhten Einkaufspreise nicht an ihre eigenen Kunden weitergeben hat.[475] Nach dem Berufungsgericht bestand der Anspruch nur, soweit die ORWI Formulardruck GmbH & Co. KG über die R-GmbH Selbstdurchschreibepapier bezogen hat.

Das Berufungsgericht begründete dies damit, dass Art. 81 EG (jetzt Art 101 AEUV) nur die unmittelbare Marktgegenseite schütze, indirekte Abnehmer hingegen nicht. Nur erstere könnte demnach auch Schadensersatzansprüche gegen die Kartellanten geltend machen. Speziell in diesem Fall konnte gegen die R-GmbH ein Schadensersatzanspruch geltend gemacht werden, da es sich bei der R-GmbH um ein hundertprozentiges Tochterunternehmen des Kartellanten handelte.[476] Nach Auffassung des Berufungsgerichtes sei für die Berechnung des Schadens unbeachtlich, ob die ORWI Formulardruck GmbH & Co. KG die überhöhten Preise an ihre Abnehmer weitergegeben hätte, da die Weiterwälzung nicht im Wege der Vorteilsausgleichung berücksichtigt werden könnte. Das Berufungsgericht argumentierte hierbei mit dem unionsrechtlichen Effektivitätsgebot: Ließe man eine Vorteilsausgleichung zu, so könnten dem Gericht zufolge meist die unmittelbaren Abnehmer mangels Schadens keinen Schadensersatzanspruch gegen den Kartellanten geltend machen.[477] Diese seien aufgrund ihrer Marktkenntnis jedoch am ehesten in der Lage, einen Ersatzanspruch geltend zu machen.[478]

Letztlich verneint das Berufungsgericht somit die Anspruchsberechtigung mittelbarer Abnehmer und die Berücksichtigung der Schadensabwälzung im Wege der Vorteilsausgleichung.

### c) *Bejahung der Anspruchsberechtigung mittelbarer Abnehmer durch den BGH*

Der BGH bejaht hingegen eine Anspruchsberechtigung mittelbarer Abnehmer, da Art. 81 EG (jetzt Art 101 AEUV) nicht nur die unmittelbare Gegenseite der Kartellanten schütze.[479] Der Einwand des Kartellanten, der Ersatzberechtigte habe den kartellbedingten Preisaufschlag auf seine Abnehmer abgewälzt, sei jedoch bei der Schadensberechnung im Rahmen der Vorteilsausgleichung zu berücksichtigen.[480]

---

475 LG Mannheim, Urt. v. 29.04.2005, 22 O 74/04 (Kart), juris; *Soyez*, EuZW 2012, 100.
476 BGH, Urt. v. 28.06.2011, KVR 75/10 (Selbstdurchschreibepapier), BGHZ 190, 145–172, Rn. 8.
477 Mit ähnlicherArgumentation: KG Berlin, Urt. v. 01.10.2009, 2 U 10/03 = GWR 2010, 69.
478 BGH, Urt. v. 28.06.2011, KVR 75/10 (Selbstdurchschreibepapier), BGHZ 190, 145–172, Rn. 10.
479 BGH, Urt. v. 28.06.2011, KVR 75/10 (Selbstdurchschreibepapier), BGHZ 190, 145–172, Rn. 24.
480 BGH, Urt. v. 28.06.2011, KVR 75/10 (Selbstdurchschreibepapier), BGHZ 190, 145–172, Rn. 57 ff.

Die Anspruchsberechtigung mittelbarer Abnehmer begründet der BGH mit dem europarechtlichen Effektivitätsgrundsatz.[481] Die praktische Wirksamkeit des Art. 81 Abs. 1 EUV erfordere es, dass jedermann Ersatz des Schadens verlangen kann, der ihm durch ein wettbewerbswidriges Verhalten entstanden ist. Dies habe zur Folge, dass der durch das Kartellverbot geschützte Personenkreis nicht auf solche Abnehmer beschränkt ist, gegen die sich die Kartellabsprache gezielt richtet.[482]

Die Anspruchsberechtigung indirekter Abnehmer sei mit Hinblick auf den europarechtlichen Effektivitätsgrundsatz von Bedeutung, da ansonsten gerade jenen Ansprüche verwehrt würden, die häufig in erster Linie durch Kartelle oder verbotene Verhaltensweisen geschädigt werden würden: Direkte Abnehmer werden meist versuchen, die wettbewerbswidrigen Preiserhöhungen zumindest längerfristig an ihre Kunden weiterzugeben. In diesen Fällen entsteht der kartellrechtliche Schaden erst auf der nächsten Marktstufe.[483]

Der Ansicht, dass die Vielzahl kleiner Streuschäden, die mit der Bejahung der Anspruchsberechtigung indirekter Abnehmer einhergeht und an deren Geltendmachung die indirekten Abnehmer kein Interesse hätten, letztlich das kartelldeliktsrechtliche Sanktionensystem schwächen würde, hält der BGH entgegen, dass dies allein einen Ausschluss der Anspruchsberechtigung indirekter Abnehmer nicht rechtfertige.[484] Es wäre nicht verhältnismäßig, den Kreis der Anspruchsberechtigten von vornherein auf direkte Abnehmer zu verengen, da durch die Zulassung von Ansprüchen indirekter Abnehmer die Zahl der möglichen Anspruchsberechtigten vervielfältigt wird und Beweisschwierigkeiten auftreten können, welcher Marktstufe ein Schaden zuzuordnen ist. Einer unverhältnismäßigen Inanspruchnahme der Kartellanten sei etwa im Wege der Vorteilsausgleichung entgegenzuwirken[485] und bei der Verteilung der Darlegungs- und Beweislast Rechnung zu tragen.[486]

Aus dem europarechtlichen Effektivitätsgrundsatz sei nicht zu schließen, dass das Unionsrecht es erlaubt oder gar fördert, tatsächlich geschädigten, indirekten Abnehmern Schadensersatzansprüche nur deshalb zu versagen, weil deren Beschränkung auf direkte Abnehmer die private Kartelldurchsetzung möglicherweise erhöhen könnte. Vielmehr verlange das Unionsrecht, eine praktische Konkordanz zwischen

---

481 BGH, Urt. v. 28.06.2011, KVR 75/10 (Selbstdurchschreibepapier), BGHZ 190, 145–172, Rn. 37.

482 BGH, Urt. v. 28.06.2011, KVR 75/10 (Selbstdurchschreibepapier), BGHZ 190, 145–172, Rn. 15, 34 ff.

483 BGH, Urt. v. 28.06.2011, KVR 75/10 (Selbstdurchschreibepapier), BGHZ 190, 145–172, Rn. 15, 34 ff.

484 BGH, Urt. v. 28.06.2011, KVR 75/10 (Selbstdurchschreibepapier), BGHZ 190, 145–172, Rn. 27.

485 BGH, Urt. v. 28.06.2011, KVR 75/10 (Selbstdurchschreibepapier), BGHZ 190, 145–172, Rn. 27.

486 BGH, Urt. v. 28.06.2011, KVR 75/10 (Selbstdurchschreibepapier), BGHZ 190, 145–172, Rn. 28 f.

den individuellen Rechten der Einzelnen und dem öffentlichen Interesse an einer wirksamen Durchsetzung des unionsrechtlichen Kartellrechts herzustellen.[487]

### *d) Stellungnahme zur Entscheidung des BGH*

#### (1) Verhältnis Anspruchsberechtigung Dritter und passing-on defence

Die Entscheidungen des Berufungsgerichtes und des BGH sind insbesondere getragen von dem Gedanken, dass im Rahmen der Ermittlung der Anspruchsinhaberschaft indirekter Abnehmer sinnvolle Ergebnisse nur erzielt werden können, wenn sich die Anspruchsberechtigung indirekter Abnehmer und die Berücksichtigung der Schadensabwälzung im Wege der Vorteilsausgleichung parallel zueinander verhalten.[488]

Bejaht man die Anspruchsberechtigung indirekter Abnehmer, ist auch die passing-on defence zu bejahen, da andernfalls die Gefahr besteht, dass der Schädiger mehrfach Schadensersatz leisten muss.

Zwar würde eine mehrfach mögliche Inanspruchnahme des Schädigers besonders intensiv von Kartellrechtsverstößen abschrecken, doch lässt sich dieses Ergebnis nicht rechtfertigen, da das geltende Schadensersatzrecht zwar durchaus pönale Elemente beinhaltet[489], jedoch nach der gesetzgeberischen Intention keine Straffunktion im Sinne eines Repressionszwecks haben soll.[490] Auch der europarechtliche Effektivitätsgrundsatz erfordert nicht, dass dem deutschen Schadensrecht Straffunktion zukommt; die europäischen Wettbewerbsvorschriften werden mit dem Effektivitätsgrundsatz genügend durchgesetzt, wenn die kartellrechtlichen Schadensersatzregelungen dem Kompensationsgrundsatz genügen. Auch eine Anrechnung bereits erbrachter Schadensersatzleistungen auf spätere Schadensersatzforderungen führt zu keinem befriedigenden Ergebnis. Dazu müsste ein Ausgleich zwischen den verschiedenen Abnehmern herbeigeführt werden können. Ein solcher ist jedoch insbesondere in Fällen, in denen zwischen allen Rechtsbeziehungen bestehen, weder nach Bereicherungsrecht noch über die Regelungen zu Gläubigermehrheiten zu erreichen.[491] Die Annahme einer Drittschadensliquidation scheitert an der Voraussetzung der zufälligen Schadensverlagerung.[492]

Verneint man die Anspruchsberechtigung indirekter Abnehmer, ist eine Berücksichtigung der Abwälzung des Schadens zu verneinen, da es ansonsten der Geltendmachung eines Anspruches durch den unmittelbaren Abnehmer meistens an einem Schaden fehlen würde, was den Schädiger unbillig entlasten würde.

---

487 BGH, Urt. v. 28.06.2011, KVR 75/10 (Selbstdurchschreibepapier), BGHZ 190, 145–172, Rn. 37.

488 *Bischke/Brack*, NZG 2012, 333, vgl. dazu auch *Maier*, Marktortanknüpfung, S. 48 f; *Meessen*, Schadensersatz bei Verstößen gegen EU-Kartellrecht, S. 236 f.

489 *Weller*, ZWeR 2008, 170, 179.

490 *Kießling*, GRUR 2009, 733, 734.

491 *Kießling*, GRUR 2009, 733, 734.

492 *Kießling*, GRUR 2009, 733, 734.

Dem Effektivitätsgrundsatz entspricht demnach die Konstellation, nach der die Anspruchsinhaberschaft mittelbarer Abnehmer[493] und die passing-on defence bejaht werden, sowie die Konstellation, nach der die Anspruchsinhaberschaft mittelbarer Abnehmer und die passing-on defence verneint werden.

#### (2) Verwirklichung des Effektivitätsgrundsatzes infolge der Aktivlegitimation indirekter Abnehmer

##### (a) Quantität nicht gleich Qualität der Schadensersatzklagen

Die geklärte Anspruchsberechtigung indirekter Abnehmer wird die Zahl der Schadensersatzansprüche erhöhen; insbesondere Geschäftsführer und Vorstände werden in Zukunft wegen ihrer Vermögensfürsorgepflicht gehalten sein, Kartellrechtsverstöße gegebenenfalls mit privaten Schadensersatzklagen geltend zu machen.[494] Der quantitative Anstieg kartellrechtlicher Schadensersatzklagen alleine sagt jedoch noch nichts darüber aus, ob die Effektivität des europäischen Kartellrechts mit der Bejahung der Anspruchsinhaberschaft mittelbarer Abnehmer gesteigert wird.

So kann man die Auffassung vertreten, dass, um die private Kartellrechtsdurchsetzung zu fördern und damit dem europäischen Kartellrecht möglichst große praktische Wirksamkeit zu verleihen, das Potential des direkten Abnehmers gestärkt werden müsse und nicht durch eine Schadensabwälzung ausgehöhlt werden dürfe.[495] Eine Schadensabwälzung hat eine Vielzahl kleiner Streuschäden zu Folge, an deren Geltendmachung u. U. die indirekten Abnehmer kein Interesse hätten oder die aufgrund der mit einem Gerichtsverfahren verbundenen Kosten, Verzögerungen und Risiken von Verbrauchern oder kleineren Unternehmern nicht geltend gemacht würden. Das beeinträchtige die Praktikabilität des individuellen Rechtsschutzes und entlaste im Ergebnis den Kartelltäter.[496] Demnach werde durch die Anspruchsberechtigung indirekter Abnehmer und die Berücksichtigung der Schadensabwälzung im Wege der Vorteilsausgleichung das kartelldeliktsrechtliche Sanktionensystem geschwächt und somit der unionsrechtliche Effektivitätsgrundsatz verletzt.[497]

Mit eben diesem unionsrechtlichen Effektivitätsgrundsatz lässt sich jedoch auch – wie vom BGH[498] getan – gerade die Anspruchsberechtigung indirekter Abnehmer herleiten. Die Anspruchsberechtigung indirekter Abnehmer ist mit der Argumen-

---

493 *Weller*, ZWeR 2008, 170, 179; vgl. auch: *Basedow*, ZWeR 2006, 294, 302; *Bulst*, NJW 2004, 2201, 2202.

494 *Soyez*, EuZW 2012, 100, 102; *Soyez*, EWS 2011, Nr 12, Die erste Seite.

495 BGH, Urt. v. 28.06.2011, KVR 75/10 (Selbstdurchschreibepapier), BGHZ 190, 145–172, Rn. 28.

496 BGH, Urt. v. 28.06.2011, KVR 75/10 (Selbstdurchschreibepapier), BGHZ 190, 145–172, Rn. 28.

497 BGH, Urt. v. 28.06.2011, KVR 75/10 (Selbstdurchschreibepapier), BGHZ 190, 145–172, Rn. 28.

498 BGH, Urt. v. 28.06.2011, KVR 75/10 (Selbstdurchschreibepapier), BGHZ 190, 145–172.

tation des BGH für den europarechtlichen Effektivitätsgrundsatz von Bedeutung, da ansonsten gerade jenen Ansprüche verwehrt würden, die häufig in erster Linie durch Kartelle oder verbotene Verhaltensweisen geschädigt werden würden.[499]

Bejaht man die Anspruchsberechtigung indirekter Abnehmer, ist jedoch bei Ermittlung der damit verbundenen Steigerung der Effektivität der Durchsetzung privater Schadensersatzklagen zu beachten, dass, wie erwähnt, durch die Berücksichtigung der Schadensabwälzung Streuschäden entstehen. Da diese aus den o. g. Gründen häufig nicht geltend gemacht werden, wird die Effektivität des europäischen Kartellrechts durch die Bejahung der Aktivlegitimation indirekter Abnehmer nur dann gesteigert, wenn diesen, etwa in Form der Beweislastverteilung und der entsprechenden Klageinstrumente, eine reale Möglichkeit gegeben werde, ihren Anspruch durchzusetzen. Die Bejahung der Aktivlegitimation indirekter Abnehmer allein bewirkt ggf. einen Anstieg der Anzahl der erhobenen Schadensersatzlagen, aber per se keine Steigerung der effektiven Durchsetzung des europäischen Kartellrechts.

#### (b) Erschwernis der Geltendmachung von Ansprüchen durch indirekte Abnehmer infolge der Beweislastverteilung

Risiken, aufgrund derer die indirekten Abnehmer ihre Schäden nicht geltend machen werden, bestehen insbesondere, da der indirekte Abnehmer, der sich auf einen Schaden beruft, die Darlegungs- und Beweislast dafür trägt, dass, und gegebenenfalls in welcher Höhe, ein kartellbedingter Preisaufschlag an die nachfolgenden Marktstufen abgewälzt wurde.[500] Eine Vermutung dafür, dass eine im zeitlichen Zusammenhang mit dem Kartell auftretende Preiserhöhung auf den Anschlussmärkten ursächlich auf das Kartell zurückzuführen ist, besteht aufgrund der ökonomischen Komplexität und des unterschiedlichen Wettbewerbsdrucks auf den jeweiligen nachgelagerten Märkten nicht.[501] Damit liegt die Beweislast für die kartellbedingte Preiserhöhung beim Geschädigten, obwohl die kartellbedingte Preiserhöhung aus der Sphäre des Schädigers stammt und vom Geschädigten kaum zu beweisen ist.

Dagegen liegt die Darlegungs- und Beweislast für die tatsächlichen Voraussetzungen der Vorteilsausgleichung und insbesondere die Kausalität des Vorteils beim Schädiger.[502] Dies bedeutet, der Schädiger muss insbesondere beweisen, dass die Preiserhöhung, die der Geschädigte gegenüber seinen Abnehmern durchsetzen kann, in adäquatem Kausalzusammenhang zu dem kartellbedingten Preisaufschlag steht. Hierbei handelt es sich um Tatsachen aus der Sphäre des Geschädigten.

---

499 BGH, Urt. v. 28.06.2011, KVR 75/10 (Selbstdurchschreibepapier), BGHZ 190, 145–172, Rn. 26.

500 BGH, Urt. v. 28.06.2011, KVR 75/10 (Selbstdurchschreibepapier), BGHZ 190, 145–172, Rn. 44 ff.

501 BGH, Urt. v. 28.06.2011, KVR 75/10 (Selbstdurchschreibepapier), BGHZ 190, 145–172, Rn. 44 ff.

502 BGH, Urt. v. 28.06.2011, KVR 75/10 (Selbstdurchschreibepapier), BGHZ 190, 145–172, Rn. 64.

Sowohl Geschädigter als auch Schädiger haben damit Tatsachen zu beweisen, die sich in der Sphäre des jeweils anderen befinden. Die jeweiligen Tatsachen nachzuweisen, stößt auf praktisch kaum zu bewältigende Schwierigkeiten.

An die Bejahung der Erforderlichkeit und Zumutbarkeit einer sekundären Beweislast für Fälle, in denen die beweisbelastete und primär darlegungspflichtige Partei außerhalb des von ihr darzulegenden Geschehensablaufes steht und keine Kenntnis der maßgeblichen Tatsachen besitzt, während der Prozessgegner sie hat und ihm nähere Angaben zumutbar sind, stellt der BGH hohe Anforderungen.[503] Lediglich im Einzelfall wird es dem Prozessgegner zuzumuten sein im Rahmen seiner Erklärungslast nach § 138 II ZPO, der primär darlegungspflichtigen Partei eine Darlegung des Sachverhalts durch nähere Angaben über die betreffenden, zu seinem Wahrnehmungsbereich gehörenden Verhältnisse zu ermöglichen.[504] Letztlich erstrebt der BGH damit vom Ergebnis her dasselbe wie das Revisionsgericht: auch der BGH möchte den Schadensersatz möglichst „nahe“ am Kartellanten halten, d. h., er möchte, dass möglichst nur unmittelbare Marktstufen einen Schadensersatzanspruch geltend machen können.

Im Gegensatz zum Berufungsgericht geht er nur nicht den Weg, indirekte Abnehmer generell von einer Anspruchsberechtigung auszuschließen; vielmehr geht er grundsätzlich von einer Anspruchsberechtigung auch indirekter Abnehmer aus, setzt gleichzeitig aber an die Geltendmachung des Anspruchs im Rahmen des Schadensnachweises für den Geschädigten mit der Beweislastverteilung derart hohe Beweishürden, dass praktisch nur der unmittelbare Abnehmer diesem Erfordernis nachkommen kann.

### (3) Vereinbarkeit der Rechtsprechung des BGH mit europarechtlichen Vorgaben

Das Weißbuch[505] spricht sich für eine Anspruchsberechtigung indirekter Abnehmer aus[506]. Auch aus den Urteilen in Sachen Courage und Manfredi lässt sich folgern, dass das Europarecht indirekten Abnehmern eine Anspruchsberechtigung zuspricht[507], da der EuGH sich in den Urteilen dafür aussprach, dass grundsätzlich jedermann einen Ersatz des Schadens, der ihm durch eine wettbewerbswidrige Verhaltensweise entstanden ist, geltend machen können solle. Formal erfüllt der BGH die europarechtlichen Vorgaben, indem er die Anspruchsberechtigung indirekter Abnehmer bejaht.

---

503 BGH, Urt. v. 28.06.2011, KVR 75/10 (Selbstdurchschreibepapier), BGHZ 190, 145–172, Rn. 71.

504 Zöller, ZPO, vor § 284 ZPO, Rn. 34.

505 Weißbuch Schadenersatzklagen wegen Verletzung des EG-Wettbewerbsrechts, KOM (2008), 165 endg. vom 02.04.2008.

506 Weißbuch Schadenersatzklagen wegen Verletzung des EG-Wettbewerbsrechts, KOM (2008), 165 endg. vom 02.04.2008, S. 4 f.

507 BGH, Urt. v. 28.06.2011, KVR 75/10 (Selbstdurchschreibepapier), BGHZ 190, 145–172, Rn. 35; vgl. auch: *Maier*, Marktortanknüpfung, S. 38 f.

Das europäische Verständnis einer Anspruchsberechtigung indirekter Abnehmer lässt sich nur so deuten, dass die Anspruchsberechtigung bis auf die untersten Marktstufen „durchsickern“ soll. Dies wird regelmäßig aber nur dann der Fall sein, wenn die Anforderungen an die Darlegungslast und die Beweislastverteilung vom nationalen Gesetzgeber so geregelt werden, dass eine tatsächliche Geltendmachung für indirekte Abnehmer unterer Marktstufen überhaupt in Betracht kommt. So begründet die Kommission die Vorgabe im Weißbuch[508] hinsichtlich der Einführung einer widerleglichen Vermutung damit, dass häufig Abnehmer am Ende der Vertriebskette am stärksten geschädigt werden, diese aber aufgrund ihrer Distanz zu den Kartellteilnehmern besondere Mühe haben, den kausalen Zusammenhang darzulegen.[509]

Der BGH spricht sich ausdrücklich gegen eine widerlegliche Vermutung aus, dass der kartellbedingte Preisaufschlag auf den indirekten Abnehmer abgewälzt wurde.[510] Das widerspricht den Vorgaben der Kommission im Weißbuch[511] und führt dazu, dass mittelbare Abnehmer, im Gegensatz zu der eigentlichen Intention des europäischen Rechts, in der Praxis nur sehr begrenzt Schadensersatzansprüche geltend machen können.[512] Die Vorschläge der Kommission im Weißbuch[513] sind jedoch für die Gerichte nicht bindend und auch der EuGH hat eine derartige Beweiserleichterung nicht gefordert[514], sodass die Entscheidung des BGH nicht gegen Europarecht verstößt.

### (4) Vereinbarkeit Rechtsprechung des BGH mit § 33 Abs. 3 S. 2 GWB[515]

#### (a) Abgrenzung zwischen Schadensermittlung und Vorteilsausgleichung

Vor der Erörterung der Vereinbarkeit des § 33 Abs. 3 S. 2 GWB mit der Bejahung der passing-on defence im Rahmen der Geltendmachung kartellrechtlicher Schadensersatzansprüche durch mittelbare Abnehmer – wie vom BGH vorgegeben –, ist zunächst der Unterschied zwischen Schaden und Vorteilsausgleichung zu verdeutlichen.

Die Schadensermittlung erfolgt nach der Differenzhypothese durch Vergleich zweier Güterlagen: der hypothetischen Lage, wie sie ohne das schädigende Ereignis

508 Weißbuch Schadenersatzklagen wegen Verletzung des EG-Wettbewerbsrechts, KOM (2008), 165 endg. vom 02.04.2008.
509 Weißbuch Schadenersatzklagen wegen Verletzung des EG-Wettbewerbsrechts, KOM (2008), 165 endg. vom 02.04.2008, S. 9.
510 BGH, Urt. v. 28.06.2011, KVR 75/10 (Selbstdurchschreibepapier), BGHZ 190, 145–172, Rn. 45.
511 Weißbuch Schadenersatzklagen wegen Verletzung des EG-Wettbewerbsrechts, KOM (2008), 165 endg. vom 02.04.2008, S. 9.
512 *Schreiber*, GRUR-Prax. 2012, 78, 79.
513 Weißbuch Schadenersatzklagen wegen Verletzung des EG-Wettbewerbsrechts, KOM (2008), 165 endg. vom 02.04.2008.
514 *Schreiber*, GRUR-Prax. 2012, 78, 79.
515 BGH, Urt. v. 28.06.2011, KVR 75/10 (Selbstdurchschreibepapier), BGHZ 190, 145–172, Rn. 66 f.

jetzt bestehen würde, und der tatsächlichen, infolge des Ereignisses geschaffenen, Lage.[516] Es ist demnach die hypothetische Lage des Geschädigten ohne die kartellrechtswidrige Absprache in Relation zu dessen realer Lage zu setzen.

Die Vorteilsausgleichung erfolgt auf einer zweiten Stufe, nach der eigentlichen Schadensermittlung.[517] Unter Zugrundelegung einer normativen Betrachtung ist demnach ein zum Schadensersatz verpflichtendes Ereignis insoweit auf den Schaden anzurechnen, als es neben Nachteilen auch Vorteile gebracht hat, wenn diese durch das Schadensereignis adäquat kausal verursacht wurden und der Schädiger dadurch nicht unbillig begünstigt wird.[518]

Demnach könnte ein durch ein Kartell entstandener Schaden nicht zu ersetzen sein, wenn es beim ursprünglichen Abnehmer zur Realisierung eines adäquaten Vorteils kommt.

### (b) Interpretation des § 33 Abs. 3 S. 2 GWB

§ 33 Abs. 3 S. 2 GWB, der mit der 7 GWB-Novelle 2005 eingeführt wurde, besagt seinem Wortlaut nach, dass „der Schaden nicht deshalb ausgeschlossen ist, weil die Ware oder Dienstleistung weiterveräußert wurde".

Teile der Literatur folgern aus dem Wortlaut, dass eine Vorteilsausgleichung im Falle der Schadensabwälzung von Gesetzes wegen ausgeschlossen ist.[519]

Die herrschende Literatur geht nicht ganz soweit; sie hält eine Vorteilsausgleichung nicht aufgrund des Wortlauts des § 33 Abs. 3 S. 2 GWB von vornherein für gänzlich ausgeschlossen, verneint jedoch im Rahmen der Geltendmachung von Schadensersatzansprüchen durch mittelbare Abnehmer eine Vorteilsausgleichung.[520] Einer Vorteilsausgleichung stehe demnach entgegen, dass es ausschließlich von den Absatzbemühungen, der Kalkulation und vom geschäftlichen Erfolg des direkten Abnehmers abhänge, ob und zu welchem Grad der überteuerte Einkauf kompensiert oder weitergegeben wird. Ferner stehe Sinn und Zweck der Schadensersatzpflicht nach § 33 Abs. 3 GWB einer Anrechnung im Wege der Vorteilsausgleichung entgegen, da die volle Wirksamkeit des Kartellrechts beeinträchtigt würde, wenn sich die Kartellanten mit dem Einwand der Schadensabwälzung verteidigen könnten.[521]

Betrachtet man den Wortlaut des § 33 Abs. 2 S. 2 GWB, lässt sich daraus kein genereller Ausschluss der Berücksichtigung der passing-on defence im Rahmen der Vorteilsausgleichung entnehmen. Er stellt lediglich klar, dass bei Bezug einer Ware oder Dienstleistung zu einem kartellbedingt überteuerten Preis ein Schaden

---

516 Palandt/*Grüneberg*, v.§ 249, Rn. 10.

517 Palandt/*Grüneberg*, v.§ 249, Rn. 67.

518 Palandt/*Grüneberg*, v. § 249, Rn. 67.

519 *Hempel*, WuW 2004, 362, 369; vgl. auch: *Alexander*, Schadensersatz und Abschöpfung im Lauterkeits- und Kartellrecht, S. 412.

520 *Immenga/Mestmäcker/Emmerich*, GWB, Band 2, § 33 Rn. 53 ff.; *Soyez*, EuZW 2012, 100, 102.

521 *Soyez*, EuZW 2012, 100, 102.

nicht schon allein deshalb ausscheidet, weil die Ware oder Dienstleistung weiterveräußert wurde. Damit ist keine Aussage darüber getroffen, ob der Schaden aufgrund späterer Entwicklungen gemindert oder ausgeschlossen werden kann.[522] Diese Frage hat der Gesetzgeber bewusst der Rechtsprechung überlassen.[523] Die Vorschrift des § 33 Abs. 3 S. 2 GWB wird man deshalb am ehesten als eine „Ermächtigungsnorm" verstehen können, von der der BGH in seiner Entscheidung in zulässiger Weise Gebrauch gemacht hat.[524]

### *4) Lösungsansätze hinsichtlich der praktischen Durchsetzung von Ansprüchen indirekter Abnehmer*

Die Effektivität des europäischen Kartellrechts kann nur gesteigert werden, wenn bei Streuschäden den Geschädigten ein Anreiz zur kartellrechtlichen Schadensersatzklageerhebung geschaffen wird. Die Bereitschaft, Klage zu erheben, wird umso größer sein, je praktikabler die Durchsetzung eines kartellrechtlichen Schadensersatzes durch mittelbar Geschädigte ausgestaltet ist. Eine praktikable Durchsetzung lässt sich insbesondere dadurch erzielen, dass die Ansprüche der indirekten Abnehmer gebündelt durchsetzbar sind. Folglich wäre nicht jeder mittelbare Abnehmer mit einem einzelnen Gerichtsverfahren belastet, welches ihm letztlich, wenn überhaupt, zu einem unter Umständen äußerst geringen Schadensersatz führen würde.

Zu ermitteln ist, welche wirksamen Instrumente das bisherige deutsche Prozessrecht bzw. das materielle Recht zur Verfügung stellt, die eine Anspruchsbündelung erlauben würden bzw. welche entsprechenden neuen Instrumente insbesondere mit Hinblick auf die Ausführungen der Kommission im Weißbuch[525] und der Empfehlung der Kommission hinsichtlich der kollektiven Durchsetzung von Schadensersatz- und Unterlassungsklagen[526] bei internationalen Kartellstreitigkeiten in Erwägung zu ziehen sind.

Dabei ist insbesondere zu beachten, dass der Kompensationsgrundsatz, der sowohl im deutschen Schadensrecht wie im Europäischen Recht Anwendung findet, es verbietet, dass die Kartellanten mehrfach für den von ihnen verursachten Schaden

---

522 *Dittrich*, GRUR 2009, 123, 124; Loewenheim/Meessen/Riesenkampff/*Rehbinder*, § 33, Rn. 15.

523 Begründung des Entwurfs eines siebten Gesetzes zur Änderung des Gesetzes gegen Wettbewerbsbeschränkungen, BT-Drucks. Nr. 15/3640, S. 35, 54.

524 *Dück/Eufinger*, WRP 2011, 1530, 1533; a.A. *Soyez*, EuZW 2012, 100, 102.

525 Weißbuch Schadenersatzklagen wegen Verletzung des EG-Wettbewerbsrechts, KOM (2008), 165 endg. vom 02.04.2008.

526 Empfehlung der Europäischen Kommission Gemeinsame Grundsätze für kollektive Unterlassungs- und Schadensersatzverfahren in den Mitgliedsstaaten bei Verletzung von durch Unionsrecht garantierten Rechten, CD (2013) 3539 vom 11.06.2013.

in Anspruch genommen werden.[527] Nach Art. 3 Abs, 3 der Richtlinie[528] darf ein kartellrechtlicher Schadensersatzanspruch nicht zu Überkompensation führen, unabhängig davon, ob es sich dabei um Strafschadensersatz, Mehrfachentschädigung oder andere Arten von Schadensersatz handelt. Zu einer Mehrfachentschädigung kann etwa kommen, wenn der unmittelbare Abnehmer Schadensersatzleistungen von dem Kartellanten erhält und erst nach der Klage die Ware oder Dienstleistung unter Abwälzung des kartellrechtlichen Aufpreises weiterveräußert oder wenn im Nachgang an einen Prozess noch ein weiterer mittelbarer Abnehmer auf einer absatzferneren Stufe auf der Bildfläche erscheint und Schadensersatz von dem Kartellanten verlangt.

Folglich ist zu ermitteln, durch welchen rechtlichen Mechanismus am besten gewährleistet ist, dass den Geschädigten, bei denen der Schaden tatsächlich entstanden ist, d. h., insbesondere auch den mittelbar Geschädigten, ein Schadensersatz zugesprochen wird, ohne dem Schädiger eine übermäßige Belastung aufzuerlegen.[529]

### *a) Möglichkeiten der prozessualen Anspruchsbündelung*

#### (1) Streitgenossenschaft

Die streitgenössische Geltendmachung zivilrechtlicher Schadensersatzansprüche ist insoweit ein wirksames Rechtsinstitut zur Steigerung der Effektivität der Durchsetzung des europäischen Kartellrechts, als sie eine gemeinsame Beweiserhebung und Prozessvertretung hinsichtlich der verschiedenen Schadensersatzklagen ermöglicht.[530]

Fraglich ist, ob die streitgenössische Geltendmachung zivilrechtlicher Schadensersatzansprüche als Alternative zu einer Opt-in-Gruppenklage, bezogen auf die damit verbundene Steigerung der Effektivität des europäischen Kartellrechts, gesehen werden kann.

Dagegen spricht, dass bei einer streitgenössischen Klageerhebung im Gegensatz zu einer Klageerhebung mittels Opt-in-Gruppenklage die verbundenen Klagen rechtlich selbstständig bleiben; dies hat zur Konsequenz, dass die Disposition über die jeweilige Klage bei dem Geschädigten verbleibt, der sie erhoben hat, und dass der Richter über jede Klage gesondert zu entscheiden hat.[531]

Gerade bei internationalen Kartellstreitigkeiten steht der effektiven Durchsetzung des europäischen Kartellrechts mittels streitgenössischer Klage weiter ent-

---

527 *Alexander,* Schadensersatz und Abschöpfung im Lauterkeits- und Kartellrecht, S. 408.

528 Richtlinie 2014/104/EU des Europäischen Parlaments und des Rates vom 26. November 2014 über bestimmte Vorschriften für Schadensersatzklagen nach nationalem Recht wegen Zuwiderhandlungen gegen wettbewerbsrechtliche Bestimmungen der Mitgliedstaaten und der Europäischen Union.

529 *Schnelle,* BB 2012, 75, 79.

530 *Bien,* FS Möschel (2011), S. 131, 134.

531 *Bien,* FS Möschel (2011), S. 131, 134.

gegen, dass diese nicht automatisch vor demselben nationalen Gericht verhandelt werden,[532] sodass es zu unterschiedlichen Entscheidungen kommen kann. Art 8 Nr. 1 EuGVVO wonach mehrere Personen zusammen vor dem Gericht des Ortes, an dem einer der Beklagten seinen Wohnsitz hat, verklagt werden, sofern zwischen den Klagen eine so enge Beziehung gegeben ist, dass eine gemeinsame Verhandlung und Entscheidung geboten erscheint, findet nur auf Beklagtenseite, nicht aber auf Klägerseite Anwendung; d.h. mehrere Beklage werden demnach vor dem selben Gericht verklagt, es können sich jedoch nicht mehrere Kläger auf diese Vorschrift zur Begründung eines gemeinsamen Gerichtsstandes berufen.[533]

Eine Effektivität in dem Maß, wie sie bei Opt-in-Gruppenklagen gewährleistet wäre, lässt sich demnach durch eine streitgenössische Durchsetzung kartellrechtlicher Schadensersatzansprüche nicht erzielen. Dass trotz bestehender Vorteile eine streitgenössische Durchsetzung aufgrund der dargestellten Grenzen der Verbundenheit und bestehender Hindernisse nicht zu einer hinreichend effektiven Durchsetzung des europäischen Kartellrechts führt, belegt auch, dass das Institut in der Praxis kaum angewandt wird. Es ist lediglich eine einzige streitgenössische Kartellklage bekannt.[534]

#### (2) Verfahren des kollektiven Rechtsschutzes[535]

#### (a) Vorgaben der Europäischen Union

Die europäischen Vorgaben zu kollektiven Rechtsschutzverfahren sind in der Empfehlung der Kommission zu kollektiven Schadensersatz- und Unterlassungsklagen[536] geregelt. In der Richtlinie ist kein kollektives Rechtsschutzsystem vorgesehen, woraus ersichtlich ist, dass auf europäischer Ebene lediglich eine Angleichung im Bereich kollektiver Rechtsschutzverfahren bei Verstößen gegen das europäische Kartellrecht angestrebt wird, nicht jedoch eine Vereinheitlichung.

Ein kollektives Schadensersatzverfahren wird von der Kommission in ihrer Empfehlung betreffend die gemeinsamen Grundsätze für kollektive Unterlassungs- und Schadensersatzklagen in den Mitgliedsstaaten bei Verletzung von durch Unionsrecht garantierten Rechten[537] definiert als ein rechtliches Verfahren, mit dem zwei oder mehr

---

532 *Bien*, FS Möschel (2011), S. 131, 134.

533 *Stadler*, Musilak, ZPO, Art 8 EuGVVO, Rn. 2.

534 BGH, Urt. v. 29.04.2008, KZR 2/07, BGHZ 176, 244.

535 Umfassend dazu: *Bernhard*, Sammelklagen, 2010; *Fiedler*, Class Action, 2010.

536 Empfehlung der Europäischen Kommission Gemeinsame Grundsätze für kollektive Unterlassungs- und Schadensersatzverfahren in den Mitgliedsstaaten bei Verletzung von durch Unionsrecht garantierten Rechten, CD (2013) 3539 vom 11.06.2013.

537 Empfehlung der Europäischen Kommission Gemeinsame Grundsätze für kollektive Unterlassungs- und Schadensersatzverfahren in den Mitgliedsstaaten bei Verletzung von durch Unionsrecht garantierten Rechten, CD (2013) 3539 vom 11.06.2013.

natürliche oder juristische Personen, die geltend machen, bei einem Massenschadensereignis geschädigt worden zu sein, gemeinsam oder durch eine zur Erhebung einer Vertretungsklage befugte Einrichtung Schadensersatz verlangen können.

Besonders hervorzuheben ist, dass es sich bei dem in der Empfehlung genannten kollektiven Rechtsschutzsystem nicht um eine class action im Sinne des US- amerikanischen Rechts handelt. Hauptunterschied ist dabei, dass bei solchen class actions ein sogenanntes Opt-out-Verfahren üblich ist.[538] Nur diejenigen Geschädigten, die von der Anhängigkeit der class action erfahren und ausdrücklich ihren Austritt (opt-out) aus der class erklären, müssen die Rechtskraft nicht gegen sich gelten lassen.[539]

Im Gegensatz dazu geht die Kommission von einem Opt-in-Prinzip aus. Demnach soll die Klagepartei auf der Grundlage der ausdrücklichen Zustimmung der Geschädigten gebildet werden, Mitglieder der Klagepartei sollten vor der Verkündung des endgültigen Urteils jederzeit – wie bei einer Individualklage – aus der Klagepartei ausscheiden können, ohne dass damit ein Anspruchsverzicht einhergeht. Ebenso sollen sich bis zur Verkündung des Urteils weitere Geschädigte grundsätzlich jederzeit der Klagepartei anschließen können.[540] Durch diese Formen des kollektiven Rechtsschutzes sollen etwa Verbraucherverbände, staatliche Institutionen und berufsständische Organisationen die Ansprüche von Kartellgeschädigten geltend machen können. Insbesondere soll auch eine Gruppe von indirekten Abnehmern, die sich explizit zu diesem Zweck zusammengeschlossen hat, ihre Rechte gemeinsam geltend machen können.[541]

Nach der Empfehlung für kollektive Unterlassens- und Schadensersatzverfahren[542] sind die Mitgliedsstaaten verpflichtet, innerhalb von zwei Jahren Kartellgeschädigten kollektive Rechtsschutzinstrumente nach dem Opt-in-Prinzip zur Verfügung zu stellen.

Kollektive Rechtsschutzmöglichkeiten in Form von Opt-in-Schadensersatzklagen erscheinen an sich geeignet, um eine effektive Durchsetzung des europäischen Kartellrechts zu erlangen. Sie müssen jedoch auf nationaler Ebene so ausgestaltet sein, dass sie der kompensatorischen Funktion des Schadensersatzes nicht widersprechen.

---

538 Vgl. z.B. NASDAQ Market-Makers. 894 U.S. 703 (1995) Wal-Mart v. Dukes, 564 U.S. 338 (2011).

539 *Mann*, NJW 1994, 1187, 1188.

540 Empfehlung der Europäischen Kommission Gemeinsame Grundsätze für kollektive Unterlassungs- und Schadensersatzverfahren in den Mitgliedsstaaten bei Verletzung von durch Unionsrecht garantierten Rechten, CD (2013) 3539 vom 11.06.2013.

541 Weißbuch Schadenersatzklagen wegen Verletzung des EG-Wettbewerbsrechts, KOM (2008), 165 endg. vom 02.04.2008, 4 f.

542 Empfehlung der Europäischen Kommission Gemeinsame Grundsätze für kollektive Unterlassungs- und Schadensersatzverfahren in den Mitgliedsstaaten bei Verletzung von durch Unionsrecht garantierten Rechten, CD (2013) 3539 vom 11.06.2013.

#### (b) Kritik der Mitgliedsstaaten

Die Herangehensweise der Europäischen Union ist auf heftige Kritik in Europa gestoßen, was sich insbesondere daran zeigt, dass auf den Entwurf eines Berichts des Rechtsausschusses des Europäischen Parlaments über das Thema „Kollektiver Rechtsschutz: Hin zu einem kohärenten europäischen Ansatz“, der zusammen mit einer Entschließung des Europäischen Parlaments veröffentlicht wurde, 70 Änderungsanträge eingingen.[543] Hintergrund diese Kritik ist u. a. die Befürchtung, dass sich einzelne Mitgliedsstaaten mittels Einführung von besonders nahe an die amerikanische class action angelehnter Vorschriften als besonders attraktive Standorte für die Klageindustrie hervortun wollen.[544]

Zudem könnte das Institut des kollektiven Rechtsschutzes gegen den rechtlichen Grundsatz des kompensatorischen Charakters[545] des Schadensersatzes verstoßen.

Das Weißbuch[546] enthält nur vage Aussagen darüber, an wen und wie der geltend gemachte Schadensersatzanspruch auszukehren ist. Die Kommission führt darin aus, dass der Verband den Schadensersatz an den Geschädigten auskehren sollte. Wo dies nicht möglich sei, könne auch darüber nachgedacht werden, diesen für verwandte Zwecke einzusetzen[547]. Daran wird klar: Vorherrschendes Ziel der Kommission ist die Entreicherung aufseiten des Kartellanten.[548] Die Entreicherung ist jedoch bereits bei der Bemessung der Bußgeldhöhe zu berücksichtigen und stellt im Rahmen eines privaten Schadensersatzes ein pönales Element dar, dessen Berücksichtigung der kompensatorischen Funktion des Schadensersatzes widerspricht[549].

### *b) Materiell-rechtliche Anspruchsbündelung*

#### (1) Abtretung

Infrage kommt, dass, ähnlich wie beim Factoring, die Geschädigten ihre kartellrechtlichen Schadensersatzansprüche gegenüber dem Schädiger an eine dritte Partei abtreten. Als Kausalgeschäft liegt der Abtretung ein Kaufvertrag zugrunde. In Deutschland lässt sich das Unternehmen Cartel Damage Claims Ansprüche einer Vielzahl von Geschädigten abtreten, um diese Ansprüche dann gebündelt gegen ein Entgelt in einer objektiven und subjektiven Klagehäufung gegen die Kartellbeteiligten geltend zu machen.[550] Diese Vorgehensweise wird von der

---

543 *Brand*, NJW 2012, 116.

544 *Weiden*, GRUR 2013, 906.

545 *Roth*, WRP 257, 262.

546 Weißbuch Schadenersatzklagen wegen Verletzung des EG-Wettbewerbsrechts, KOM (2008), 165 endg. vom 02.04.2008.

547 Weißbuch Schadenersatzklagen wegen Verletzung des EG-Wettbewerbsrechts, KOM (2008), 165 endg. vom 02.04.2008, Rn. 56.

548 *Ritter*, WuW 2008, 762, 766.

549 *Ritter*, WuW 2008, 762, 766.

550 *Weitbrecht*, NJW 2012, 881, 886.

Rechtsprechung grundsätzlich gebilligt.[551] Das LG Düsseldorf entschied in seiner Entscheidung „Zementkartell II" jedoch, dass bestimmte Abtretungen im Sinne des § 138 Abs. 1 BGB sittenwidrig waren, da davon auszugehen war, dass die Cartel Damage Claims objektiv nicht über eine finanzielle Ausstattung verfügte, die die im Fall des Prozessverlustes von ihr zu tragenden Prozesskosten, insbesondere die Kostenerstattungsansprüche der Beklagten, vollständig deckten.[552] Dadurch schufen nach Aussage des Gerichts die Cartel Damage Claims und die Zedenten mit der von ihnen gewollten Verlagerung des Prozesskostenrisikos auf die Cartel Damage Claims die Gefahr, dass die Kostenerstattungsansprüche der Beklagten im Fall des Misserfolgs der Klage ausfallen würden, ohne dass dies durch berechtigte Interessen gerechtfertigt wäre.[553]

Infolge der Abtretung sinkt das Prozesskostenrisiko der Geschädigten auf Null[554], was eine gesteigerte Bereitschaft der Geschädigten, den Anspruch abzutreten und ihn somit zumindest indirekt zu verfolgen und, daraus resultierend, eine Steigerung der Effektivität des europäischen Kartellrechts zur Folge hat. Bei geringfügigen Schäden trifft dies jedoch nicht zu; der mit dem Verkauf und der Abtretung verbundene bürokratische Aufwand dürfte viele Geschädigten weiter davon abhalten, sich an der kollektiven Rechtsdurchsetzung zu beteiligen.[555]

Da gerade bei indirekten Abnehmern Streuschäden häufig vorliegen, stellt eine Anspruchsbündelung durch Abtretung kein wirksames Instrument dar, um die Geltendmachung von Kartellschäden durch indirekte Abnehmer so effektiv wie möglich zu gestalten.

#### (2) Gesamtgläubigerschaft

Das Berliner Kammergericht sprach sich in seinem Transportbeton-Urteil[556] für eine Gesamtgläubigerschaft der klagenden Kartellgeschädigten aus. Neben seinem eigenen Schaden konnte der direkte Abnehmer auch Ersatz der seinem Kunden durch Abwälzung entstandenen Schäden einklagen; den insoweit erlangten Schadensersatz hatte er dem indirekten Abnehmer weiterzuleiten.[557] Eine derartige Anspruchsbündelung ist am ehesten mit einer Opt-out-Gruppenklage zu vergleichen, nur eben nicht auf der prozessrechtlichen, sondern der materiellrechtlichen Seite.

Die Effektivität der Durchsetzung des europäischen Kartellrechts wird gesteigert, da sich indirekte Abnehmer ferner Absatzstufen nicht ausdrücklich einer Klage anschließen müssen, sondern der gesamte Schaden vom direkten Abnehmer gegen-

---

551 OLG Düsseldorf, Urt. v. 14.05.2008, VI-U (Kart) 14/07.
552 LG Düsseldorf, Urteil vom 17. Dezember 2013–37 O 200/09.
553 LG Düsseldorf, Urteil vom 17. Dezember 2013–37 O 200/09.
554 *Bien*, FS Möschel (2011), S. 131, 136.
555 *Bien*, FS Möschel (2011), S. 131, 136.
556 KG Berlin, 1.10. 2009 2 U 10/03 Kart Transportbeton, WuW/E DE-R 2773.
557 KG Berlin, 1.10. 2009 2 U 10/03 Kart Transportbeton, WuW/E DE-R 2773, 2783.

über dem Schädiger geltend gemacht wird, auch wenn unmittelbare Geschädigte einen solchen nicht einfordern.[558] Weiter erübrigt sich die komplizierte Berechnung und Beweisbarkeit des Weiterwälzungsschadens im Rahmen des Verfahrens zwischen Schädiger und direkten Abnehmer[559], wobei gleichzeitig der Kartellant nicht der Gefahr einer Mehrfachhaftung ausgeliefert ist.[560]

Die Qualifizierung der indirekten und direkten Abnehmer als Gesamtgläubiger gemäß § 428 BGB zur dogmatischen Herleitung der Anspruchsbündelung steht einer effektiven Durchsetzung des europäischen Kartellrechts jedoch entgegen. Da der Kartellant sich frei aussuchen kann, an wen er leistet, wird seine Wahl auf denjenigen Abnehmer fallen, dem er einen fälligen, durchsetzbaren Anspruch entgegenhalten und gegenüber dem er aufrechnen kann[561]. Zwar kommt der Ersatz des Schadens dem Abnehmer, dem gegenüber die Aufrechnung erfolgte, dadurch ebenfalls zugute, jedoch ist er mit dem Problem belastet, wie er seiner Verpflichtung gegenüber den anderen Abnehmern auf Weiterleitung des diesen jeweils zustehenden Schadensersatzes durch Ausgleich im Innenverhältnis nach § 430 BGB nachkommen kann. Die indirekten Abnehmer würden mit dem Risiko der Zahlungsunfähigkeit desjenigen Abnehmers, dem gegenüber der Kartellant geleistet bzw. aufgerechnet hat, belastet.[562]

Ein Anspruch der indirekten Abnehmer gegenüber den direkten Abnehmern auf Herausgabe des Weiterwälzungsschadens könnte sich aus den Regelungen zum Auftrag (§ 667 BGB) oder aus den Regelungen zur Geschäftsführung ohne Auftrag (§ 681 S. 1 BGB i.V.m. § 667 BGB) ergeben. Ungeklärt ist, was genau mit dem ersetzten Weiterwälzungsschadens bei den direkten Abnehmern geschehen soll, wenn die indirekten Abnehmer einen solchen nicht geltend machen. Der Verbleib des Weiterwälzungsschadens bei den direkten Abnehmern ließe sich nicht mit dem Kompensationsgrundsatz, der im deutschen Schadensrechtes und nach der Richtlinie[563] im Europäischen Recht zur Anwendung kommt, vereinbaren.

---

558 *Bien*, FS Möschel (2011), S. 131, 136.

559 *Bien*, FS Möschel (2011), S. 131, 136.

560 *Bien*, FS Möschel (2011), S. 131, 136; *Kamann/Olhoff*, ZWeR 2010, 303, 314; *Säcker/Jaecks*, in MünchKomm EU WettbR 2007, Art. 81 Rz. 904.

561 *Bien*, FS Möschel (2011), S. 131, 136.

562 *Bien*, FS Möschel (2011), 131, 144; *Möschel/Bien/Bulst*, Private Schadensersatzklagen, S. 258.

563 Art 3 Abs. 3 Richtlinie 2014/104/EU des Europäischen Parlaments und des Rates vom 26. November 2014 über bestimmte Vorschriften für Schadensersatzklagen nach nationalem Recht wegen Zuwiderhandlungen gegen wettbewerbsrechtliche Bestimmungen der Mitgliedstaaten und der Europäischen Union.

### *5) Zusammenfassung in Thesen*

1. In den Urteilen des EuGH in Sachen Courage und Manfredi sowie dem Weißbuch[564] und der Richtlinie[565] ist die Forderung des europäischen Richters bzw. Gesetzgebers an die Mitgliedsstaaten enthalten, ihre kartellrechtlichen Schadensersatzregelungen so zu gestalten, dass indirekten Abnehmern eine Aktivlegitimation grundsätzlich eingeräumt wird. Die Kommission verknüpft die ihrer Auffassung nach unabdingbare Anspruchsberechtigung indirekter Abnehmer mit
   a) der widerleglichen Vermutung, dass der rechtswidrige Preisaufschlag in vollem Umfang auf die nachgelagerten Stufen abgewälzt wurde und
   b) dem unabdingbaren Bedarf an kollektiven Rechtsschutzmechanismen in Form von Verbandsklagen und Opt-in-Gruppenklagen.
2. Auf nationaler Ebene führten die Entscheidungen des EuGH in Sachen Courage und Manfredi zu keiner grundlegenden Wendung der Beurteilung der Anspruchsberechtigung indirekter Abnehmer im Rahmen kartellrechtlicher Schadensersatzklagen; die restriktive Auslegung der Schutzgesetzeigenschaft des Art. 101 AEUV verhinderte, dass sich indirekte Abnehmer gegen Kartellrechtsverstöße klageweise zur Wehr setzten und schränkte somit die Effektivität der Durchsetzung des Kartellrechts drastisch ein. Auch die Aufgabe des Schutzgesetzprinzips durch die 7. GWB-Novelle 2005 und die Erweiterung der Anspruchsberechtigung auf „Betroffene“ brachte lange keine eindeutige Klärung hinsichtlich der Anspruchsberechtigung indirekter Abnehmer.
3. Erst die Entscheidung des BGH vom 28. Juni 2011 bewirkte, dass indirekten Abnehmern in Deutschland grundsätzlich ein Recht zugestanden wird, sich gegen europäische Kartellrechtsverstöße, von denen sie betroffen sind, klageweise zur Wehr zu setzten. Allerdings spricht sich der BGH, entgegen der nicht bindenden Vorgaben der Kommission, ausdrücklich gegen eine widerlegliche Vermutung der Abwälzung kartellbedingter Preisaufschläge auf den indirekten Abnehmer aus. Dies führt dazu, dass mittelbare Abnehmer, im Gegensatz zu der eigentlichen Intention des europäischen Rechts, in der Praxis nur sehr begrenzt Schadensersatzansprüche geltend machen können. Das Urteil des BGH in Sachen Selbstdurchschreibepapier ist aber generell mit dem Europarecht und mit § 33 Abs. 3 S. 2 GWB vereinbar.
4. Kollektive Rechtsschutzmöglichkeiten in Form von Opt-in-Schadensersatzklagen, wie von der Kommission in ihrer Empfehlung zu kollektiven Schadensersatz-

564 Weißbuch Schadenersatzklagen wegen Verletzung des EG-Wettbewerbsrechts, KOM (2008), 165 endg. vom 02.04.2008.

565 Richtlinie 2014/104/EU des Europäischen Parlaments und des Rates vom 26. November 2014 über bestimmte Vorschriften für Schadensersatzklagen nach nationalem Recht wegen Zuwiderhandlungen gegen wettbewerbsrechtliche Bestimmungen der Mitgliedstaaten und der Europäischen Union.

und Unterlassungsklagen[566] vorgeschlagen, erscheinen an sich geeignet, um eine effektive Durchsetzung des europäischen Kartellrechts zu erreichen. Sie müssen jedoch auf nationaler Ebene so ausgestaltet sein, dass sie der kompensatorischen Funktion des Schadensersatzes nicht widersprechen.

5. Eine streitgenössische Klageerhebung ermöglicht dagegen nicht in gleicher Weise die effektive Durchsetzung des europäischen Kartellrechts, da die verbundenen Klagen rechtlich selbstständig bleiben, sodass die Disposition über die jeweilige Klage bei demjenigen Geschädigten verbleibt, der sie erhoben hat, und der Richter über jede Klage gesondert zu entscheiden hat.
6. Da gerade bei indirekten Abnehmern Streuschäden häufig vorliegen, stellt eine Anspruchsbündelung durch Abtretung ebenfalls kein wirksames Instrument dar, um die Geltendmachung von Kartellschäden durch indirekte Abnehmer am effektivsten zu gestalten; der mit dem Verkauf und der Abtretung verbundene bürokratische Aufwand dürfte viele Geschädigten davon abhalten, sich an der kollektiven Rechtsdurchsetzung zu beteiligen.
7. Auch die Qualifizierung der indirekten und direkten Abnehmer als Gesamtgläubiger gemäß § 428 BGB steht einer effektiven Durchsetzung des europäischen Kartellrechts entgegen. Der Kartellant könnte sich bei einer Gesamtgläubigerschaft frei aussuchen, an wen er leistet mit der Folge, dass die anderen Abnehmer mit dem Risiko der Zahlungsunfähigkeit desjenigen Abnehmers, dem gegenüber der Kartellant geleistet bzw. aufgerechnet hat, belastet würden.

## F) Offenlegung von Bonusanträgen (Kronzeugenprogramm)

### I) Problemstellung: Spannungsverhältnis zwischen privater und öffentlicher Kartellrechtsdurchsetzung

Inwieweit einem Geschädigten zur Vorbereitung einer kartellrechtlichen Schadensersatzklage Einsicht in die Akten der gegen den Kartellanten vorgehenden Behörde gewährt wird, ist für die Effektivität der privaten Kartellrechtsdurchsetzung von großer Bedeutung.

Aus den Akten kann der Geschädigte gebündelt und mit verhältnismäßigem Aufwand Informationen über den Kartellanten und das kartellrechtswidrige Verhalten des Kartellanten erlangen, die der Erhebung einer kartellrechtlichen Schadensersatzklage nützlich sein können. Zudem besteht die Möglichkeit für den Geschädigten, an Informationen, etwa Geschäftsinterna der Kartellanten, zu gelangen, zu denen er ansonsten keinen Zugang hätte. Gerade solche Informationen sind jedoch

566 Empfehlung der Europäischen Kommission Gemeinsame Grundsätze für kollektive Unterlassungs- und Schadensersatzverfahren in den Mitgliedsstaaten bei Verletzung von durch Unionsrecht garantierten Rechten, CD (2013) 3539 vom 11.06.2013.

aufgrund der für den Geschädigten, auch im Rahmen von Follow-on-Klagen, nachteiligen Beweislastverteilung bezüglich Kausalzusammenhang und Schaden von essentieller Bedeutung für die Substantiierung des Klagebegehrens.[567]

Problematisch ist, dass die Möglichkeit der Einsichtnahme in die Akte durch potentielle Schadensersatzkläger Kartellanten künftig davon abhalten könnte, an dem Kronzeugenprogramm teilzunehmen.[568] Das Kronzeugenprogramm[569], auch Bonusregelung genannt, wurde in Deutschland im Jahr 2000 vom Bundeskartellamt eingeführt.[570] Demnach können Unternehmen, die an einem Kartell mitgewirkt haben, sich dem Bundeskartellamt offenbaren und so zur Aufdeckung von Kartellen beitragen. Im Gegenzug wird ihnen unter bestimmten Voraussetzungen eine Geldbuße erlassen oder diese wird reduziert.[571] Im Rahmen der gesetzlichen Grenzen und der Regelungen über den Austausch von Informationen mit ausländischen Wettbewerbsbehörden wird den Kartellanten, die an dem Kronzeugenprogramm teilnehmen, ein vertraulicher Umgang mit den übermittelten Informationen sowie die Wahrung von Geschäftsgeheimnissen zugesagt.[572] Kronzeugenprogramme leisten einen wesentlichen Beitrag zur effektiven Durchsetzung des europäischen Kartellrechts; insbesondere geheime Preiskartelle könnten ohne Kronzeugenprogramme nicht bzw. nicht so umfassend aufgedeckt werden, da viele für eine Aufdeckung erforderliche Informationen nur von den beteiligten Kartellanten geliefert werden können[573]. Für sie besteht infolge der Bußgeldbefreiung ein Anreiz, diese Informationen den Kartellbehörden zur Verfügung zu stellen.[574]

Der Verlust eines funktionierenden Kronzeugenprogramms würde eine Schwächung der öffentlich-rechtlichen Kartellrechtsdurchsetzung bedeuten. Mittelbar betroffen wäre auch die private Kartellrechtsdurchsetzung insofern, als potentiellen Follow-on-Schadensersatzklagen die Grundlage in Form von bestands- bzw. rechtskräftigen Behördenentscheidungen entzogen würde.[575] Dies spricht jedoch nicht per se gegen die Offenlegung von Bonusanträgen. Es wird lediglich unterstellt, dass der Zugang zu den Bonusanträgen ein Abfallen der Beteiligung an Kronzeu-

---

567 *Busch/Sellin*, BB 2012, 1167, 1169.

568 *Jüntgen*, Prozessuale Durchsetzung im Kartellrecht, S. 159; *Schroll*, Effektivität der Kronzeugenprogramme, S. 155.

569 Bekanntmachung des Bundeskartellamtes Nr. 9/2006 über den Erlass und die Reduktion von Geldbußen; eine einheitliche europäische Kronzeugenregelung gibt es nicht, die Mitteilung über den Erlass und die Ermäßigung von Geldbußen in Kartellsachen (2006/C 298/11, ABl. 2006, C 298, S. 17) ist nicht verbindlich.

570 *Albrecht*, Kronzeugenregelungen, S. 237.

571 *Albrecht*, Kronzeugenregelungen, S. 248 ff.; *Seitz*, GRUR-RR 2012, 137, 139.

572 *Albrecht*, Kronzeugenregelungen, S. 253.

573 Vgl. auch: *Schroll*, Effektivität der Kronzeugenprogramme, S. 155; ebenso *Puffer-Mariette*, Effektivität von Kronzeugenregelungen, S. 25 f.

574 *Hetzel*, Kronzeugenregelungen, S. 31.

575 *Dück/Eufinger/Schulte*, EuZW 2012, 418, 421; *Dwoschak/Maritzen*, WuW 2013, 829, 831.

genprogrammen zur Folge habe. Dagegen lässt sich argumentieren, dass im Falle der Verweigerung des Zugangs und deswegen nicht geltend gemachter Schadensersatzansprüche mehr Effektivität verloren ginge, als an Wirksamkeit aufseiten der behördlichen Untersuchungstätigkeit gewonnen würde.[576]

Es besteht damit ein Spannungsverhältnis[577] zwischen privater und öffentlicher Kartellrechtsdurchsetzung sowie zwischen dem erleichterten Zugang zu Beweismitteln für die Vorbereitung von privaten Schadensersatzklagen und der Sicherstellung eines funktionierenden Kronzeugenprogramms. Dieses ist mittels Abwägung zugunsten einer effektiven Durchsetzung des europäischen Kartellrechts zu lösen.[578] Im Rahmen der Abwägung ist insbesondere zu beachten, in welchen Teil der Akte Einsicht gewährt werden soll. Eine Verfahrensakte besteht in der Regel aus mehreren Teilen, etwa: Immunitäts-/Kronzeugendokumente, d. h., Erklärungen der betroffenen Unternehmen und alle Dokumente, die von ihnen im Rahmen des Immunitätsantrags oder des Antrags auf Anwendung der Kronzeugenregelung eingereicht worden waren; Auskunftsersuchen und Erwiderungen der Parteien auf diese Ersuchen; Ermittlungsunterlagen, d. h., Dokumente, die bei den Nachprüfungen vor Ort in den Räumen der betroffenen Unternehmen sichergestellt worden waren; Mitteilung der Beschwerdepunkte und Erwiderungen der Parteien hierauf; interne Dokumente, in Form von sachverhaltsbezogenen Dokumenten und Verfahrensdokumenten.[579]

Grundsätzlich zu unterscheiden ist die Akteneinsicht bei den nationalen mitgliedsstaatlichen Behörden, sprich in Deutschland beim Bundeskartellamt und auf europäischer Ebene bei der Kommission.

## II) Akteneinsicht bei den mitgliedstaatlichen Behörden

### *1) Grundsatz der umfassenden Akteneinsicht, § 406 e StPO*

Grundsätzlich ist das Bundeskartellamt nach § 406 e StPO in Verbindung mit § 46 OWiG verpflichtet, durch ein Kartell Geschädigten umfassende Einsicht in die Verfahrensakten betreffend Kronzeugenprogramme zu gewähren, sofern ein schutzwürdiges Interesse des Geschädigten besteht.[580]

Die Verfolgung zivilrechtlicher Schadensersatzansprüche stellt ein schutzwürdiges Interesse des Verletzten einer Straftat bzw. Ordnungswidrigkeit dar, das grundsätzlich zur Akteneinsicht nach § 406 e Abs. 1 S. 1 StPO berechtigt.[581] Der

---

576 *Frenz*, EuZW 2013, 778, 781.

577 *Alexander*, Schadensersatz und Abschöpfung im Lauterkeits- und Kartellrecht, S. 419; vgl. auch: *Schroll*, Effektivität der Kronzeugenprogramme, S. 155.

578 Vgl. auch: *Maritzen/Pauer*, WRP, 2013, 1151, 1152: die einen „systemkohärenten Ausgleich" zwischen privater und öffentlicher Kartellrechtsdurchsetzung fordern.

579 EuG, Urt. v. 22.05.2012, T-344/08 (EnBW), Rn. 8 = WuW/E EU-R 2357.

580 Hierzu ausführlich: *Schroll*, Effektivität der Kronzeugenprogramme, S. 203 ff.

581 Vgl. auch: BT-Drucks. 10/5305, S. 8.

Geschädigte hat ein schutzwürdiges Interesse an der Kenntnis des Akteninhalts, um so die erforderlichen Informationen zur Substantiierung seines Schadensersatzanspruchs zu erhalten.[582] Der Zugang zu Akten kann jedoch nach § 406 Abs. 2 e StPO insbesondere dann versagt werden, wenn überwiegende schutzwürdige Interessen des Beschuldigten oder anderer Personen entgegenstehen oder der Untersuchungszweck, auch in einem anderen Verfahren, gefährdet erscheint.[583]

Eine Gefährdung des Untersuchungszwecks liegt vor, wenn die Sachaufklärung und Wahrheitsfindung durch die Offenlegung der Akten beeinträchtigt werden könnte.[584] Dabei bildet die Gefährdung des Untersuchungszwecks auch noch nach Erhebung der öffentlichen Klage einen Versagungsgrund.[585]

Unter Berufung auf die Gefährdung des Untersuchungszwecks verfolgt das Bundeskartellamt den Grundsatz in der Regel Akteneinsicht lediglich in die geschwärzten Bußgeldbescheide, nicht aber weitere Bestandteile der Akte (insbesondere Asservate und Anträge im Rahmen von Kronzeugenprogrammen) gegenüber potentiell Geschädigte zur Vorbereitung von kartellrechtlichen Schadensersatzklagen zu gewähren.[586] Ob eine solche Vorgehensweise mit dem Effektivitätsgrundsatz vereinbar ist, ist fraglich. Sowohl der EuGH als auch das AG Bonn haben sich in den bahnbrechenden Entscheidungen in Sachen Pfleiderer[587] unter Heranziehung des Effektivitätsgrundsatzes dazu geäußert, unter welchen Voraussetzungen potentiellen Schadensersatzklägern in behördliche Kartellverfahrensakten Einsicht zu gewähren ist. Ob die von der Rechtsprechung getroffenen Entscheidungen der effektiven Durchsetzung des europäischen Kartellrechts mittels kartellrechtlicher Schadensersatzklagen tatsächlich zu größtmöglicher Wirksamkeit verhelfen, ist zu hinterfragen.

## 2) *Entscheidung in Sachen Pfleiderer*

### a) *Sachverhalt*

Das Bundeskartellamt erließ 2008 gegen mehrere Hersteller von Dekorpapier Bußgeldbescheide in Höhe von insgesamt ca. 62 Mio. Euro wegen wettbewerbsbeschränkender Absprachen bzw. abgestimmter Verhaltensweise bezüglich Preisen und Kapazitätsstilllegungen. Im Rahmen des kartellrechtlichen Ordnungswidrigkeiten-Verfahrens stellten die Kartellanten Bonusanträge.

---

582 BVerfG, Beschl. v. 24.09.2002–2 BvR 742/02 = NJW 2003, 501–503; BVerfG, Beschl. v. 04.12.2008–2 BvR 1043/08 = ZIP 2009, 1270–1272.

583 *Schroll,* Effektivität der Kronzeugenprogramme, S. 205.

584 BeckOK StPO/*Weiner,* § 406 e Rn. 4.

585 *Meyer-Goßner/Schmitt,* § 406e Rn. 6.

586 Vgl. z. B.: Beschluss des Amtsgerichts Bonn (Az. 52 Gs 52/14); Beschluss des Amtsgerichts Bonn (Az. 52 Gs 19/14, 20/14).

587 EuGH, Urt. v. 14.06.2011, C-360/09 (Pfleiderer) = WuW/E EU-R 2357. AG Bonn, Beschl. v. 18.01.2012, 51 Gs 53/09 (Pfleiderer) = GRUR-RR 2012, 178–180.

Als Kunde und damit potentiell Geschädigte beantragte die Pfleiderer AG umfassende Einsicht in die Verfahrensakte des Bundeskartellamtes zur Vorbereitung einer Schadensersatzklage. Der Antrag wurde teilweise abgelehnt, indem das Bundeskartellamt die Akteneinsicht auf die um Geschäftsgeheimnisse, interne Unterlagen und die Bonusanträge bereinigte Fassung der Verfahrensakte begrenzte. Gegen die teilweise Ablehnung ging die Pfleiderer AG vor dem AG Bonn vor.

#### *b) EuGH Urteil vom 14. Juni 2011 (Vorabentscheidungsverfahren Pfleiderer)*

Vor seiner Entscheidung setzte das AG Bonn den Rechtsstreit aus und legte dem EuGH die Frage vor[588], ob das Europarecht eine Offenlegung von Bonusanträgen verbiete.

Der EuGH entschied mit Urteil vom 14. Juni 2011[589], dass das europäische Wettbewerbsrecht der Europäischen Union dahingehend auszulegen sei, dass es nicht verbiete, dass eine durch einen Verstoß gegen das europäische Wettbewerbsrecht geschädigte und Schadensersatz fordernde Person Zugang zu den Dokumenten eines Kronzeugenverfahrens erhält.[590]

Es ist nach der Entscheidung des EuGH jedoch Sache der Gerichte der Mitgliedsstaaten, auf Grundlage des jeweiligen nationalen Rechts unter Abwägung der unionsrechtlich geschützten Interessen zu bestimmen, unter welchen Voraussetzungen dieser Zugang zu gewähren oder zu verweigern ist,[591] da weder die europäischen Wettbewerbsregelungen noch die Verfahrensordnung Nr. 1/2003 eine gemeinsame Kronzeugenregelung oder gemeinsame Vorschriften über den Zugang zu Dokumenten eines Kronzeugenverfahrens vorsehen.[592] Der Erlass und die Anwendung der nationalen Vorschriften dürfe jedoch nach dem „effet utile" die Verwirklichung des Unionsrechts nicht unmöglich machen oder übermäßig erschweren. Die nationalen Vorschriften müssten vielmehr die effektive Durchsetzung des europäischen Kartellrechts sicherstellen.[593]

Die Wirksamkeit sowohl von Kronzeugenprogrammen als auch von kartellrechtlichen Schadensersatzansprüchen erhöht nach dem EuGH die Durchsetzungskraft und damit die Effektivität der europäischen Kartellrechtsvorschriften. Die Schwierigkeit besteht darin, diese beiden rechtlichen Institute im Sinne einer praktischen Konkordanz im Rahmen einer Abwägung in Ausgleich zu bringen.[594] Die Wirksamkeit von Kronzeugenprogrammen kann nach Ansicht des EuGH durch die Übermittlung eines Kronzeugenantrages an die Geschädigten zur Vorbereitung einer kartellrechtlichen Schadensersatzklage dann beeinträchtigt werden, wenn

588 Kurzfassung der Vorlagefrage des AG Bonn in NZG 2010, 60.
589 EuGH, Urt. v. 14.06.2011, C-360/09 (Pfleiderer) = WuW/E EU-R 2357.
590 EuGH, Urt. v. 14.06.2011, C-360/09 (Pfleiderer) = WuW/E EU-R 2357, Rn. 32.
591 EuGH, Urt. v. 14.06.2011, C-360/09 (Pfleiderer) = WuW/E EU-R 2357, Rn. 32.
592 EuGH, Urt. v. 14.06.2011, C-360/09 (Pfleiderer) = WuW/E EU-R 2357, Rn. 23.
593 EuGH, Urt. v. 14.06.2011, C-360/09 (Pfleiderer) = WuW/E EU-R 2357, Rn. 24.
594 EuGH, Urt. v. 14.06.2011, C-360/09 (Pfleiderer) = WuW/E EU-R 2357, Rn. 25, 29.

zukünftige Kartellanten sich durch die Offenlegung davon abhalten lassen, einen Kronzeugenantrag zu stellen.[595] Auf der anderen Seite erfordere es eine effektive Durchsetzung des europäischen Kartellrechts, dass die nationalen Vorschriften, die den Zugang zu den Dokumenten des Kronzeugenprogramms regeln, nicht so ausgestattet sind, dass sie die Erlangung eines kartellrechtlichen Schadensersatzanspruchs praktisch unmöglich machen oder übermäßig erschweren.[596]

### *c) AG Bonn Urteil vom 18. Januar 2012 (Pfleiderer)*

Das AG Bonn entschied am 18. Januar 2012[597], dass der Geschädigten – der Pfleiderer AG – keine Einsicht in die Bonusanträge der Kartellanten zur Vorbereitung einer kartellrechtlichen Schadensersatzklage zu gewähren sei. Nach nationalem Recht und unter Abwägung der unionsrechtlich geschützten Interessen sei die Akteneinsicht in die Dokumente des Bonusverfahrens zu versagen.[598]

#### (1) Gefährdung des Untersuchungszwecks, § 406 e Abs. 2 S. 2 StPO

Dem berechtigten Interesse der Pfleiderer AG an der Akteneinsicht[599] stünde die damit verbundene Gefährdung des Untersuchungszwecks nach § 406 e Abs. 2 S. 2 StPO sowie der Schutz von Geschäfts- und Betriebsgeheimnissen nach § 406 e Abs. 2 S. 1 StPO entgegen.[600] Als Ausnahme zum allgemeinen Grundsatz der Zugangsgewährung zu Akten könne der Zugang zu Akten versagt werden, wenn der Untersuchungszweck, auch in einem anderen Verfahren, gefährdet erscheint; definitiv feststehen müsse die Gefährdung nicht.[601] Als Zweck der Untersuchungen nannte das AG Bonn die Aufdeckung und Verfolgung von Wettbewerbsverstößen durch das Bundeskartellamt. Nach Auffassung des Gerichts würden sich zukünftige Kartellanten durch die Offenlegung der Akten davon abhalten lassen, einen Kronzeugenantrag zu stellen, wodurch die Sachaufklärung von Wettbewerbsverstößen gefährdet sei.[602] Dem kann laut AG Bonn nicht entgegengehalten werden, dass unter Umständen noch gar kein anderes Verfahren eingeleitet worden ist, dessen Untersuchungszweck im Fall der Einsicht in die Bonusanträge gefährdet erscheint.

---

595 EuGH, Urt. v. 14.06.2011, C-360/09 (Pfleiderer) = WuW/E EU-R 2357, Rn. 26 f.

596 EuGH, Urt. v. 14.06.2011, C-360/09 (Pfleiderer) = WuW/E EU-R 2357, Rn. 30.

597 AG Bonn, Beschl. v. 18.01.2012, 51 Gs 53/09 (Pfleiderer) = GRUR-RR 2012, 178–180.

598 AG Bonn, Beschl. v. 18.01.2012, 51 Gs 53/09 (Pfleiderer), Rn. 21, Rn 41 = GRUR-RR 2012, 178–180.

599 AG Bonn, Beschl. v. 18.01.2012, 51 Gs 53/09 (Pfleiderer), Rn. 17 ff = GRUR-RR 2012, 178–180.

600 AG Bonn, Beschl. v. 18.01.2012, 51 Gs 53/09 (Pfleiderer), Rn. 23 ff = GRUR-RR 2012, 178–180.

601 AG Bonn, Beschl. v. 18.01.2012, 51 Gs 53/09 (Pfleiderer), Rn. 23 ff = GRUR-RR 2012, 178–180; OLG Naumburg, Urt. v. 05.02.2010, 1 Ws 44 = NStZ 2011, 118.

602 AG Bonn, Beschl. v. 18.01.2012, 51 Gs 53/09 (Pfleiderer), Rn. 27 = GRUR-RR 2012, 178–180.

Die Sachverhaltsaufklärung durch unterbliebene Bonusanträge würde nicht erst dann beeinträchtigt, wenn ein Verfahren bereits eingeleitet worden ist, sondern erst recht bereits dann, wenn das Bundeskartellamt noch gar keine Informationen über einen Wettbewerbsverstoß besitzt und daher noch kein Verfahren eingeleitet hat.[603]

Auch eine umfassende Abwägung des Informationsinteresses des Geschädigten mit gegenläufigen Interessen führt nach Auffassung des Gerichts zu keinem anderen Ergebnis.[604] Mit in die Abwägung einzustellen ist laut AG Bonn insbesondere, in welchen Aktenbestandteil der Verletzte zur Substantiierung seiner Schadensersatzansprüche Einsicht begehrt und welche Eingriffsintensivität in das Recht auf informationelle Selbstbestimmung des Beschuldigten von dem Bekanntwerden der jeweiligen Information ausgeht.[605] Im Hinblick insbesondere darauf, dass der Kartellant im Rahmen eines Bonusantrages freiwillige Angaben macht, zu denen die Kartellbehörde ansonsten keinen Zugang hätte und gerade auch vor dem Hintergrund des Prinzips der Selbstbelastungsfreiheit, ordnete das Gericht das Recht des Kartellanten auf informationelle Selbstbestimmung im konkreten Fall als schutzwürdiger ein als das Informationsinteresse des Geschädigten.[606]

### (2) Abwägung unionsrechtlich geschützter Interessen

Auch unter Berücksichtigung einer Abwägung unionsrechtlich geschützter Interessen, insbesondere in Form einer wirksamen Anwendung von Artt. 101 und 102 AEUV durch Aufdeckung und Beendigung von Verstößen gegen das Wettbewerbsrecht[607] sowie dem Recht des Geschädigten auf eine nicht diskriminierende Behandlung und auf die Erlangung von Schadensersatz[608], spricht sich das AG Bonn für eine Versagung der Akteneinsicht im konkreten Fall aus.[609]

Die wirksame Anwendung der Artt. 101 und 102 AEUV wird durch das Instrument der Kronzeugenprogramme sichergestellt. Gerade bei gut geplanten und geheim getroffenen Kartellabsprachen bestünden nach Auffassung des AG Bonn keine gleich wirksamen Mittel wie Kronzeugenprogramme zur Untersuchung und

---

603 AG Bonn, Beschl. v. 18.01.2012, 51 Gs 53/09 (Pfleiderer), Rn. 29 = GRUR-RR 2012, 178–180.

604 AG Bonn, Beschl. v. 18.01.2012, 51 Gs 53/09 (Pfleiderer), Rn. 30; BVerfG, Beschl. v. 04.12.2008, 2 BvR 1043/08 = GRUR-RR 2012, 178–180.

605 AG Bonn, Beschl. v. 18.01.2012, 51 Gs 53/09 (Pfleiderer), Rn. 30 = GRUR-RR 2012, 178–180; LG Berlin, Beschl. v. 20.05.2008, 514 AR 1/07 = WM 2008, 1470–1475.

606 AG Bonn, Beschl. v. 18.01.2012, 51 Gs 53/09 (Pfleiderer), Rn. 30 = GRUR-RR 2012, 178–180.

607 AG Bonn, Beschl. v. 18.01.2012, 51 Gs 53/09 (Pfleiderer), Rn. 34= GRUR-RR 2012, 178–180; EuGH, Urt. v. 14.06.2011, C-360/09 (Pfleiderer) = WuW/E EU-R 2357 Rn. 24.

608 AG Bonn, Beschl. v. 18.01.2012, 51, Gs 53/09 (Pfleiderer), Rn. 36 ff = GRUR-RR 2012, 178–180.

609 AG Bonn, Beschl. v. 18.01.2012, 51, Gs 53/09 (Pfleiderer), Rn. 32 = GRUR-RR 2012, 178–180.

Verfolgung von Kartellverstößen.[610] Folge der Übermittlung der Dokumente eines Kronzeugenverfahrens an den Geschädigten zur Vorbereitung kartellrechtlicher Schadensersatzklagen wäre laut AG Bonn eine Beeinträchtigung der Wirksamkeit der Kronzeugenprogramme, da viele Kartellanten davon Abstand nehmen würden, von der Möglichkeit des Kronzeugenprogramms Gebrauch zu machen.[611] Dies würde letztlich auch die private Durchsetzung von Wettbewerbsverstößen durch die Geschädigten erschweren, weil sie mangels entsprechender Verfahren und Akten schon gar keine Einsicht in solche erhalten könnten.[612] Während folglich das Institut der Kronzeugenprogramme und damit eine wirksame Aufdeckung von Kartellverstößen im Falle der Offenlegung von Dokumenten einer behördlichen Verfahrensakte laut AG Bonn gefährdet ist, würde dagegen das Recht des Geschädigten auf Schadensersatz durch die Versagung der Einsicht in die Dokumente des Kronzeugenverfahrens im konkreten Fall weder übermäßig erschwert noch praktisch unmöglich gemacht.[613]

Der Pfleiderer AG sei es im konkreten Fall zumindest nicht unmöglich, den ihr entstandenen Schaden zu ermitteln, da sie Einsicht in die Bußgeldbescheide erhalten hatte. Daneben sei zu berücksichtigen, dass im Zivilverfahren bei der Berechnung der Höhe des Schadens § 287 ZPO Anwendung findet und die Pfleiderer AG wegen der Tatbestandswirkung der rechtskräftigen Bußgeldbescheide gemäß § 33 Abs. 4 S. 1 GWB die Verletzung des Wettbewerbsrechts gar nicht zu beweisen bräuchte.[614]

### *3) Rechtsprechung post Pfleiderer – Modifikationen und Adaption der Pfleiderer-Rechtsprechung*

#### *a) OLG Düsseldorf Urteil vom 22. August 2012 (Kaffeeröster)*

Auch das OLG Düsseldorf hatte sich mit Urteil vom 22. August 2012[615] mit einem Akteneinsichtsersuchen von Geschädigten eines Preisabsprachekartells auf dem Gebiet der Kaffeeröster zur Vorbereitung möglicher Schadensersatzklagen auseinanderzusetzen. Das Gericht wies den Antrag auf Einsicht in die Bonusanträge und die freiwillig von den am Kartell beteiligten Unternehmen übergebenen Dokumente zurück, indem es sich primär auf den Versagungsgrund des § 406 e Abs. 2 S. 1 StPO

610 AG Bonn, Beschl. v. 18.01.2012, 51, Gs 53/09 (Pfleiderer), Rn. 34 = GRUR-RR 2012, 178–180.

611 AG Bonn, Beschl. v. 18.01.2012, 51, Gs 53/09 (Pfleiderer), Rn. 34 = GRUR-RR 2012, 178–180.

612 AG Bonn, Beschl. v. 18.01.2012, 51, Gs 53/09 (Pfleiderer), Rn. 39 = GRUR-RR 2012, 178–180.

613 AG Bonn, Beschl. v. 18.01.2012, 51, Gs 53/09 (Pfleiderer), Rn. 35 ff = GRUR-RR 2012, 178–180.

614 AG Bonn, Beschl. v. 18.01.2012, 51, Gs 53/09 (Pfleiderer), Rn. 35 ff = GRUR-RR 2012, 178–180.

615 OLG Düsseldorf, Urt. v. 22.08.2012, V-4 Kart 5+6/11 (Kaffeeröster) = BB 2012, 2459.

stützte.[616] Der Gewährung von Akteneinsicht in die Bonusanträge der Kartellbeteiligten standen nach Auffassung des OLG Düsseldorfs überwiegende schutzwürdige Interessen des Beschuldigten entgegen. Im Gegensatz zum Urteil des AG Bonn[617], nach dem die Gefährdung des Untersuchungszwecks maßgeblich einer Offenlegung der Akten entgegenstand, bezog das OLG Düsseldorf in die Abwägung insbesondere das Geheimhaltungsinteresse der Kartellanten und das Informationsinteresse der potentiellen Schadensersatzkläger mit ein.[618] Unter der Bedingung, dass die Bußgeldentscheidung um Geschäftsgeheimnisse und persönliche Daten anonymisiert würde, gab das Gericht insoweit dem Antrag auf Akteneinsicht statt.

### *b) EuGH Urteil vom 6. Juni 2013 (Donau Chemie)*

Mit Urteil vom 6. Juni 2013[619] entwickelte der EuGH das in Sachen Pfleiderer etablierte Gebot der Einzelabwägung fort.[620]

Im Rahmen eines Vorabentscheidungsverfahrens[621] legte das OLG Wien als Kartellgericht dem EuGH die Frage vor, ob das Unionsrecht einer nationalen kartellrechtlichen Bestimmung entgegensteht, welche die Einsicht in Akten zur Vorbereitung von Schadensersatzprozessen wegen Verstößen gegen das europäische Wettbewerbsrecht von der Zustimmung aller Verfahrensbeteiligten abhängig macht und dem Gericht eine Abwägung der unionsrechtlich geschützten Interessen zur Festlegung der Voraussetzungen, unter denen die Akteneinsicht gewährt oder verweigert wird, im Einzelfall nicht ermöglicht. Nach österreichischem Recht können gemäß § 39 Abs. 2 KartG am behördlichen Verfahren nicht als Partei beteiligte Personen in die Akten des Kartellgerichts nur mit Zustimmung der Parteien Einsicht nehmen. Die ansonsten nach § 219 Abs. 2 der österreichischen Zivilprozessordnung bestehende Möglichkeit des Gerichts, Akteneinsicht ohne Zustimmung bei rechtlichem Interesse zu gewähren, wollte der Gesetzgeber bei Erlass des § 39 Abs. 2 KartG bewusst ausgeschlossen wissen.[622] Nach der Wertung des österreichischen Gesetzgebers ist das Interesse Dritter auf Akteneinsicht zur Erleichterung von Schadensersatzansprüchen generell hinter dem öffentlichen Interesse an der Attraktivität und Wirksamkeit des Kronzeugenprogramms nach § 11 Abs. 3 WettbG anzustellen; eine Abwägung der Interessen im Einzelfall bleibt dem Richter verwehrt. Er hat

---

616 OLG Düsseldorf, Urt. v. 22.08.2012, V-4 Kart 5+6/11 (Kaffeeröster), Rn 38= BB 2012, 2459 ff.; *Dworschak/Marizen*, WuW 2013, 829, 834; *Meinhold-Heerlein/Engelhoven*, EWiR 2013, 29.

617 AG Bonn, Beschl. v. 18.01.2012, 51 Gs 53/09 (Pfleiderer) = GRUR-RR 2012, 178–180.

618 OLG Düsseldorf, Urt. v. 22.08.2012, V-4 Kart 5+6/11 (Kaffeeröster), Rn. 51 ff = BB 2012, 2459; *Dohrn/Liebich*, WRP 2012, 1601; OLG Düsseldorf, Urt. v. 22.08.2012, V-4 Kart 5+6/11 (Kaffeeröster) = BB 2012, 2459, Rn. 51 ff.

619 EuGH, Urt. v. 06.06.2013, C-536/11 (Donau Chemie) = WuW/E EU-R 2746.

620 *Dworschak/Marizen*, WuW 2013, 829, 837; *Koppensteiner*, ELR 2013, 218, 220.

621 OLG Wien, Beschl. v. 12.10.2011, 29 Kt 5/09–86 (Donau Chemie) = WuW 2012, 547.

622 OLG Wien, Beschl. v. 12.10.2011, 29 Kt 5/09–86 (Donau Chemie) = WuW 2012, 547, 548; vgl. auch: *Maritzen/Ondrejka*, RdW 2011, 326, 329.

vielmehr im Falle der fehlenden Zustimmung auch nur eines am behördlichen Verfahren Beteiligten die Akteneinsicht generell, und zwar hinsichtlich des gesamten Akteninhalts, zu verweigern.[623] Die Vorschrift § 39 Abs. 2 KartG ist aus österreichischer Sicht auch bei der Vollziehung des europäischen Kartellrechts anwendbar.

Der EuGH entschied, dass eine abstrakt-generelle Versagung der Akteneinsicht durch eine nationale mitgliedsstaatliche Regelung[624] – wie § 39 Abs. 2 KartG – gegen den europarechtlichen Effektivitätsgrundsatz verstoße.[625]. Nach dem EuGH könne die wirksame Anwendung des Art. 101 AEUV durch jede starre Regelung beeinträchtigt werden und zwar nicht nur, wenn die Regelung eine völlige Verweigerung des Zugangs zu den Akten vorsieht, sondern auch dann, wenn sie einen vollumfänglichen, unbedingten Zugang beinhaltet.[626] Die Effektivität der Durchsetzung des europäischen Wettbewerbsrechts sei nach dem EuGH nur gewährleistet, wenn die nationalen Regelungen eine Abwägung durch den nationalen mitgliedsstaatlichen Richter vorsähen. Als zentrale, in die Abwägung einzubeziehende, Punkte nannte der EuGH das Interesse des Antragsstellers an der Einsichtnahme in die Dokumente zum Zwecke der Vorbereitung seiner Schadensersatzklage unter Berücksichtigung der ggf. anderweitig bestehenden Möglichkeiten und die konkreten nachteiligen Folgen, die ein solcher Zugang für öffentliche Interessen oder berechtigte Interessen anderer Personen haben könnte.[627] Insbesondere könne die abstrakte Gefahr der Beeinträchtigung des Institutes des Kronzeugenprogramms die Versagung des Zugangs zu den Verfahrensakten nicht rechtfertigen;[628] nur, wenn eine konkrete Gefahr besteht, dass ein bestimmtes Schriftstück konkret das öffentliche Interesse an der Wirksamkeit des nationalen Kronzeugenprogramms beeinträchtigen könnte, könne die Nichtweitergabe dieses Schriftstücks gerechtfertigt sein.[629]

### *4) Bewertung der bisherigen Rechtsprechung*

Die zentrale Aussage der Entscheidung des EuGH in Sachen Pfleiderer, dass die kartellrechtlichen Vorschriften der Europäischen Union es nicht verbieten, dass ein durch einen Verstoß gegen das europäische Wettbewerbsrecht Geschädigter und Schadensersatz Fordernder Zugang zu Dokumenten eines Kronzeugenverfahrens erhält, ist grundsätzlich zu begrüßen.

---

623 OLG Wien, Beschl. v. 12.10.2011, 29 Kt 5/09–86 (Donau Chemie) = WuW 2012, 547.

624 Im Referentenentwurf zur 8. GWB-Novelle 2013 war in § 81 b GWB-E vorgesehen, dass eine Akteneinsicht in den Antrag auf Erlass oder Reduktion einer Geldbuße und die dazu übermittelten Beweismittel ausgeschlossen ist. In der 8. GWB-Novelle 2013 selbst ist eine solche Regelung richtigerweise nicht mehr enthalten.

625 EuGH, Urt. v. 06.06.2013, C-536/11 (Donau Chemie), Rn. 27, 49 = WuW/E EU-R 2746.

626 EuGH, Urt. v. 06.06.2013, C-536/11 (Donau Chemie), Rn. 31 = WuW/E EU-R 2746.

627 EuGH, Urt. v. 06.06.2013, C-536/11 (Donau Chemie), 44 ff. = WuW/E EU-R 2746.

628 Vgl. auch: *Schroll*, Effektivität der Kronzeugenprogramme, S. 209.

629 EuGH, Urt. v. 06.06.2013, C-536/11 (Donau Chemie), Rn. 46, 48 = WuW/E EU-R 2746.

Ob die Entscheidungen des EuGH jedoch praktisch geeignet sind, die Handhabe der Offenlegung von kartellrechtlichen Verfahrensakten durch nationale mitgliedsstaatliche Behörden im Sinne der größten möglichen Effektivität der Durchsetzung des europäischen Kartellrechts zu regeln, ist fraglich.[630]

Als nicht mit dem Effektivitätsgrundsatz vereinbar erachtet der EuGH eine nationale Regelung, die abstrakt-generell die Einsicht in kartellrechtliche Verfahrensakten durch Geschädigte zur Vorbereitung kartellrechtlicher Schadensersatzklagen verbietet. Nach dem EuGH genügen die mitgliedsstaatlichen kartellrechtlichen Regelungen dem europäischen Effektivitätsgrundsatz nur dann, wenn sie eine Abwägung widerstreitender Interessen vorsehen, wobei die Abwägung durch den mitgliedsstaatlichen nationalen Richter einzelfallbezogen zu ergehen hat.

Fraglich ist jedoch insbesondere, ob das Dogma der Einzelfallentscheidung im Rahmen der Entscheidung über die Einsicht in kartellrechtliche Verfahrensakten der richtige Weg ist, die Effektivität der Durchsetzung des europäischen Kartellrechts zu gewährleisten und nach welchen Maßstäben die einzelfallbezogene Abwägung vorzunehmen ist.

### *a) Dogma der Einzelfallentscheidung*

Es stellt sich das grundsätzliche Problem, wie die vom EuGH vorgegebene Einzelfallabwägung der für und wider eine Offenlegung der kartellrechtlichen behördlichen Verfahrensakte streitenden Interessen die Abstraktheit des zugrunde liegenden Spannungsverhältnisses und die dabei involvierten, abstrakt-generellen Belange abbilden soll.[631] Der Aufgabe, das abstrakte Spannungsverhältnis zwischen dem Interesse des Kartellanten auf Schutz der von ihm freiwillig gegenüber der Kartellbehörde preisgegebenen vertraulichen Informationen und dem Interesse der Allgemeinheit an einem funktionierenden Kronzeugenprogramm auf der einen Seite sowie dem Interesse des Kartellgeschädigten auf Akteneinsicht zur Vorbereitung möglicher Schadensersatzklagen auf der anderen Seite mittels Einzelfallentscheidung zu lösen, hatte sich das AG Bonn zu stellen.

Das AG Bonn betont zwar wiederholt die Gültigkeit seiner Aussagen nur im „konkreten Fall", nennt jedoch keine Abwägungskriterien. Die Hervorhebung des konkreten Einzelfalls wirkt allenfalls floskelhaft, da das AG Bonn anstatt der konkreten Umstände des Einzelfalls vielmehr abstrakt-generelle Überlegungen anstellt.[632] Es trifft seine Entscheidung aufgrund des pauschalen Verweises auf die Vertraulichkeit von Kronzeugenanträgen; eine Abwägung in zukünftigen Verfahren ist damit vorweggenommen.

Zwar bejaht das AG Bonn, dass grundsätzlich ein berechtigtes Interesse an der Akteneinsicht besteht, wenn sie der Prüfung und Vorbereitung etwaiger Schadens-

---

630 Vgl. auch: *Fornasier/Sanner*, WuW 2011, 1067; *Raff*, GPR 2011, 294, 296; *Richter*, ZfRV 2013, 196 ff.

631 *Dworschak/Marizen*, WuW 2013, 829, 835.

632 *Dworschak/Marizen*, WuW 2013, 829, 834.

ersatzklagen dienen soll und die Antragstellerin als Abnehmerin von Produkten im Kartellzeitraum möglicherweise als Verletzte des Kartells anzusehen ist. Soll die Entscheidung des AG Bonn die Vertraulichkeit der Kronzeugenprogramme schützen, kann dies jedoch nur gewährleistet werden, wenn alle anderen Gerichte in ähnlich gelagerten Fällen die Abwägung wie das AG Bonn treffen würden. Dies hat zur Folge, dass eine wirkliche Abwägung, wie der EuGH angeordnet hat, nach der Entscheidung des AG Bonn nicht mehr in jedem zukünftigen Verfahren nach dem jeweiligen Einzelfall ergehen wird. Das AG Bonn hat mit dem Urteil vielmehr eine grundsätzliche Entscheidung getroffen, eine vom EuGH geforderte Einzelfallabwägung hat es hingegen nicht vorgenommen.[633] Dem vom EuGH vorgegebenen Kriterium der Einzelabwägung[634] näher kommt die Entscheidung des OLG Düsseldorf vom 22. August 2012[635]. Nach recht abstrakten Ausführungen des Gerichts zur Bedeutung des Kronzeugenprogramms für die Kartellverfolgten setzt sich das Gericht sodann aber mit der Frage auseinander, ob der Antragssteller zur Bezifferung seiner möglichen Schadensersatzklage tatsächlich auch auf die in den Kronzeugendokumenten enthaltenen Informationen angewiesen ist, was das Gericht im Endeffekt verneint.[636] Anders als das AG Bonn und der EuGH in Sachen Pfleiderer[637] rückt das OLG Düsseldorf die Individualrechtsinteressen der Parteien, das Interesse am Schutz von Geschäfts- und Betriebsgeheimnissen, den Vertrauensschutz und das Informationsinteresse der Geschädigten in den Vordergrund.[638] Hierbei handelt es sich um Kriterien, die, anders als die Vertraulichkeit des Kronzeugenprogramms als abstraktes Rechtsinstitut, einer Einzelfallabwägung zugänglich sind.[639] Dennoch beschränkt sich das Gericht auch hier im Wesentlichen auf pauschale Erwägungen, die auf eine Vielzahl von Fällen übertragbar sind.[640]

Eine Einzelabwägung, insbesondere ohne konkret ausgestaltete Anhaltspunkte, welche Momente in die Abwägung einzustellen sind, erzeugt Unsicherheit[641] und ist nicht geeignet, den abstrakten Konflikt zwischen dem Schutz einer wirksamen behördlichen Durchsetzung des europäischen Wettbewerbsrechts und der Gewährleistung des Rechts auf eine wirksame Entschädigung in voller Höhe abzuwägen.

---

633 *Busch/Sellin*, BB 2012, 1167, 1170; *Dworschak/Marizen*, WuW 2013, 829, 834; *Hempel*, EuZW 2013, 586, 590; *Kapp*, WuW 2012, 474; *Kapp*, BB 2013, 1556; a.A. *Seitz*, GRUR-RR 2012, 137, 140; wohl auch *Schellscheidt/Engelhoven*, EWiR 2012, 329; *Zöttl/Schlepper*, EuZW 2012, 573, 576.

634 *Yomere*, WuW 2013, 34, 38.

635 OLG Düsseldorf, Urt. v. 22.08.2012, V-4 Kart 5+6/11 (Kaffeeröster) = BB 2012, 2459.

636 OLG Düsseldorf, Urt. v. 22.08.2012, V-4 Kart 5+6/11 (Kaffeeröster), Rn. 63 = BB 2012, 2459.

637 EuGH, Urt. v. 14.06.2011, C-360/09 (Pfleiderer) = WuW/E EU-R 2357.

638 *Dworschak/Marizen*, WuW 2013, 829, 835.

639 *Dworschak/Marizen*, WuW 2013, 829, 835.

640 *Kapp*, BB 2013, 2462, 2463.

641 Vgl. auch: *Kapp*, BB 2013, 1556; *Mäger/Zimmer/Milde*, WuW 2011, 935; *Wiring*, GRUR-Prax. 2001, 309.

Die durch eine Einzelfallabwägung erzeugte Rechtsunsicherheit[642] steht einer effektiven Durchsetzung des europäischen Kartellrechts entgegen.[643]

Eine effektive Durchsetzung ist nur gewährleistet, wenn das Spannungsverhältnis zwischen behördlicher und öffentlicher Kartellrechtsdurchsetzung grundsätzlich aufgelöst wird und dem nationalen mitgliedsstaatlichen Richter klare Anhaltspunkte bezüglich der von ihm zu treffenden Entscheidung vorgegeben werden[644], indem sich der Gesetzgeber dieser Problematik annimmt.[645] Diese Problematik hat der europäische Gesetzgeber erkannt und ist ihr teilweise mit der Richtlinie[646] begegnet.[647] Demnach sind abwägungserhebliche Momente insbesondere der Grad an Wahrscheinlichkeit, dass der Verstoß gegen das Kartellrecht tatsächlich begangen wurde, sowie der Umfang in dem vertrauliche Informationen offengelegt werden sollen.[648]

### *b) Abwägung*

#### (1) Fehlende Festlegung von konkreten Abwägungskriterien

Zu der Frage, welche Kriterien in die Einzelfallabwägung konkret vom nationalen mitgliedsstaatlichen Richter einzubeziehen und wie diese jeweils zu gewichten sind, äußert sich der EuGH jedoch kaum.[649] Jeder mitgliedsstaatliche nationale Richter hat demnach selbst anhand der von ihm ermittelten und in Relation gesetzten Kriterien eine Abwägung im Einzelfall vorzunehmen. Mit einer Harmonisierung der Rechtsprechung in den Mitgliedsstaaten, mit der Folge einer wirksamen und einheitlichen Anwendung, die erforderlich ist, um ein Systems zu schaffen, das einen unverfälschten Wettbewerb im Gemeinsamen Markt gewährleistet,[650] ist damit nicht zu rechnen.[651] Es besteht die Gefahr, dass in manchen Mitgliedsstaaten künftig den Geschädigten Einsicht in die Bonusanträge gewährt wird, während sie Geschädigten

642 *Fornasier/Sanner*, WuW 2011, 1067; *Kapp*, BB 2013, 402.

643 *Schnelle/Kollmann*, CCZ 2012, 156, 157.

644 Vgl. auch: *Schnelle/Kollmann*, CCZ 2012, 156, 157.

645 *Palzer*, EuR 2012, 583, 585.

646 Richtlinie 2014/104/EU des Europäischen Parlaments und des Rates vom 26. November 2014 über bestimmte Vorschriften für Schadensersatzklagen nach nationalem Recht wegen Zuwiderhandlungen gegen wettbewerbsrechtliche Bestimmungen der Mitgliedstaaten und der Europäischen Union.

647 Vgl. auch: § 2 F) II) 5).

648 Art. 5 Abs. 3 Richtlinie 2014/104/EU des Europäischen Parlaments und des Rates vom 26. November 2014 über bestimmte Vorschriften für Schadensersatzklagen nach nationalem Recht wegen Zuwiderhandlungen gegen wettbewerbsrechtliche Bestimmungen der Mitgliedstaaten und der Europäischen Union.

649 *Pooth*, CCZ 2011, 231, 232.

650 Erster Erwägungsgrund der Verordnung (EG) Nr. 1/2003 des Rates vom 16.12.2002 zur Durchführung der in den Artikeln 81 und 82 des Vertrages niedergelegten Wettbewerbsregeln, Abl. EG 2003 Nr. L 1 S. 1.

651 Vgl. auch: *Busch/Sellin*, BB 2012, 1167; *Pooth*, CCZ 2011, 231, 232.

in anderen Mitgliedsstaaten versagt bleibt; selbst innerhalb ein- und desselben Mitgliedsstaates kann es zu Diskrepanzen kommen.[652]

Divergenzen zwischen der Handhabe der einzelnen Mitgliedsstaaten könnten letztlich de facto Auswirkungen auf die Kooperation der Kommission und der mitgliedsstaatlichen Wettbewerbsbehörden untereinander haben.[653] Weiter bestünde die Gefahr des sogenannten Forum shoppings, indem Geschädigte Akteneinsicht bei denjenigen Mitgliedsstaaten beantragen, die eine möglichst vollumfängliche Akteneinsicht erlauben.[654] Die bislang schon komplexe Rechtslage bei internationalen Kartellen würde noch verstärkt werden und zu Rechtsunsicherheit führen.[655]

Eine effektive Durchsetzung des europäischen Kartellrechts ist damit nur bei einer einheitlichen Handhabung in den Mitgliedsstaaten gewährleistet. Dies erfordert eine konsistente und einheitliche Interessenabwägung, bei der insbesondere auch das Interesse an einer privaten Durchsetzung des europäischen Kartellrechts hinreichend berücksichtigt werden muss. Eine solche würde erreicht, wenn die der Abwägung zugrundeliegenden Kriterien in einer gesetzlichen Regelung vorgegeben würden.[656] Den Versuch, Abwägungskriterien gesetzlich zu determinieren und bestimmte Teile der Verfahrensakte ganz von einer Offenlegung auszunehmen, hat der europäische Gesetzgeber jetzt mit der von ihm erlassenen Richtlinie unternommen.[657]

### (2) Auswirkungen in Form von unionsweit divergierender Rechtsprechung

Die Auswirkungen des Fehlens konkreter Maßstäbe für die Einzelabwägung zeichnen sich bereits in der Praxis in Form von unionsweit divergierender Rechtsprechung infolge differierender Handhabe der Einzelabwägung ab: So ordnete das Handelsgericht in Paris in der Sache MLDC Web-Coupons an, dass die französische Wettbewerbsbehörde Unterlagen aus einem vergleichsweise abgeschlos-

---

652 Ebenso: Vorschlag für eine Richtlinie des Europäischen Parlaments und des Rates über bestimmte Vorschriften für Schadensersatzklagen nach einzelstaatlichem Recht wegen Zuwiderhandlungen gegen wettbewerbsrechtliche Bestimmungen der Mitgliedstaaten und der Europäischen Union, COM (2013) 404 final vom 11.06.2014, Ziffer 1.2; vgl. auch: *Busch/Sellin*, BB 2012, 1167; demgegenüber unkritisch: *Fornasier/Sanner*, WuW 2011, 1067; *Murach*, GWR 2012, 419; generell dazu: *Hetzel*, EuR 2005, 735, 750.

653 *Palzer*, EuR 2012, 583, 585, 586; *Seitz*, EuZW, 2011, 598, 600.

654 *Pooth*, CCZ 2011, 231, 232; *Seitz*, EuZW, 2011, 598, 600.

655 *Seitz*, EuZW, 2011, 598, 600.

656 *Maritzen/Pauer*, WRP 2013, 1151, 1159; *Palzer/Preisendanz*, EWS 2011, 365; *Palzer*, EuR 2012, 583, 585.

657 Richtlinie 2014/104/EU des Europäischen Parlaments und des Rates vom 26. November 2014 über bestimmte Vorschriften für Schadensersatzklagen nach nationalem Recht wegen Zuwiderhandlungen gegen wettbewerbsrechtliche Bestimmungen der Mitgliedstaaten und der Europäischen Union.

senen Verfahren im Rahmen einer privaten Schadensersatzklage offenlegen soll.[658] Artikel 138 der Französischen Zivilprozessordnung sieht vor, dass ein Gericht die Herausgabe von Dokumenten an Kläger anordnen kann, wenn es sich um (i) offizielle Dokumente, (ii) Vereinbarungen, an denen der Kläger nicht beteiligt war, oder (iii) Dokumente, die im Besitz eines Dritten sind, handelt. Gleichzeitig ist es nach Artikel L 463–6 der Französischen Zivilprozessordnung untersagt, die Herausgabe von Dokumenten anzuordnen, die Teil einer behördlichen Untersuchung und daher vertraulich sind. Das Gericht kam zu dem Schluss, dass die Herausgabe von Teilen der kartellrechtlichen Verfahrensakte nicht durch Berufung auf Artikel L 463–6 der Französischen Zivilprozessordnung grundsätzlich verweigert werden dürfe.[659] Im Gegensatz zur deutschen Rechtsprechung tendiert die französische generell zu einer offeneren Einstellung gegenüber den Anträgen von Geschädigten, die die Akten des Kartellverfahrens zur Begründung ihrer Ansprüche benötigen.[660] Auch der High Court in London entschied in der Entscheidung National Grid v. ABB, dass der Kronzeuge im Rahmen eines Schadensersatzprozesses seine geheimen Dokumente offenzulegen habe.[661] Im Gegensatz zur deutschen Rechtsprechung nahm der High Court eine wirkliche Einzelfallabwägung im Sinne der Rechtsprechung des EuGH vor.[662] Dass die vom EuGH geforderte Einzelabwägung eine große Herausforderung für die nationalen Gerichte birgt mach der High Court in seiner Entscheidung deutlich: „Pfleiderer requires the court to conduct a balancing exercise, weighing the interest in disclosure as against the need to protect an effective leniency programme. This is not an easy exercise because the considerations that apply on the two sides are of a very different character".[663] Die Entscheidung wird in der englischen Praxis als positives Signal für zukünftige Follow-on-Schadensersatzlagen verstanden.[664]

---

658 Tribunal de commerce de Paris, Entscheidung vom 24.08.2011, SAS Ma Liste de Courses ./. Société HighCo 3.0, Société HighCo Data, Société Sogec Gestion, Société Sogec Marketing; *Busch/Sellin*, BB 2012, 1167, 1171.

659 Tribunal de commerce de Paris, Entscheidung vom 24.08.2011, SAS Ma Liste de Courses ./. Société HighCo 3.0, Société HighCo Data, Société Sogec Gestion, Société Sogec Marketing.

660 *Vogel*, EuZW 2012, 879, 900.

661 National Grid Electricity Transmission Plc. v ABB Ltd. (2011) EWHC 1717 (Ch); *Busch/Sellin*, BB 2012, 1167, 1171: In der Entscheidung ging es nicht um eine Akteneinsicht bei einer Wettbewerbsbehörde, sondern um die Offenlegung durch einen Beklagten in einem Zivilprozess; die Entscheidung wirkt sich jedoch gleichermaßen auf das Spannungsfeld zwischen öffentlicher und privater Kartellrechtsdurchsetzung aus.

662 *Busch/Sellin*, BB 2012, 1167, 1171; vgl. auch: auch *Bueren*, EWS 2012, 359, 362.

663 National Grid Electricity Transmission Plc. v ABB Ltd. (2011) EWHC 1717 (Ch), Rn. 30.

664 *Peyer*, EuZW 2012, 617, 619.

### (3) Defizite bei der Verwirklichung des Effektivitätsgrunds im Rahmen der Abwägungsentscheidungen durch die deutsche Rechtsprechung

Neben dem generellen Problem, dass der EuGH den mitgliedsstaatlichen nationalen Richtern nahezu keine verbindlichen Abwägungskriterien zur Hand gegeben hat, ist fraglich, ob die deutschen nationalen Gerichte in der bisherigen Praxis, im Rahmen ihrer Abwägung ihre sich aus dem „effet utile" ergebende Verpflichtung, private Schadensersatzklagen nicht unmöglich zu machen, fehlerfrei in der Abwägung berücksichtigt haben.

Nach dem AG Bonn kann ein Akteneinsichtsgesuch bereits bei bloßer abstrakter Gefährdung der Effektivität der Kronzeugenregelung versagt werden; ein konkreter Gefährdungsverdacht sei hingegen nicht erforderlich.[665] Dies widerspricht dem Effektivitätsgrundsatz und der Rechtsprechung des EuGH in Sachen Donau Chemie, nach der die Einsichtnahme nur verweigert werden darf, wenn die konkrete Gefahr besteht, dass ein bestimmtes Schriftstück das öffentliche Interesse an der Wirksamkeit des mitgliedsstaatlichen Kronzeugenprogramms beeinträchtigt[666]. Das AG Bonn hat seine sich aus dem Effektivitätsgrundsatz ergebende Verpflichtung, private Schadensersatzklagen nicht unmöglich zu machen, nicht genügend berücksichtigt: Das Abstellen auf eine abstrakte Gefahr anstatt auf eine konkrete wirkt sich zulasten des Interesses der Geschädigten, Einsicht in die behördliche Verfahrensakten zu erhalten und ihre Schäden mittels kartellrechtlicher Schadensersatzklagen geltend zu machen, aus. Abgesehen davon bleiben Zweifel, wann die Schwelle von einer bloßen abstrakten zu einer konkreten Gefährdung überschritten ist.[667]Weiter hat das AG Bonn zentral mit in seine Abwägung als Kriterium eingestellt, dass der Nachweis des Kartellverstoßes durch die Kartellbehörden für den Zivilrichter im Schadensersatzprozess nach § 33 Abs. 4 GWB bindend ist.[668] Ein generelles Abstellen auf die Follow-on-Wirkung nach § 33 Abs. 4 GWB verstößt gegen die Verpflichtung der Mitgliedsstaaten, private Schadensersatzklagen nicht unmöglich zu machen. Eine Verwaltungs- bzw. Bußgeldentscheidung entfaltet nur dann Bindungswirkung, wenn sie rechtskräftig ist. Ist keine Rechtskraft gegeben, besteht ein gewichtiges Interesse des potentiellen Schadensersatzklägers, Einsicht zu nehmen, da der Kartellverstoß vom Geschädigten zu beweisen ist und die Beweisführung für ihn im Falle der Offenlegung des Bonusantrages leichter bzw. überhaupt erst möglich sein wird. Im Falle Pfleiderer war die Verwaltungs- bzw. Bußgeldentscheidung im Zeitpunkt der Abweisung der Akteneinsicht in den Bonusantrag durch das Bundeskartellamt bereits bestandskräftig, sodass die Einbeziehung

665 *Busch/Sellin*, BB 2012, 1167, 1170.

666 EuGH, Urt. v. 06.06.2013, C-536/11 (Donau Chemie), Rn. 27, 49 = WuW/E EU-R 2746, Rn. 44 ff.; *Frenz*, EuZW 2013, 778,781; *Hempel*, EuZW 2013, 586, 590; *Maritzen/Pauer*, WRP 2013, 1151, 1159.

667 *Gussone/Maritzen*, EWS 2013, 292, 293; *Hempel*, EuZW 2012, 586, 590.

668 AG Bonn, Beschl. v. 18.01.2012, 51 Gs 53/09 (Pfleiderer) Rn. 43= GRUR-RR 2012, 178–180.

dieses Abwägungskriteriums insoweit rechtmäßig war. Das ändert jedoch nichts daran, dass eine einzelfallbezogene Abwägung nur dann dem Effektivitätsgrundsatz genügt, wenn die Follow-on-Wirkung nach § 33 Abs. 4 GWB nur nach einer konkreten Prüfung der Bestandskräftigkeit der Verwaltungs- bzw. Bußgeldentscheidung in die Abwägung miteingestellt werden darf.

Demnach hat die deutsche nationale Rechtsprechung an mehreren Stellen die sich aus dem „effet utile" ergebende Verpflichtung, private Schadensersatzklagen nicht unmöglich zu machen, nicht fehlerfrei im Rahmen der vom EuGH vorgegebenen einzelfallbezogenen Abwägung berücksichtigt.

### *5) Richtlinie*

Mit der Optimierung der Interaktion zwischen behördlicher und privater Durchsetzung des europäischen Wettbewerbsrechts befasst sich auch die am 26. November 2014 von dem Europäischen Parlament und dem Rat erlassene Richtlinie[669]. Nach der Richtlinie ist die Durchsetzung der europäischen Wettbewerbsvorschriften am effektivsten, wenn eine ergänzende, kohärente behördliche und private Durchsetzung gewährleistet ist.[670] Geregelt ist die Offenlegung von Beweismitteln, und damit insbesondere auch von Aktenbestandteilen der Wettbewerbsbehörden, in Artt. 5–8 der Richtlinie.[671] Gemäß Art. 5 Abs. 1 der Richtlinie muss der potentielle Schadensersatzkläger zunächst eine substantiierte Begründung vorlegen, die die Plausibilität eines Schadensersatzanspruchs ausreichend stützt. Gelingt der Nachweis, haben die nationalen Richter nach der Richtlinie anhand der Maßstäbe „Erforderlichkeit, Umfang und Verhältnismäßigkeit" zu entscheiden, ob bestimmte Beweise aus den Verfahrensakten an potentielle kartellrechtliche Schadensersatzkläger herauszugeben sind.[672] In Art. 5 Abs. 3 der Richtlinie werden abwägungserhebliche Momente aufgeführt; so ist die Wahrscheinlichkeit, dass der Verstoß gegen das Kartellrecht tatsächlich begangen wurde, ebenso zu berücksichtigen wie die Frage, in welchem

669 Richtlinie 2014/104/EU des Europäischen Parlaments und des Rates vom 26. November 2014 über bestimmte Vorschriften für Schadensersatzklagen nach nationalem Recht wegen Zuwiderhandlungen gegen wettbewerbsrechtliche Bestimmungen der Mitgliedstaaten und der Europäischen Union.

670 Erwägung Nr. 6 Richtlinie 2014/104/EU des Europäischen Parlaments und des Rates vom 26. November 2014 über bestimmte Vorschriften für Schadensersatzklagen nach nationalem Recht wegen Zuwiderhandlungen gegen wettbewerbsrechtliche Bestimmungen der Mitgliedstaaten und der Europäischen Union.

671 Richtlinie 2014/104/EU des Europäischen Parlaments und des Rates vom 26. November 2014 über bestimmte Vorschriften für Schadensersatzklagen nach nationalem Recht wegen Zuwiderhandlungen gegen wettbewerbsrechtliche Bestimmungen der Mitgliedstaaten und der Europäischen Union; *Gussone/Schreiber*, WuW 1040, 1043 Fn. 18: Die Regelungen zur Offenlegung von Beweismitteln orientieren sich am System der RL 2004/48/EG des Europäischen Parlaments und des Rates vom 29.04.2004 zur Durchsetzung des Rechts des geistigen Eigentums.

672 *Gussone/Schreiber*, WuW 1040, 1044.

Umfang vertrauliche Informationen offenzulegen sind und welche Kosten die Offenlegung verursacht.[673] Daneben legt die Richtlinie unionsweite Beschränkungen für die Offenlegung[674] fest. So sind etwa Kronzeugenunternehmenserklärungen und Vergleichsausführungen nach Art. 6 Abs. 6 der Richtlinie stets nicht offenzulegen.[675]

Im Gegensatz zur Rechtsprechung des EuGH in Sachen Pfleiderer (und auch in Sachen Donau Chemie), die eine Einzelabwägung der nationalen mitgliedsstaatlichen Richter vorschrieb, ohne Anhaltspunkte für die Abwägung zu nennen werden in der Richtlinie dem nationalen Richter Anhaltspunkte bezüglich der vorzunehmenden Abwägung vorgeschrieben und Beschränkungen hinsichtlich der Offenlegung gemacht.[676]

Dies schafft grundsätzlich Rechtssicherheit und erhöht damit die Effektivität der Durchsetzung des europäischen Kartellrechts. Problematisch ist jedoch, dass die in der Richtlinie enthaltenen Regelungen zum Teil unklar sind und vor allem auch zu restriktiv[677]: Insbesondere die Kronzeugenerklärungen nach Art. 6 Abs. 6 lit a der Richtlinie sind stets nicht offenzulegen. Dies wird dem Effektivitätsgrundsatz nicht gerecht, da hierdurch die Durchsetzung des europäischen Kartellrechts mittels privater Schadensersatzklagen zu stark beeinträchtigt wird.[678] Zudem ist ungeklärt, wie sich die Richtlinie mit der Rechtsprechung des EuGH vereinbaren lässt, insoweit die Richtlinie nicht lediglich das vom EuGH vorgegebene Dogma der Einzelfallabwägung konkretisiert, sondern eine „starre Regelung" wie im Falle des Verbots der Offenlegung der Kronzeugenerklärungen nach Art. 6 Abs. 6 lit. a der Richtlinie betrifft.[679] Rechtstechnisch ist dies fragwürdig, da eine Richtlinie als Sekundärrecht nicht die Rechtsprechung des EuGH als Primärrecht, die eine starre Regelung klar als unionsrechtswidrig einstuft, ändern kann.[680] Lösen lässt sich dieser

673 *Gussone/Schreiber*, WuW 1040, 1044.

674 *Weigel*, Michael, Deutscher Anwaltspiegel, Ausgabe 15, S. 7 ff.

675 Richtlinie 2014/104/EU des Europäischen Parlaments und des Rates vom 26. November 2014 über bestimmte Vorschriften für Schadensersatzklagen nach nationalem Recht wegen Zuwiderhandlungen gegen wettbewerbsrechtliche Bestimmungen der Mitgliedstaaten und der Europäischen Union.

676 Vorschlag für eine Richtlinie des Europäischen Parlaments und des Rates über bestimmte Vorschriften für Schadensersatzklagen nach einzelstaatlichem Recht wegen Zuwiderhandlungen gegen wettbewerbsrechtliche Bestimmungen der Mitgliedstaaten und der Europäischen Union, COM (2013) 404 final vom 11.06.2014, Ziffer 1.2.

677 *Gussone/Schreiber*, WuW 2013, 1040, 1048; a.A. wohl *Fiedler*, BB, 2013, 2179, 2186.

678 vgl. auch: *Gussone/Schreiber*, WuW 2013, 1040, 1049.

679 Eine Vereinbarkeit kritisch sehend: *Kersting*, JZ 2013, 734, 739 f; eine Vereinbarkeit bejahend: *Fiedler*, BB, 2013, 2179, 2183; vgl. auch: *Dworschak/Marizen*, WuW 2013, 829, 839; *Gussone/Schreiber*, WuW 2013, 1040, 1048; *Kapp*, BB 2013, 1551, 1556; *Palzer*, NZKart 2013, 324, 326.

680 *Gussone/Maritzen*, EWS 2013, 292, 293; *Hempel*, EuZW 2013, 586, 590; *Kapp*, BB 2013, 1551, 1556; vgl. auch: *Dworschak/Marizen*, WuW 2013, 829, 839; *Frenz*, EuZW 2013, 778; *Kapp*, BB 2012, 402.

Konflikt, wenn man den ausdrücklichen Hinweis des EuGH auf das Fehlen einer einschlägigen EU-rechtlichen Regelung für private Schadensersatzklagen so versteht, dass der EuGH es gerade dem europäischen Gesetzgeber überlassen wollte, im Rahmen einer Regelung die gebotene Abwägungsentscheidung zu treffen.[681]

### *6) Lösungsansatz: Die haftungsrechtliche Privilegierung des Kartellkronzeugen*

Den Bedenken, die Attraktivität des Kronzeugenprogramms und damit die Effektivität der behördlichen Kartellverfolgung könne im Falle einer Offenlegung der behördlichen Kartellverfahrensakte gegenüber Geschädigten beeinträchtigt werden, kann mittels verschiedener, von Teilen der deutschen Literatur[682] und von der Kommission im Weißbuch[683] und Grünbuch[684] entwickelten, Lösungsansätze begegnet werden.

In Betracht kommt, die zivilrechtliche Haftung von Kronzeugen zu begrenzen, denen ein Erlass der Geldbuße zuerkannt wurde. Auch der US-amerikanische Gesetzgeber verfolgt einen ähnlichen Ansatz, indem er den Kronzeugen verpflichtet, umfassend mit potentiellen Schadensersatzklägern zu kooperieren, ihm jedoch im Gegenzug eine Vergünstigung des dem Schadensersatzkläger zugesprochenen Schadensersatzanspruchs zubilligt.[685]

Dabei ist insbesondere an eine Begrenzung der Haftung des Kronzeugen auf Ansprüche seiner unmittelbaren und mittelbaren Vertragspartner, eine Entlassung der Kronzeugen aus der gesamtschuldnerischen Haftung sowie einer Beschränkung der Haftung entsprechend seinem Marktanteil zu denken.[686] Insbesondere durch eine Begrenzung der Haftung des Kronzeugen auf Ansprüche seiner unmittelbaren und mittelbaren Vertragspartner würden, so die Befürworter einer solchen Vorgehensweise, die von einem solchen Kronzeugen zu leistenden Schadenersatzzahlungen besser abschätzbar und in der Höhe begrenzt, ohne dass er seiner zivilrechtlichen Haftung für den Wettbewerbsverstoß über Gebühr ent-

---

681 *Fiedler*, BB, 2013, 2179, 2183; *Hempel*, EuZW 2013, 586, 590.

682 *Kersting*, JZ 2012, 42, 45; *Kersting*, ZWeR 2008, 252, 266 f.; *Schwalbe/Höft*, FS Möschel (2011), 597, 631; vgl. auch: *Bien*, EuZW 2011, 889; *Dworschak/Marizen*, WuW 2013, 829, 841.

683 Weißbuch Schadenersatzklagen wegen Verletzung des EG-Wettbewerbsrechts, KOM (2008), 165 endg. vom 02.04.2008, S. 12.

684 Grünbuch Schadenersatzklagen wegen Verletzung des EU-Wettbewerbsrechts, KOM (2005), 672 endg. vom 19.12.2005, S. 11, Option 30.

685 Antitrust Criminal Penalty Enhancement and Reform Act of 2004, H.R. 1086 [108]; *Jüntgen*, Prozessuale Durchsetzung im Kartellrecht, S. 160; *Yomere* WuW 2013, 34, 39.

686 Weißbuch Schadenersatzklagen wegen Verletzung des EG-Wettbewerbsrechts, KOM (2008), 165 endg. vom 02.04.2008, S. 12.

hoben würde.[687] Auch Art. 11 Abs. 4 der Richtlinie sieht vor, dass Kronzeugen grundsätzlich nur gegenüber ihren mittelbaren und unmittelbaren Abnehmern haften sollen.[688] Mit dem Urteil des BGH[689], in dem dieser gerade auch indirekte Abnehmer, die keine direkten oder indirekten Vertragspartner des Kartellanten sind, für anspruchsberechtigt erklärt, ist eine solche Vorgehensweise jedoch nur schwer vereinbar.[690] Darüber hinaus sind die Vorschläge auch rechtspolitisch verfehlt und verstoßen gegen den Grundsatz der effektiven Durchsetzung des europäischen Kartellrechts mittels privater Schadensersatzklagen, weil sie alle das Ziel einer Privilegierung des Kronzeugen auf Kosten des Geschädigten und ihres Anspruchs auf Schadenskompensation verwirklichen.[691]

Die zivilrechtliche Privilegierung des Kronzeugen könnte auch, statt im Außenverhältnis, im Innenverhältnis der Kartellanten untereinander zu verorten sein.[692] Danach blieben die Schadensersatzansprüche der Kartellgeschädigten in voller Höhe bestehen, der Kronzeuge würde im Rahmen des Gesamtschuldnerausgleiches von der Haftung freigestellt bzw. der ihm anfallende Haftungsanteil um den Faktor der Bußgeldreduzierung gekürzt.[693] Seine Mitkartellanten hätten seinen Anteil am Schadensersatz mitzutragen.[694] Stützen ließe sich diese Haftungsprivilegierung auf § 254 Abs. 2 BGB, indem die Aufdeckung des Kartells als schadensmindernde Maßnahme des Kronzeugen berücksichtigt würde.[695] Kritik erfährt ein solcher Lösungsansatz, da eine über den Verursachungsbeitrag eines jeden Mitkartellanten hinausgehende Haftung sich nicht rechtfertigen lasse.[696] Dagegen lässt sich jedoch einwenden, dass die Erhöhung der Haftungsanteile der übrigen Kartellanten im Innenverhältnis in tatsächlicher Hinsicht bereits in der Rechtsfigur der Gesamtschuld angelegt ist und aus der vollen Haftung der Gesamtschuldner im Außenverhältnis und dem mit dem Risiko der Insolvenz verbundenen Erfordernis im Innenverhältnis resultiert und im konkreten Fall auch gar kein Fall einer Haftung über den Verursachungsbeitrag

687 Weißbuch Schadenersatzklagen wegen Verletzung des EG-Wettbewerbsrechts, KOM (2008), 165 endg. vom 02.04.2008, S. 12.

688 *Dworschak/Marizen*, WuW 2013, 829, 841.

689 BGH, Urt. v. 28.06.2011, KVR 75/10 (Selbstdurchschreibepapier), BGHZ 190, 145–172.

690 Kritisch auch *Jüntgen*, Prozessuale Durchsetzung im Kartellrecht, S. 160; *Kersting*, JZ 2013, 737, 739; *Ritter*, WuW 2008, 762, 773; *Jüntgen*, Prozessuale Durchsetzung im Kartellrecht, S. 160.

691 *Bien*, EuZW 2011, 889, 890.

692 *Bien*, EuZW 2011, 889, 890; *Dworschak/Marizen*, WuW 2013, 829, 84; *Kersting*, JZ 2013, 737, 739; Kersting, JZ 2012, 42, 45; *Kersting*, ZWeR 2008, 252, 266 f.; *Koch*, JZ 2013, 390, 393 f.; *Krüger*, WuW 2012, 6,13; *Meessen*, Schadensersatz bei Verstößen gegen EU-Kartellrecht, S. 258 ff.

693 *Bien*, EuZW 2011, 889, 890; *Dworschak/Marizen*, WuW 2013, 829, 841.

694 *Bien*, EuZW 2011, 889, 890.

695 *Dworschak/Marizen*, WuW 2013, 829, 841; *Kersting*, ZWeR 2008, 252, 267; *Kersting*, JZ 2012, 42, 45; *Koch*, JZ 2013, 390, 393 f.

696 *Bien*, EuZW 2011, 889, 890; *Dworschak/Marizen*, WuW 2013, 829, 841.

hinaus vorliegt, da die konsequente Anwendung des § 254 Abs. 2 BGB analog gerade der Verteilung nach Verursachungsbeiträgen geschuldet ist.[697]

Daneben ist ein Erstattungsanspruch des Kronzeugen gegen die Staatskasse in Erwägung zu ziehen.[698] Demnach würden sämtliche Kartellanten einschließlich des Kronzeugen allen Kartellgeschädigten gegenüber gesamtschuldnerisch haften, der Kronzeuge hätte jedoch die Möglichkeit, sich seinen Anteil am Gesamtschuldnerausgleich unter der Voraussetzung, dass er die Kartellgeschädigten bei der Durchsetzung ihrer Schadensersatzansprüche unterstützt, aus der Staatskasse erstatten zu lassen.[699] Dies ist nur folgerichtig, da eine Anrechnung des Schadensersatzes bei der Kartellbuße hier mangels zu leistender bzw. reduzierter Kartellbuße nicht bzw. nur teilweise in Betracht kommt. Das aus dem Ne-bis-in-idem-Grundsatz hergeleitete Anrechnungsprinzip[700] lässt eine rechtsgebiets- und auch jurisdiktionsübergreifende[701] Anrechnung im Verhältnis zwischen Kartellbußen und zivilrechtlichem Kartellschadensersatz zu, da der Schadensersatz nach § 33 Abs. 4 GWB neben kompensatorischen Elementen auch pönale Elemente[702] enthält.[703] Kartellanten können eine verminderte oder keine Geldbuße gegenüber dem Bundeskartellamt oder der Kommission entrichten bzw., soweit die Buße bereits vor Erfüllung des Schadensersatzanspruchs geleistet wurde, sich diese zurückerstatten lassen.[704]

### *7) Zusammenfassung in Thesen*

1. Für die Effektivität der privaten Kartellrechtsdurchsetzung mittels kartellrechtlicher Schadensersatzklagen von großer Bedeutung ist, inwieweit einem Geschädigten zur Vorbereitung der kartellrechtlichen Schadensersatzklage Einsicht in die Verfahrensakten der gegen den Kartellanten vorgehenden Behörde gewährt wird.
2. Nach dem EuGH ist eine Offenlegung der Verfahrensakten gegenüber einem Geschädigten zur Vorbereitung einer kartellrechtlichen Schadensersatzklage grundsätzlich zulässig. Die Frage über den Zugang ist nach dem EuGH mittels einzelfallbezogener Abwägung zugunsten einer effektiven Durchsetzung des

---

697 *Dworschak/Marizen*, WuW 2013, 829, 841 f.

698 *Bien*, EuZW 2011, 889, 890; vgl. auch: *Jüntgen*, Prozessuale Durchsetzung im Kartellrecht, der eine Begrenzung auf einen Prozentsatz des jeweils eingeklagten Schadens, verknüpft mit einer absoluten Höchstgrenze, präferiert.

699 *Bien*, EuZW 2011, 889, 890.

700 *Weller*, ZWeR 2008, 170, 181 m.w.N.

701 EuGH, Urt. v. 13.2.1969, Rs C-14/68, Slg 1969, 1 (Walt Wilhelm), Rn. 11; EuG, Urt. v. 29.04.2004, Rs T-236/01 (Tokai Carbon), Rn. 325, 348; *Kuck*, WuW 2002, 689; a.A. *Immenga/Jüttner*, ZWeR 2006, 400, 408 ff.

702 *Fuchs*, WRP 2005, 1384, 1395; *Langen/Bunte/ Bornekamm*, Band I, § 33 Rz. 107; *Weller*, ZWeR 2008, 170, 175 ff.

703 *Weller*, ZWeR 2008, 170, 182.

704 *Weller*, ZWeR 2008, 170, 182, 188; vom Ergebnis vgl. auch: auch *Bien*, EuZW 2011, 889, 890.

europäischen Kartellrechts zu entscheiden; eine abstrakt-generelle Vorschrift verstößt gegen das Unionsrecht.

3. Das Dogma der pauschalen Einzelfallabwägung wird dem abstrakten Konflikt zwischen dem Schutz einer wirksamen behördlichen Durchsetzung des europäischen Wettbewerbsrechts und der Gewährleistung einer privaten Kartellrechtsdurchsetzung mittels Schadensersatzansprüchen nicht gerecht und widerspricht damit dem Effektivitätsgrundsatz.
4. Eine effektive Durchsetzung des europäischen Kartellrechts ist nur bei einer einheitlichen Handhabung in den Mitgliedsstaaten hinsichtlich der Offenlegung von behördlichen Kartellverfahrensakten gegenüber Geschädigten zur Vorbereitung von Schadensersatzklagen gewährleistet. Dazu muss verbindlich feststehen, welche Kriterien in die Abwägung durch den nationalen mitgliedsstaatlichen Richter einzubeziehen und wie diese jeweils zu gewichten sind.
5. Grundsätzlich wird die Effektivität der Durchsetzung des europäischen Kartellrechts durch die europäische Richtlinie zu kartellrechtlichen Schadensersatzklagen erhöht, da mit einer gesetzlichen Determinierung von Abwägungskriterien Rechtssicherheit geschaffen wird. Dass die Kronzeugenunternehmenserklärungen jedoch von einer Offenlegung ausgenommen werden, widerspricht einer effektiven Durchsetzung des europäischen Kartellrechts mittels privater Schadensersatzklagen.
6. Die Effektivität der Kartellverfolgung kann erhöht werden, indem Anreize für den Kartellanten geschaffen werden, an Kronzeugenprogrammen, auch im Falle einer Offenlegung der behördlichen Kartellverfahrensakte gegenüber Geschädigten, teilzunehmen. Dies kann insbesondere durch die zivilrechtliche Privilegierung des Kronzeugen im Innenverhältnis der Kartellanten untereinander geschehen.

## III) Akteneinsicht bei der Kommission

Bei grenzüberschreitenden Kartellen, die von der Kommission verfolgt werden, können Kartellgeschädigte zur Vorbereitung einer Schadensersatzklage nach Art. 4 Abs. 1 der Transparenzverordnung[705] Einsicht in die Dokumente und Kronzeugenerklärungen bei der Kommission beantragen.[706] Dabei gilt der Grundsatz des größtmöglichen Zugangs der Öffentlichkeit zu den Dokumenten[707] und damit grundsätzlich auch zu den Akten betreffend kartellrechtliche Kronzeugenprogramme. Die

---

705 VO (EG) Nr. 1049/2001 des Europäischen Parlaments und des Rates vom 30.05.2001 über den Zugang der Öffentlichkeit zu Dokumenten des Europäischen Parlaments, des Rates und der Kommission, Abl. 2001, L 145, 43.

706 *Busch/Sellin*, BB 2012, 1167, 1169; vgl. auch: *Tielje/Nowrot*, ZfRV 2004, 56 ff.; dazu ausführlich *Schroll*, Effektivität der Kronzeugenprogramme, S. 196 ff.

707 Vgl. auch: vierter Erwägungsgrund und Art. 1 des Europäischen Parlaments und des Rates vom 30.05.2001 über den Zugang der Öffentlichkeit zu Dokumenten des Europäischen Parlaments, des Rates und der Kommission, Abl. 2001, L 145, 43; Mitteilung der Kommission über die Regeln für die Einsicht in Kommissionsakten

möglichst weitreichende Möglichkeit der Einsichtnahme ist, wie oben[708] dargestellt, für eine effektive Durchsetzung des europäischen Kartellrechts mittels privater Schadensersatzklagen bedeutsam.

Als Rechtfertigung für die Versagung des Zugangs zu Bonusanträgen kommen Art. 4 Abs. 2 erster bzw. dritter Gedankenstrich der Transparenzverordnung infrage, wonach die Offenlegung zum Schutz der geschäftlichen Interessen von Unternehmen bzw. zum Schutz des Zwecks von Untersuchungstätigkeiten versagt werden kann, soweit kein überwiegend öffentliches Interesse an der Offenlegung besteht.

### *1) Bisherige Praxis der Kommission*

Auch wenn die Ausnahmen restriktiv auszulegen sind[709], lässt sich eine Tendenz der Kommission zum „hartnäckigen Widerstand" gegen die Offenlegung von Dokumenten betreffend Kronzeugenprogramme verzeichnen.[710]

Die Kommission nimmt eine Beeinträchtigung schützenswerter geschäftlicher Interessen an, wenn die offenzulegenden Dokumente geeignet sind, die kooperierenden Kartellanten in höherem Maße Schadensersatzklagen auszusetzen.[711] Zum Schutz des Zwecks von Untersuchungstätigkeiten verweigert die Kommission in ständiger Praxis den Zugang zu Akten, wenn die Offenlegung geeignet ist, die Politik der Kommission im Kartellbereich und insbesondere ihre Kronzeugenregelung zu beeinträchtigen.[712] Die Kommission misst dem Begriff des Zwecks von Untersuchungstätigkeiten eine allgemeine Tragweite zu; es muss durch die Offenlegung nicht der Untersuchungszweck in einem bestimmten Verfahren konkret beeinträchtigt werden.[713]

Ein öffentliches Interesse an der Offenlegung verneint die Kommission mit der Begründung, dass die Absicht, Informationen in privaten Rechtsstreitigkeiten vor den Gerichten der Mitgliedsstaaten zu nutzen, kein überwiegend öffentliches Interesse sei[714] und dass das allgemeine Zugangsrecht nach der Transparenzverordnung keine Alternative zu den Vorschriften des Zivilprozessrechts der Mitgliedsstaaten über die Vorlage von Beweismitteln darstelle.[715] Die Kommission hielt in der Vergan-

---

in Fällen einer Anwendung der Artikel 81 und 82 EG-Vertrag, Art 53, 54 und 57 des EWR-Abkommens und der Verordnung (EG) Nr. 139/2004, (2205/C 325/07).

708 Vgl. auch: § 3 F) I) 1).

709 EuGH Urt. v. 29.06.2010, Rs. C-139/07, Slg 2010 I – 5885 (Kommission/Technische Glaswerke Illmenau), Rn. 53; EuGH, Urt. v. 01.02.2007, Rs. C-226/05 P, Slg. 2007, I-233 (Sison/Rat), Rn. 62; EuG, Urt. v. 22.5.2012, T-344/08 (EnBW), Rn. 41 = WuW/E EU-R 2357.

710 *Hempel*, FS Möschel (2011), 263, 271.

711 EuG, Urt. v. 15.12.2011, Rs. T-437/08 (CDC) = WuW/E EU-R 2187, 2192.

712 EuG, Urt. v. 15.12.2011, Rs. T-437/08 (CDC) = WuW/E EU-R 2187, 2196.

713 *Hempel*, FS Möschel (2011), 263, 273.

714 *Hempel*, FS Möschel (2011) 263, 276.

715 *Hempel*, FS Möschel (2011) 263, 276.

genheit insbesondere Kronzeugenunternehmenserklärungen, sonstige Ermittlungsunterlagen und interne Dokumente[716] sowie insbesondere auch Inhaltsverzeichnisse zu der Verfahrensakte[717] zurück. Ob die Vorgehensweise der Kommission mit dem Effektivitätsgrundsatz vereinbar ist, erscheint zweifelhaft.[718]

Vor Kurzem hatte das EuG in zwei aufeinanderfolgenden Entscheidungen[719] erstmals Gelegenheit, sich zu der Bedeutung der Kronzeugenregelungen bei der Auslegung der Ausnahmebestimmungen des Art. 4 der Transparenzordnung zu äußern.[720]

## *2) EuG Urteil vom 15. Dezember 2011 (CDC)*

Die Cartel Damage Claims (CDC), die auf die Durchsetzung von kartellrechtlich induzierten Regressforderungen spezialisiert ist, hatte erfolglos Zugang zum Inhaltsverzeichnis der Akte des Bleichmittelkartells begehrt, gegen deren Mitglieder sie vor dem LG Düsseldorf[721] Schadensersatzforderungen in Höhe von 643 Mio. Euro aus gekauften Forderungen geltend macht.[722] Das EuG gab der Nichtigkeitsklage statt und sprach der CDC ein Recht auf Einsicht in das Inhaltsverzeichnis der Verfahrensakte zu.

Dabei stellte das EuG zunächst klar, dass nicht jede Information über eine Gesellschaft und ihre Geschäftsbeziehungen unter den Schutz des Art. 4 Abs. 2 1. Spiegelstrich Transparenzverordnung fallen könne.[723] Die Einsicht in das Inhaltsverzeichnis, welches lediglich die in der Kommissionsakte enthaltenen Dokumente aufführt, berühre keine schützenswerten Interessen, die das Verweigern des Zugangs zu den Akten rechtfertigen würde.[724] Anderes könne nur dann gelten, wenn sich aus dem Inhaltsverzeichnis selbst sensible Daten, wie etwa Informationen über Preise, Kostenstruktur, Marktanteile oder Ähnliches ergeben würden.[725] Weiter stellt das EuG klar, dass durch Art. 4 Abs. 2 1. Spiegelstrich Transparenzverordnung nicht die Untersuchungstätigkeiten abstrakt geschützt werden sollten, sondern nur deren Zweck, der im Fall eines Verfahrens in Wettbewerbssachen darin bestehe, zu über-

---

716 EuG, Urt. v. 22.5.2012, T-344/08 (EnBW), Rn 54 = WuW/E EU-R 2357.

717 EuG, Urt. v. 15.12.2011, Rs. T-437/08 (CDC) = WuW/E EU-R 2187, 2193.

718 *Palzer*, EuR 2012, 583, 586.

719 EuG, Urt. v. 22.05.2012, T-344/08 (EnBW), Rn 54 = WuW/E EU-R 2357; EuG, Urt. v. 15.12.2011, Rs. T-437/08 (CDC) = WuW/E EU-R 2187, 2196.

720 *Palzer*, EuR 2012, 583, 594.

721 LG Düsseldorf, Urt. v. 21.02.2007, 34 O (Kart) 147 Rn. 1 ff = BB 2007, 847.

722 EuG, Urt. v. 15.12.2011, Rs. T-437/08 (CDC), Rn. 1 ff = WuW/E EU-R 2187; *Palzer*, EuR 2012, 583, 593.

723 EuG, Urt. v. 15.12.2011, Rs. T-437/08 (CDC), Rn. 44 = WuW/E EU-R 2187.

724 EuG, Urt. v. 15.12.2011, Rs. T-437/08 (CDC), Rn. 45 = WuW/E EU-R 2187; *Palzer*, EuR 2012, 583, 593.

725 EuG, Urt. v. 15.12.2011, Rs. T-437/08 (CDC), Rn. 46 = WuW/E EU-R 2187; *Palzer*, EuR 2012, 583, 593.

prüfen, ob ein Verstoß gegen das Kartell- oder das Missbrauchsverbot begangen worden ist und ggf. Sanktionen zu verhängen.[726] Mit dem Erlass einer endgültigen Entscheidung seien die Untersuchungstätigkeiten in einer konkreten Sache jedoch als abgeschlossen zu betrachten.[727]

### *3) EuG Urteil vom 22. Mai 2012 (EnBW)*

Auch der von der EnBW Energie Baden-Württemberg AG (EnBW) erhobenen Nichtigkeitsklage gab das EuG kurze Zeit später statt. Diese hatte zur Substantiierung möglicher Ersatzansprüche erfolglos Zugang zur Verfahrensakte eines Kartells auf dem Gebiet der gasisolierten Schaltanlagenherstellung verlangt.[728] Anders als CDC hatte EnBW sein Begehren auf Akteneinsicht nicht auf das Inhaltsverzeichnis der Akte beschränkt, sondern begehrte Zugang zu praktisch allen verfahrensrelevanten Dokumenten.[729]

Das EuG entschied, dass die Kommission im Falle der Verweigerung der Offenlegung eines Dokuments erläutern müsse, inwiefern der Zugang zu diesem Dokument das durch eine Ausnahme nach Art. 4 Abs. 2 der Transparenzverordnung geschützte Interesse konkret und tatsächlich beeinträchtigen könnte.[730] Es genüge nicht allein der Verweis darauf, dass die erbetenen Informationen für Schadensersatzklagen verwendet werden.[731] Ausnahmen von der Pflicht zur konkreten und individuellen Prüfung der begehrten Dokumente bestehen nur dann, wenn offenkundig ist, dass der Zugang zu verweigern oder aber gerade zu gewähren ist oder wenn es sich um Dokumente handelt, die der gleichen Kategorie angehören, was u. a. der Fall ist, wenn sie die gleiche Art von Informationen enthalten, sodass ein- und dieselbe Rechtfertigung angewandt werden kann, oder wenn die Verwaltung durch die konkrete und individuelle Prüfung der Dokumente in besonderem Maß belastet würde, sodass damit die Grenzen dessen überschritten würden, was vernünftigerweise verlangt werden kann.[732]

---

726 EuG, Urt. v. 15.12.2011, Rs. T-437/08 (CDC), Rn. 59 = WuW/E EU-R 2187; *Palzer*, EuR 2012, 583, 593.

727 EuG, Urt. v. 15.12.2011, Rs. T-437/08 (CDC), Rn. 60 = WuW/E EU-R 2187; *Palzer*, EuR 2012, 583, 593.

728 EuG, Urt. v. 22.5.2012, T-344/08 (EnBW), Rn. 1 ff = WuW/E EU-R 2357; *Palzer*, EuR 2012, 583, 593.

729 EuG, Urt. v. 22.5.2012, T-344/08 (EnBW), Rn. 3 ff = WuW/E EU-R 2357; *Palzer*, EuR 2012, 583, 593.

730 EuGH, Urt. v. 29.06.2010, Rs. C-139/07 P, Slg. 2010, I5885 (Kommission/Technische Glaswerke Ilmenau); EuGH, Urt. v. 01.07.2008, Rs. C-39/05 P und C-52/05 P, Slg. 2008, I-4723 (Schweden und Turco/Rat), Rn. 49; EuG, Urt. v. 22.05.2012, T-344/08 (EnBW), Rn. 40 = WuW/E EU-R 2357.

731 EuG, Urt. v. 22.05.2012, T-344/08 (EnBW), Rn. 47 = WuW/E EU-R 2357.

732 EuG, Urt. v. 22.05.2012, T-344/08 (EnBW), Rn. 41 = WuW/E EU-R 2357.

Eine Ausnahme von der Prüfpflicht hinsichtlich der konkreten und tatsächlichen Beeinträchtigung geschützter Interessen durch die Offenlegung der Verfahrensakte verneinte das EuG.[733] Weiter rechtfertige weder der Ausnahmetatbestand des Art. 4 Abs. 2 1. Spiegelstrich Transparenzverordnung noch der des Art. 4 Abs. 2 3. Spiegelstrich Transparenzverordnung nach dem EuGH im konkreten Fall die Versagung des Zugangs zu den Akten. Allein das Interesse eines ehemaligen Kartellmitglieds an der Vermeidung von Schadensersatzklagen begründet keinen Ausnahmefall,[734] vielmehr müsse die Information als solche aufgrund ihres Inhalts schützenswerte geschäftliche Interessen der betreffenden Gesellschaften berühren.[735] Dabei gelte: je älter die Information ist, desto geringer sei ihre Schutzwürdigkeit, wobei Informationen, die älter als fünf Jahre sind, grundsätzlich als nicht mehr schutzwürdig anzusehen seien.[736] Dem Begriff des Zwecks von Untersuchungstätigkeiten komme nach dem EuG – entgegen der Auffassung der Kommission – keine allgemeine Tragweite dergestalt zu, dass er die gesamte Politik der Kommission im Bereich der Kartellbekämpfung und -prävention umfasse. Der Zweck der Untersuchungstätigkeiten im Falle eines Verfahrens in Wettbewerbssachen bestünde darin, zu prüfen, ob ein Verstoß gegen Art. 101 AEUV begangen worden ist und gegebenenfalls Sanktionen gegen die verantwortlichen Unternehmen zu verhängen.[737] Durch den bloßen Verweis auf eine mögliche zukünftige Beeinträchtigung der Kronzeugenregelung könne die Kommission den Zugang zu Verfahrensakten nicht versagen.[738] Zudem könne die Kommission die Akteneinsicht insbesondere dann nicht mehr verwehren, wenn das behördliche Verfahren bereits abgeschlossen ist.[739]

### *4) Bewertung der Rechtsprechung des EuG zum Aktenzugang bei der Kommission*

#### *a) Stärkung der privaten Kartellrechtsdurchsetzung*

Das EuG stärkt in seinen Urteilen die effektive Durchsetzung des europäischen Kartellrechts mittels privater Schadensersatzklagen, indem es den potentiellen Schadensersatzklägern ein Einsichtsrecht bei der Kommission zubilligt und diesen damit die Substantiierung ihrer Schadensersatzbegehren erleichtert bzw. ermöglicht.

Das EuG ordnet die Bedeutung von privaten Schadensersatzklagen für die effektive Durchsetzung des europäischen Wettbewerbsrechts genauso hoch ein wie die

733 EuG, Urt. v. 22.05.2012, T-344/08 (EnBW), Rn. 79 = WuW/E EU-R 2357.

734 EuG, Urt. v. 22.05.2012, T-344/08 (EnBW), Rn. 137 = WuW/E EU-R 2357; *Yomere*, WuW 2013, 34, 36.

735 EuG, Urt. v. 22.05.2012, T-344/08 (EnBW), Rn. 134 = WuW/E EU-R 2357; EuG, Urt. v. 15.12.2011, Rs. T-437/08 (CDC), Rn. 1 ff = WuW/E EU-R 2187.

736 *Yomere*, WuW 2013, 34, 36.

737 EuG, Urt. v. 15.12.2011, Rs. T-437/08 (CDC) = WuW/E EU-R 2187, 2194.

738 EuG, Urt. v. 15.12.2011, Rs. T-437/08 (CDC) = WuW/E EU-R 2187, 2196.

739 EuG, Urt. v. 22.05.2012, T-344/08 (EnBW) = WuW/E EU-R 2357; *Yomere*, WuW 2013, 34, 36.

der behördlichen Verfolgung. Es weist darauf hin, dass eine Kronzeugenregelung, deren Wirksamkeit die Kommission durch die Verweigerung der Akteneinsicht schützen möchte, nicht das einzige Mittel ist, um die effektive Durchsetzung des europäischen Wettbewerbsrechts zu gewährleisten; auch privaten Schadensersatzklagen kommt diese Funktion zu.[740]

### *b) Divergenzen zur behördlichen Praxis und zur deutschen nationalen Rechtsprechung*

Die europäische Rechtsprechung zieht die Ausnahmen von dem Grundsatz der Offenlegung von Kronzeugenanträgen deutlich enger als die Kommission, das Bundeskartellamt, aber auch die deutsche nationale deutsche Rechtsprechung[741].

Im Gegensatz zur Kommission, dem Bundeskartellamt und auch der deutschen nationalen Rechtsprechung in Sachen Pfleiderer[742], kann nach dem EuG die Verweigerung des Aktenzugangs nur in engen Ausnahmefällen[743] und insbesondere nicht mit einer abstrakten Gefährdung der Wirksamkeit des Kronzeugenprogramms begründet werden.[744] Der Zweck von Untersuchungstätigkeiten kann nur im Zusammenhang mit einem konkreten Verfahren und nicht mit Hinblick auf mögliche zukünftige Verfahren beeinträchtigt werden; eine abstrakte Gefährdung der Wirksamkeit des Kronzeugenprogramms reicht insoweit nicht aus, um eine Verweigerung der Akteneinsicht gegenüber potentiellen Schadensersatzklägern zu rechtfertigen.

Die divergierenden Rechtsprechungen können u. a. auf den unterschiedlichen Wortlaut von § 406 e StPO und der Transparenzverordnung zurückzuführen sein. Während § 406 e StPO ausreichen lässt, dass der Untersuchungszweck, auch in einem anderen Verfahren, gefährdet „erscheint", spricht dagegen die Transparenzrichtlinie von einer Beeinträchtigung des Schutzes des Zwecks von Untersuchungstätigkeiten. Jedoch drängt sich, abgesehen davon, dass es dogmatisch korrekter ist, eine Ausnahmevorschrift restriktiv auszulegen, die Vermutung auf, die deutsche Rechtsprechung habe ergebnisorientiert entschieden und den Kronzeugenprogrammen einen höheren Stellenwert als dem Recht des Geschädigten auf Akteneinsicht einräumen wollen.

Fraglich ist, welche Bedeutung die Rechtsprechung des EuG für die deutsche nationale Rechtsprechung und das Bundeskartellamt hat. Die nationalen mitgliedsstaatlichen Gerichte haben nach dem „effet utile" ihre Entscheidungen so zu treffen, dass Art. 101 AEUV größtmögliche Wirksamkeit verliehen wird. Die europäische Rechtsprechung hat mit ihrer Rechtsprechung in Sachen CDC und EnBW eine ver-

---

740 EuG, Urt. v. 15.12.2011, Rs. T-437/08 (CDC) = WuW/E EU-R 2187, 2194; *Yomere*, WuW 2013, 34, 36.

741 Vgl. auch: *Kapp*, BB 2013, 2462; *Kapp*, BB 2012, 1695 f.

742 AG Bonn, Beschl. v. 18.01.2012, 51 Gs 53/09 (Pfleiderer) = GRUR-RR 2012, 178–180; vgl. auch: *Hempel*, EuZW, 2013, 586, 590.

743 *Yomere*, WuW 2013, 34.

744 *Yomere*, WuW 2013, 34, 37; *Hempel*, EuZW 2012, 161.

bindliche Linie vorgegeben, wie sie die effektive Durchsetzung des Art. 101 AEUV am besten verwirklicht sieht.[745] Das EuG hat klargestellt, welch hohen Stellenwert es privaten Schadensersatzklagen im Rahmen der effektiven Durchsetzung des europäischen Wettbewerbsrechts beimisst. Dieser Vorgabe haben die Gerichte Folge zu leisten, andernfalls verletzten sie den Effektivitätsgrundsatz. Zumindest eine Rechtsprechung, die eine Akteneinsicht in die Bonusanträge von vorneherein ausschließt, wie das die Rechtsprechung in Sachen Pfleiderer letztlich tut, ist mit der europäischen Rechtsprechung nicht zu vereinbaren. Weiter hat das Gericht das Erfordernis einer einzelfallbezogenen Interessenabwägung bestätigt und konkrete Abwägungskriterien genannt[746], etwa das Alter der Dokumente. Diese Vorgaben müssen die nationalen mitgliedsstaatlichen Gerichte bei ihren zukünftigen Entscheidungen als vorgegebene Linie zur Verwirklichung des Effektivitätsgrundsatzes berücksichtigen.

Bei den mitgliedsstaatlichen Kartellbehörden sieht dies anders aus; da diese an sie gerichteten Akteneinsichtsgesuche nicht auf Grundlage der EU-Transparenzverordnung bescheiden, wird die Entscheidung der europäischen Gerichte keine unmittelbare Auswirkung auf sie haben.[747]

### *5) Zusammenfassung in Thesen*

1. Das EuG stärkt in seinen Urteilen die effektive Durchsetzung des europäischen Kartellrechts mittels privater Schadensersatzklagen. Es ordnet die Bedeutung von privaten Schadensersatzklagen für die effektive Durchsetzung des europäischen Wettbewerbsrechts genauso hoch ein wie die behördliche Verfolgung.
2. Die deutsche nationale Rechtsprechung steht in einem Spannungsverhältnis zur Rechtsprechung des EuG hinsichtlich der Offenlegung von behördlichen Verfahrensakten gegenüber Geschädigten zur Vorbereitung von Schadensersatzklagen. Im Gegensatz zur deutschen Rechtsprechung in Sachen Pfleiderer kann nach dem EuG die Einsichtnahme nicht mit einer abstrakten Gefährdung der Wirksamkeit des Kronzeugenprogramms begründet werden. Zur Verwirklichung der effektiven Durchsetzung des europäischen Kartellrechts sind die mitgliedsstaatlichen Gerichte verpflichtet, die vorgegebene Linie des EuG in ihren Entscheidungen zu berücksichtigen.

745 *Yomere*, WuW 2013, 34, 36.
746 *Yomere*, WuW 2013, 34, 36.
747 *Yomere*, WuW 2013, 34, 36.

# § 3 Ermittlung des anwendbaren Rechts

## A) Problemstellung

Bei internationalen Kartellen ist die Ausgestaltung bzw. Auslegung des Internationalen Privatrechts von essentieller Bedeutung für die effektive Durchsetzung des europäischen Kartellrechts mittels privater Schadensersatzklagen.[748]

Da das materielle nationale Recht grundsätzlich die Tatbestandsvoraussetzungen und Rechtsfolgen für kartellrechtliche Schadensersatzklagen bestimmt, ist es von maßgeblicher Bedeutung für eine effektive Durchsetzung des europäischen Kartellrechts, welche nationale materielle Rechtsordnung im Rahmen eines internationalen Kartellrechtsprozesses Anwendung findet. Welche staatliche Rechtsordnung Anwendung findet, wird bei Sachverhalten, die eine Verbindung zum Recht eines ausländischen Staates aufweisen, mithilfe des Internationalen Privatrechts ermittelt.[749]

Nur, wenn das Recht eines Mitgliedsstaates Anwendung findet, ist grundsätzlich sichergestellt, dass ein Verstoß gegen das europäische Kartellverbot in Fällen, in denen dieses einen Anwendungsanspruch erhebt, zu einem Schadensersatzanspruch führt.[750]

## B) Maßgebliche Kollisionsnorm Art. 6 Abs. 3 Rom II-VO

Das jeweilige Gericht wendet bei der Ermittlung des anzuwendenden Rechts sein eigenes Internationales Privatrecht (lex fori) an.[751] Für die Mitgliedsstaaten der EU ist seit Inkrafttreten der Rom II-VO am 11. Januar 2009 die Sonderanknüpfung nach Art. 6 Abs. 3 Rom II-VO maßgeblich.[752] Die deutsche internationale privatrechtliche Vorschrift des § 185 Abs. 2 GWB (vormals § 130 Abs. 2 GWB) tritt seitdem bei Sachverhalten, die von der Rom II-VO erfasst werden, aufgrund des Vorrangs des Europarechts hinter dieser zurück.[753] Aus dem unionsrechtlichen Effektivitätsgrundsatz leitet sich die Verpflichtung der Mitgliedsstaaten ab, den Vorrang des Unions-

748 *Ashton/Vollrath*, Choice of court and applicable law in tourtious actions for breach of Community competition law, ZWeR 2006, 1; *Roth*, FS Kropholler (2008), 623, 624.

749 Vgl. auch: Legaldefinition Art. 3 Abs. 1 S. 1 EGBGB; *Kegel/Schurig*, Internationales Privatrecht, § 1 II, S. 4; *v. Hoffmann/Thorn*, Internationales Privatrecht, § 1, Rn. 3–4.

750 *Roth*, FS Kropholler (2008), 623, 624.

751 *v. Hoffmann/Thorn*, Internationales Privatrecht, § 1, Rn. 32.

752 *Wiedemann*, Handbuch des Kartellrechts, § 5 Rn. 67 a; *Wurmnest*, EuZW 2012, 933, 937.

753 MüKo/*Immenga*, BGB, Band 11, IntWettbR/IntKartR, Rn. 66; *Hüßtege/Mansel/Weller*, Art. 6 Rom II, Rn 28; Staudinger IntWirtschR/*Fezer/Koos*, Art. 6 Rom II-VO Rn. 334.

rechts vor dem innerstaatlichem Recht zu sichern und innerstaatliche Regelungen unangewendet zu lassen insoweit sie von den europäischen Regelungen abweichen; Zweck ist, eine einheitliche Geltung und Anwendung des Europäischen Rechts in den Mitgliedsstaaten zu sichern.[754] Da es sich bei § 185 Abs. 2 GWB (vormals § 130 Abs. 2 GWB) um eine einseitige Kollisionsnorm handelt, bei Art. 6 Abs. 3 lit a Rom II-VO nach hier vertretener Auffassung hingegen um eine allseitige Kollisionsnorm, ist § 185 Abs. 2 GWB (vormals § 130 Abs. 2 GWB) unangewendet zu lassen insoweit es um die Ermittlung des anwendbaren Rechts im Zusammenhang mit kartellrechtlichen Schadensersatzklagen geht.

Art. 6 Abs. 3 lit a Rom II-VO stellt den Grundfall der Anknüpfung bei kartellrechtlichen Schadensersatzansprüchen dar, Art. 6 Abs. 3 lit b Rom II-VO regelt die Konstellation, dass sich ein Kartellrechtsverstoß in mehreren Staaten auswirkt (Streuschäden).[755]

## I) Anknüpfungsgegenstand: das außervertragliche Schuldverhältnis aus den Wettbewerb einschränkenden Verhaltensweisen

Anknüpfungsgegenstand des Art. 6 Abs. 3 Rom II-VO ist das außervertragliche Schuldverhältnis aus den Wettbewerb einschränkenden Verhaltensweisen. Die den Wettbewerb einschränkenden Verhaltensweisen sind europäisch-autonom zu qualifizieren.[756] Es handelt sich insbesondere um die in Art. 101 AEUV aufgezählten Kartellformen.[757]

## II) Anknüpfungsmoment: das marktortorientierte Auswirkungsprinzip

Um von einem Kreis von Rechtsfragen (Anknüpfungsgegenstand) zu einer anwendbaren Rechtsordnung zu gelangen, wird an ein bestimmtes Element des zugrunde liegenden Lebenssachverhaltes (Anknüpfungsmoment) angeknüpft.[758] An welches Element des zugrunde liegenden Sachverhalts angeknüpft wird, ist somit maßgeblich dafür, welches anzuwendende Recht berufen wird. Da es für die Frage, wie effektiv das europäische Kartellrecht durchgesetzt wird, entscheidend ist, welches

---

754 EuGH, Urt. v. 15.07.1964, Rs. 6/64 (Costa/Enel) Slg. 1964, 1251, 1270 *Groeben/Schwarze/Hatje/Obwexer*, Europäisches Unionsrecht, EUV Art. 4 Rn. 112; vgl. *Streinz*, EUV/AEUV, Art. 4 Rn. 35 ff.

755 BeckOK BGB/*Spickhoff*, VO (EG) 864/1007, Art. 6, Rn. 3; *Hüßtege/Mansel/Weller*, Art. 6 Rom II, Rn. 28.

756 *Hüßtege/Mansel/Weller*, Art. 6 Rom II, Rn. 30.

757 Nr. 23 der Erwägungsgründe zur Rom II-VO; BeckOK BGB/*Spickhoff*, VO (EG) 864/1007, Art. 6 Rn. 3; *Hüßtege/Mansel/Weller*, Art. 6 Rom II, Rn. 28.

758 *Kegel/Schurig*, Internationales Privatrecht, § 13 I, S. 437; *Langenbucher*, Europäisches Privatrecht, § 8 Rn. 4.

Sachrecht anzuwenden ist[759], ist folglich auch das Anknüpfungsmoment dafür ein maßgebliches Kriterium.

Art. 6 Abs. 3 lit a Rom II-VO verweist auf das Recht des Staates, „dessen Markt beeinträchtigt ist oder wahrscheinlich beeinträchtigt wird“ und kodifiziert damit das Auswirkungsprinzip (effect doctrine), welches durch eine marktorientierte Anknüpfung konkretisiert wird.[760] Anknüpfungsmoment ist damit der Markt, auf den sich der Kartellverstoß auswirkt. Das Auswirkungsprinzip ist ein im internationalen Kartellrecht weitverbreitetes Anknüpfungsmoment.[761] Auch wenn der EuGH das Auswirkungsprinzip als solches bis jetzt nicht explizit anerkannt hat[762], knüpft auf europarechtlicher Ebene das Primärrecht kollisionsrechtlich an das Auswirkungsprinzip an;[763] in ständiger Praxis wendet auch die Kommission bei der Ermittlung des anzuwendenden Sachrechts in Kartellfällen das Auswirkungsprinzip an.[764] Vor Inkrafttreten der Rom II-VO knüpfte im deutschen internationalen Kartelldeliktsrecht § 185 Abs. 2 GWB (vormals § 130 Abs. 2 GWB) an das Auswirkungsprinzip an.[765]

Art. 6 Abs. 3 lit a Rom II-VO verhilft dem europäischen Kartellrecht zu größter effektiver Durchsetzung, wenn die Marktortanknüpfung generell die für die effektive Durchsetzung sachgerechteste Anknüpfung ist und konkret von der Praxis, insbesondere hinsichtlich ihrer Reichweite, so ausgelegt wird, dass eine effektiven Durchsetzung des europäischen Kartellrechts verwirklicht wird.

### *1) Verwirklichung des Marktordnungsrechtes durch das Auswirkungsprinzip*

#### *a) Das Anknüpfungsmoment als rechtspolitisches Gestaltungsinstrument*

Während der Anknüpfungsgegenstand durch den dem Sachverhalt zugrunde liegenden Rechtskreis bereits im Wesentlichen bestimmt wird und somit dem Gesetzgeber wenig gestalterischen Spielraum lässt, ist das Anknüpfungsmoment derjenige

---

759 *Weyer*, ZeuP 1999, 424, 428.

760 *Mankowski*, RIW 2008, 177, 184 m.w.N.; *Roth*, FS Kropholler (2008), S. 623, 639; Staudinger Art. 38–42 EGBGB/*Fezer/Koos*, Internationales Privatrecht, Rn. 349.

761 *Roth*, FS Kropholler (2008), 623, 625; Staudinger Art. 38–42 EGBGB/*Fezer/Koos*, Internationales Privatrecht, Rn. 147.

762 EuGH, Urt. v. 27.9.1988, Slg. 1988, 5240, 5242 ff (Zellstoff); EuGH 27.9.1988, Rs. 89, 104, 114, 116, 117 und 125–129/85 Slg. 1988, 5193 (Ahlström) Rn. 16–17; *Roth*, FS Kropholler (2008), 623, 625 f; *Martinek*, IPRax 1989, 347; *Wiedemann* Handbuch des Kartellrechts, 1. Kapitel § 5, Rn. 6.

763 *Schuhmacher*, Effizienz und Wettbewerb, S. 280; *Wurmnest*, EuZW 2012, 933, 937.

764 Kommission, Abl. EG 1985 Nr. I-85, Zellstoff; MüKo/*Immenga*, BGB, Band 11, IntWettbR/IntKartR Rn. 14; *Wiedemann*, Handbuch des Kartellrecht 1. Kapitel § 5, Rn. 6, Rn. 9.

765 *Loewenheim/Meessen/Riesenkampff/Stockmann*, § 130, Rn. 39; *Wiedemann*, Handbuch des Kartellrechts 1. Kapitel § 4, Rn. 11.

Bestandteil der Kollisionsnorm, mit dem der Gesetzgeber rechtspolitische Ziele verfolgen kann.

Ausgangspunkt für die gesetzgeberische Bestimmung des Anknüpfungsmomentes ist die Verwirklichung der Aufgabe des Internationalen Privatrechts, die darin besteht, „dass bei jedem Rechtsverhältnis dasjenige Recht aufgesucht werde, welchem dieses Rechtsverhältnis seiner eigentümlichen Natur nach angehört oder unterworfen ist."[766] Das Anknüpfungsmoment ist demnach grundsätzlich so auszuwählen, dass aus den infrage kommenden Rechtsordnungen diejenige Anwendung findet, zu der der Sachverhalt die engste Verbindung hat.

Daneben gehen jedoch auch andere Wertungen und Ziele in die Wahl des jeweiligen Anknüpfungsgegenstandes ein. So hat das Internationale Privatrecht den Schutzauftrag des Kartellrechts, die Ordnung von Märkten, zu reflektieren.[767] Das Auswirkungsprinzip wird dann die Durchsetzung des europäischen Kartellrechts am effektivsten verwirklichen, wenn es, ausgehend vom staatlichen Regelungsinteresse, die sinnvollste Anknüpfung darstellt.[768]

### *b) Das Auswirkungsprinzip als sinnvoller Anknüpfungspunkt*

Dem Auswirkungsprinzip entgegenhalten kann man, dass ein Markt und das Territorium des Staates, auf dessen Markt sich die wettbewerbsbeschränkende Verhaltensweise auswirkt, oft nicht übereinstimmen werden. Dies hat zur Folge, dass eine weitgehende Anwendung nationalen Kartelldeliktsrechts auf Auslandssachverhalte möglich ist, was zu völkerrechtlichen Konflikten führen kann.[769]

Nach der herrschenden Auffassung in der Literatur ist die Anknüpfung von Auslandssachverhalten mittels des Auswirkungsprinzips prinzipiell dann völkerrechtskonform, soweit ein schützenswertes Regelungsinteresse besteht und das gewählte Kriterium sachgerecht erscheint.[770] Da das Kartellrecht sowohl die Allgemeinheit wie auch die individuell Betroffenen vor Wettbewerbsbehinderungen und deren Folgen schützt, hat auch das Kollisionsrecht diesen beiden Schutzrichtungen Rechnung zu tragen, um eine effektive Durchsetzung des europäischen Kartellrechts zu gewährleisten.[771] Das Auswirkungsprinzip kommt dem nach, da eine Auswirkung grundsätzlich als jede Veränderung der Wettbewerbssituation zu verstehen ist[772], sodass allgemein die Beeinflussung der Wettbewerbszusammenhänge in einem

766 *Savigny*, System des röm. Rechts, S. 28, 108.

767 *Wurmnest*, EuZW 2012, 933, 936.

768 MüKo/*Immenga*, BGB, Band 11, IntWettbR/IntKartR, Rn. 13; Staudinger Art. 38–42 EGBGB/*Fezer/Koos*, Internationales Privatrecht, Rn. 132.

769 *Podzun*, Internationales Kartellverfahrensrecht, S. 31; Staudinger Art. 38–42 EGBGB/*Fezer/Koos*, Internationales Privatrecht, Rn. 127.

770 Staudinger Art. 38–42 EGBGB/*Fezer/Koos*, Internationales Privatrecht, Rn. 132.

771 *Mankowski*, RWI 2008, 177, 184.

772 *Wurmnest*, EuZW 2012, 933, 937.

Marktbereich maßgeblich ist.[773] Neben der Übertragung des Schutzgedankens wird auch die Steuerungsfunktion des materiellen europäischen Kartellrechts mit der Anwendung des jeweiligen Marktrechts auf kollisionsrechtlicher Ebene optimal wiedergegeben.[774]

Das Auswirkungsprinzip verfolgt daher sachgerecht ein schützenswertes Regelungsinteresse und wird mehrheitlich als das einzige Anknüpfungsmoment angesehen, das wettbewerbsrechtlich Sinn ergibt.[775]

### *c) Anknüpfung an Erfolgsort/Handlungsort contra Auswirkungsprinzip*

Als Vergleichsbasis für die Verwirklichung der Effektivität der Durchsetzung des europäischen Kartellrechts durch das Auswirkungsprinzip sind die ebenfalls in Betracht zu ziehenden Anknüpfungsmomente des Erfolgsortes sowie des Handlungsortes heranzuziehen. Erfolgsort und Handlungsort kommen als Anknüpfungsmomente im Internationalen Kartelldeliktsrecht in Betracht, da das Kartelldeliktsrecht eine spezielle Ausformung des allgemeinen Deliktsrechts darstellt,[776] dessen Internationales Privatrecht verbreitet an das Anknüpfungsmoment „Erfolgsort" und „Handlungsort" anknüpft.[777] So knüpft das europäische Internationale Deliktsrecht in Art. 4 Abs. 1 Rom II-VO an den Erfolgsort an[778] und der Kläger kann im deutschen Internationalen Deliktsrecht neben der Anknüpfung an den Handlungsort nach Art. 40 Abs. 1 S. 2 EGBGB auch nach Art. 40 Abs. 1 S. 2 EGBGB für den Erfolgsort als maßgebliches Anknüpfungsmoment optieren.[779] Handlungsort ist dabei der Ort, an dem der Schädiger die tatbestandsmäßige Ausführungshandlung mit Außenwirkung vornimmt,[780] wohingegen Erfolgsort nach deutscher Auffassung der Ort ist, an dem das durch die

773 Staudinger Art. 38–42 EGBGB/*Fezer/Koos*, Internationales Privatrecht, Rn. 125.

774 *Mankowski*, RIW 2008, 177, 184; ähnlich Staudinger Art 38–42 EGBGB/*Fezer/Koos*, Internationales Privatrecht, Rn. 146.

775 *Baier*, Das Auswirkungsprinzip im Kartellrecht der USA, S. 27; *Immenga/Mestmäcker/Rehbinder*, § 130 Abs. 2 GWB, Rn. 137; *Langen/Bunte/*Stadler, § 130 Abs. 2 GWB, Rn. 120; *Maier*, Marktortanknüpfung, S. 284 ff; *Mestmäcker*, RabelsZ 52 (1988), 240 f., 250; MüKo/*Immenga*, BGB, Band 11, IntWettbewerb/Internat Kartell, Rn. 13; *Podzun*, Internationales Kartellverfahrensrecht, S. 31 ff; *Schnur*, Internationales Kartellprivatrecht, S. 56; Staudinger Art. 38–42 EGBGB/*Fezer/Koos*, Internationales Privatrecht, Rn. 145.

776 *Hüßtege/Mansel/Lehmann*, Art. 6 Rom II, Rn. 1; Palandt/*Thorn*, ROM II, Art. 4, Rn. 1.

777 *Hüßtege/Mansel/Lehmann*, Art. 4 Rom II, Rn. 19 f.

778 *Hüßtege/Mansel/Lehmann*, Art. 4 Rom II, Rn. 75 ff; *Mankowski*, RIW 2008, 177, 184.

779 Begr. RegE BR-Drucks. 759/98 S. 26 = BT-Drucks. 14/343 S. 11; MüKo/*Junker*, BGB, Band 11 Art 40 EGBGB, Rn. 35 ff.

780 BGH, Urt. v. 29.01.1959, II ZR 223/57, BGHZ 29, 237–244; BGH, Urt. v. 11.07.1957, VII ZR 226/56, BGHZ 25, 127–134; OLG Celle, Urt. v. 12.07.1965, 5 U 77/64 = NJW 1966, 302–304; MüKo/*Junker*, BGB, Band 11, Art. 40 EGBGB, Rn. 23; *v. Hoffmann/Thorn*, § 11 Rn. 27.

Deliktsnorm geschützte Rechtsgut verletzt worden ist[781] und nach europäischem Verständnis als der Ort verstanden wird, an dem der Primärschaden eingetreten ist.[782] Mit der Anknüpfung an den Handlungsort wird der verhaltenssteuernden (präventiven) Funktion des Haftungsrechts nachgekommen, bei einer Anknüpfung an den Erfolgsort steht hingegen die Opferentschädigungsfunktion im Vordergrund.[783]

Die Anknüpfung an den Handlungsort ist weniger effektiv hinsichtlich der Durchsetzung des europäischen Kartellrechts als die Anknüpfung an das Auswirkungsprinzip, da die Kartellanten durch die Wahl des Ortes, an dem sie die wettbewerbswidrige Vereinbarung treffen, die Anwendbarkeit des europäischen Kartellrechts umgehen könnten.[784] Außerdem würde eine Anknüpfung an den Handlungsort den Auswirkungsstaat vom Wohlwollen fremder Staaten abhängig machen[785], obwohl es seine Märkte sind, die von der wettbewerbsbeschränkenden Handlung betroffen sind. Aus funktionellen Schutzgründen kommt daher eine Anknüpfung an den Handlungsort nicht in Betracht.[786] Eine Anknüpfung an den Erfolgsort bringt im internationalen Kartelldeliktsrecht Rechtsunsicherheit mit sich, da die Bestimmung des Erfolgsortes Probleme nach sich zieht. Sie ist, verglichen mit der Anknüpfung an das Auswirkungsprinzip, die weniger effektive Anknüpfung.[787] Als Erfolgsort infrage kommt generell sowohl der Ort, an dem der Wettbewerb beeinträchtigt wird, als auch der Ort, an dem der finanzielle Verlust eintritt.[788] Wird, wie von Art. 4 Rom II-VO, hinsichtlich des Erfolgsortes auf den Eintritt des Schadens abgestellt, bereitet die genaue Ermittlung des Schadens Probleme, da es keine einheitliche Auffassung auf europäisch-autonomer Ebene gibt, wie der Begriff des Schadens zu verstehen ist.[789] Das Auswirkungsprinzip hingegen bestimmt, wo der kartellrechtliche „Erfolg" eintritt: dort, wo der Markt durch das wettbewerbswidrige Verhalten beeinträchtigt wird. Durch die Konkretisierung wird die Rechtsunsicherheit, die bei einer Anknüpfung an den Erfolgsort besteht, beseitigt.[790]

---

781 RG, Urt. v. 17.02.1933, II 318/32, RGZ 140, 25–30; BGH, Urt. v. 10.11.1977, III ZR 79/75, BGHZ 70, 7–11; BGH, Urt. v. 24.09.1986, VIII ZR 320/85, BGHZ 98, 263–276; MüKo/*Junker*, BGB, Band 11, IntWettbewerb/Internat Kartell, Art 40 EGBGB, Rn. 35 ff.; *v. Hoffmann/Thorn*, Internationales Privatrecht, § 11, Rn. 30.

782 *Palandt/Thorn*, ROM II Art. 4, Rn. 1.

783 *v. Hoffmann/Thorn*, Internationales Privatrecht, § 11, Rn. 23.

784 *Mankowski*, RIW 2008, 177, 184.

785 MüKoBGB/*Immenga*, Band 11, IntWettbewerb/Internat Kartell, Rn. 14.

786 *Mankowski*, RIW 2008, 177, 184.

787 *Mankowski*, RIW 2008, 177, 184; *Schur*, Internationales Kartellprivatrecht, S. 58 f.

788 *Ashton/Vollrath*, ZWeR 2006, 1, 19 ff.; *Basedow*, Private Enforcement, S. 229, 244 f; *Mankowski*, RIW 2008, 177, 184.

789 *Hüßtege/Mansel/Lehmann*, Art. 4 Rom II, Rn. 79.

790 Arbeitspapier der Kommissionsdienststellen „Schadensersatzklagen wegen Verletzung des Wettbewerbsrechts" (10.02.2006), SEK (2005) 1732, S. 85, Nr. 245; *Mankowski*, RIW 2008, 177, 184.

Dadurch werden Schwierigkeiten eliminiert, die einer effektiven Durchsetzung des europäischen Kartellrechts entgegenstehen können.

## *2) Reichweite der Verweisung*

### *a) Anknüpfung von Art. 6 Abs. 3 lit a Rom II-VO an behördliches Kartellrecht*

Weder aus dem Wortlaut des Art. 6 Abs. 3 lit a Rom II-VO noch aus den Erwägungsgründen zur Rom II-VO geht ausdrücklich hervor, dass es sich bei Art. 6 Abs. 3 lit a Rom II-VO um eine Kollisionsnorm handelt, die nur eine Anknüpfung für Kartellprivatrecht beinhaltet, und dass behördliches Kartellrecht nicht unter die Norm fallen soll;[791] Art. 6 Abs. 3 lit a Rom II-VO nimmt lediglich auf außervertragliche Schuldverhältnisse aus einem den Wettbewerb einschränkenden Verhalten Bezug, spricht hingegen aber nicht explizit aus, dass lediglich die Ermittlung des anwendbaren Rechts im Rahmen von kartellrechtlichen Schadensersatzklagen erfasst sein soll. Die Ausgrenzung von behördlichem Kartellrecht ergibt sich jedoch bereits aus dem sachlichen Anwendungsbereich der Rom II-VO, der sich gem. Art. 1 Abs. 1 Rom II-VO auf außervertragliche Schuldverhältnisse in Zivil- und Handelssachen erstreckt.[792] Ausgeschlossen sind rein staatliche Rechtsdurchsetzungen im Über- oder Unterordnungsverhältnis mit Sonderrechten des Staates.[793] Da der Begriff „Zivil- und Handelssachen" autonom nach dem Unionsrecht zu qualifizieren ist[794], kann Art. 6 Abs. 3 lit a Rom II-VO Maßnahmen erfassen, die nach dem nationalen Recht des Forums öffentlich-rechtlich einzuordnen wären.[795]

Die Rechtsgrundlagen für die Ermittlung des anwendbaren Kartellrechts bei internationalen Sachverhalten sind demnach für administrative und gerichtliche Verfahren nicht mehr identisch.[796] Das anwendbare Recht hinsichtlich administrativer Verfahren ist im internationalen Kollisionsrecht somit mittels einseitiger Anknüpfung gemäß § 185 Abs. 2 GWB (vormals § 130 Abs. 2 GWB) zu ermitteln.[797] Die Anwendung verschiedener Kollisionsrechte bringt grundsätzlich die Gefahr der Berufung verschiedener Sachrechte und damit die Gefahr abweichender behördlicher und gerichtlicher privatrechtlicher Entscheidungen mit sich. Dem wird in den

---

791 *Mankowski*, IPRAX 2010, 395.

792 BeckOK BGB/*Spickhoff*, BeckOK VO (EG) 864/1007 Art. 6 Rn 3; MünchKommBGB Band 11/*Immenga*, IntWettbR/IntKartR, Rn. 67; *Immenga*, FS Kühne (2009), S. 725, 727; *Mankowski*, RIW 2008, 177, 180 f; *Palandt/Thorn*, ROM II Art. 6, Rn 7; Staudinger IntWirtschR/*Fezer/Koos*, Art. 6 Rom II-VO, Rn. 338.

793 *Mankowski*, RIW 2008, 177, 180.

794 *Hüßtege/Mansel/Knöfel*, Art. 1 Rom II Rn. 12; *Mankowski*, RIW 2008, 177, 180; vgl. z. B. auch: EuGH, Urt. v. 15. 02.2007 – Rs. C-292/05 (Irini Lechouritou u. a./Bundesrepublik Deutschland) = EuzW 2007, 252, 253 Rn. 29.

795 *Mankowski*, RIW 2008, 177, 180.

796 *Immenga*, FS Kühne (2009), S. 725, 727.

797 *Mankowski*, RIW 2008, 177, 180, 181 f; MüKo/*Immenga*, BGB, Band 11, IntWettbR/IntKartR, Rn. 66.

meisten mitgliedsstaatlichen Rechtsordnungen dadurch Rechnung getragen, dass den behördlichen Entscheidungen ein hoher Beweiswert zukommt.[798] In Deutschland ordnet § 33 Abs. 4 GWB eine Tatbestandswirkung von behördlichen innerstaatlichen und mitgliedsstaatlichen Entscheidungen im Rahmen von kartellrechtlichen Schadensersatzklagen an. Problematisch ist das Auseinanderfallen der berufenen Rechte somit nur insofern, als drittstaatliches Recht zur Anwendung berufen wird. Nach der Verordnung (EG) Nr. 1/2003 sind die nationalen Behörden für die Verfolgung von Kartellverstößen zuständig. Infolge der Ausnahme des behördlichen Kartellrechts aus dem Anwendungsbereich des Art. 6 Abs. 3 lit a Rom II-VO ist der nationale Gesetzgeber zuständig zu regeln, welches behördliche Kartellrecht Anwendung findet. Systematisch korrespondiert die Ausnahme des behördlichen Kartellrechts aus dem Anwendungsbereich des Art. 6 Abs. 3 lit a Rom II-VO folglich mit der Politik zur effektiven Durchsetzung des europäischen Kartellrechts, wie sie sich in der Verordnung (EG) Nr. 1/2003 niederschlägt und stärkt damit die Effektivität der Durchsetzung des europäischen Kartellrechts[799]. Zudem verläuft die Ausgrenzung parallel mit den behördlichen Zuständigkeitstatbeständen, die typischerweise Kompetenzen verleihen, soweit der jeweilige nationale Markt betroffen ist.[800]

### *b) Anknüpfung an nationales und europäisches Kartellrecht*

Nach Art. 15 lit. a Rom II-VO ist insbesondere auch der Grund der Haftung, der aus dem Verstoß gegen eine kartellrechtliche Verhaltensvorschrift erwächst, dem Anknüpfungspunkt des außervertraglichen Schuldverhältnisses zuzuordnen[801].

Die Formulierung lässt offen, ob die Verweisung auch die der Haftung zugrunde liegende kartellrechtliche Verbotsnorm erfasst.[802] Aus dem Wortlaut des Art. 6 Abs. 3 lit a Rom II-VO lässt sich keine Aussage darüber treffen, ob Art. 6 Abs. 3 lit a Rom II-VO lediglich an nationale oder auch an europäische Kartellrechtsverstöße anknüpft. Der Wortlaut des Art. 6 Abs. 3 lit a Rom II-VO besagt lediglich, dass Anknüpfungsmoment das „den Wettbewerb einschränkenden Verhalten“ ist. Jedoch spricht Nr. 22 der Erwägungsgründe zur Rom II-VO für eine Anknüpfung von nationalen und europäischen Wettbewerbsrechtsverstößen.[803] Es ist jedoch dogmatisch kaum begründbar, dass europäisches Primärrecht von Sekundärrecht angeknüpft

798 *Schnur*, Internationales Kartellprivatrecht, S. 66.
799 *Mankowski*, RIW 2008, 177, 180.
800 *Mankowski*, RIW 2008, 177, 180.
801 *Roth*, FS Kropholler (2008), S. 623, 642.
802 *Hüßtege/Mansel/Weller*, Art. 6 Rom II, Rn. 33.
803 *Hüßtege/Mansel/Weller*, Art. 6 Rom II, Rn. 33; *Mankowski*, IPRAX 2010, 389, 395; *Roth*, FS Kropholler (2008), S. 623, 637; Staudinger IntWirtschR/*Fezer/Koos*, Art 6 Rom II-VO, Rn. 336.

werden soll.[804] In Einklang mit der Normenhierarchie muss Primärrecht seinen Anwendungsanspruch aus sich selbst heraus entwickeln.[805] Die richterrechtliche Anknüpfung der europäischen Wettbewerbsregelungen nach dem Durchführungs- und Auswirkungsprinzip[806] hat bei Divergenzen zwischen sekundärrechtlicher Anknüpfung und primärrechtlichem Anwendungsbereich immer Vorrang;[807] die Abweichung wird durch die Auslegung der sekundärrechtlichen Norm bestimmt werden.[808] Weiter ist der Wortlaut mit einer Anknüpfung an die europäischen Wettbewerbsvorschriften nicht vereinbar, da Art. 6 Abs. 3 lit a Rom II-VO das Recht eines Staates zur Anwendung beruft, die Europäische Union aber kein Staat im eigentlichen Sinn ist.[809] Daher erscheint es, zumindest bezogen auf die europäischen Wettbewerbsvorschriften, nur vereinbar, Art. 6 Abs. 3 lit a Rom II-VO als Verweisung auf das Kartelldeliktsrecht selbst zu begreifen und die Vorfrage nach der Verletzung der Verbotsnorm selbstständig anzuknüpfen.[810] Die Kollisionsnorm bringt jedoch auch durch ihre ausschließliche Verweisung auf die niederrangigen nationalen Privatrechtsnormen mittelbar unionsrechtliche Normen zur Anwendung.[811]

Im Verhältnis zur VO EG Nr. 1/2003 lässt sich das Rangproblem auflösen, da die Rom II-VO den Vorrang der lex posterior für sich reklamieren kann, die VO EG Nr. 1/2003 keinen internationalen Anwendungsbereich vorgibt[812] und keine Zielkonflikte zu erwarten sind, da die VO EG Nr. 1/2003 keine Schadensersatzregelungen enthält.[813] Problematisch ist aber auch hier, wie die Berufung auf das Recht eines Staates durch Art. 6 Abs. 3 lit a Rom II-VO mit der unmittelbaren und einheitlichen Anwendung von Verordnungen zu vereinbaren ist.[814] Soweit es um die Anknüpfung an privatrechtliche Schadensersatzansprüche geht, besteht ebenfalls keine Kollision mit der Normenhierarchie, da ein Ergänzungsverhältnis und keine

---

804 *Hüßtege/Mansel/Weller*, Art. 6 Rom II, Rn. 33; *Immenga*, FS Kühne (2009), 725, 727; *Mankowski*, IPRAX 2010, 389, 395; *Mankowski*, RIW 2008, S. 177, 179.

805 *Hüßtege/Mansel/Weller*, Art. 6 Rom II, Rn 33; *Immenga*, FS Kühne (2009), 725, 727; *Mankowski*, IPRAX 2010, 389, 395; *Mankowski*, RIW 2008, S. 177, 179.

806 EUGH, Urt. v. 27.09.1988 – verb. Rs. 89, 104, 114, 116, 117 u. 125 bis 129/85, Slg. 1988, 5193, 5243 Rn. 16 (A. Alström Osakeyhtiö/Kommission); Staudinger IntWirtschR/*Fezer/Koos*, Art. 6 Rom II-VO, Rn. 317 ff; *Wurmnest*, EuZW 2012, 933, 938.

807 *Hüßtege/Mansel/Weller*, Art. 6 Rom II, Rn. 34; MüKo/*Immenga*, BGB, Band 11 IntWettbR/IntKartR, Rn. 71.

808 MüKo/*Immenga*, BGB, Band 11 IntWettbR/IntKartR, Rn. 71.

809 *Hüßtege/Mansel/Weller*, Art. 6 Rom II, Rn. 34; *Mankowski*, RIW 2008, S. 177, 179.

810 *Hüßtege/Mansel/Weller*, Art. 6 Rom II, Rn. 34; *Mankowski*, RIW 2008, S. 177, 181; Staudinger IntWirtschR/*Fezer/Koos*, Art. 6 Rom II-VO, Rn. 165; *Wurmnest*, EuZW 2012, 933, 936; a.A.: *Dietze/Janssen*, Kartellrecht in der anwaltlichen Praxis, Rn. 669; *Roth*, FS Kropholler (2008), S. 623, 637.

811 *Mankowski*, RIW 2008, S. 177, 179 f; *Palandt/Thorn*, ROM II 6, Rn 7; Staudinger IntWirtschR/*Fezer/Koos*, Art. 6 Rom II-VO, Rn. 336.

812 *Mankowski*, RIW 2008, S. 177, 180.

813 *Immenga*, FS Kühne (2009), S. 725, 729; *Mankowski*, IPRAX 2010, 389, 396.

814 *Mankowski*, IPRAX 2010, 389, 396.

Konkurrenz zwischen Art. 6 Abs. 3 lit a Rom II-VO und Art. 101 AEUV besteht.[815] Art. 101 AEUV stellt keine Anspruchsgrundlage für Schadensersatzansprüche gegen das europäische Kartellrecht dar, es bedarf insofern der Ergänzung durch nationales Recht.[816] Allerdings kann der Effektivitätsgrundsatz es erfordern, dass etwa eine zu kurz erscheinende Verjährungsfrist außer Acht zu bleiben hat oder ein Strafschadensersatz nicht mit dem ordre public bekämpft werden darf.[817]

Begreift man Art. 6 Abs. 3 lit a Rom II-VO lediglich als Verweisung auf das Kartelldeliktsrecht, so würde dem Effektivitätsgrundsatz dann am besten Genüge getan, wenn in Fällen, in denen die europäischen Kartellverbotsvorschriften ihre Anwendung beanspruchen, Art. 6 Abs. 3 lit a Rom II-VO auf das Kartelldeliktsrecht eines Mitgliedsstaates verweisen würde. Beim Verweis auf das Kartelldeliktsrecht eines Drittstaates könnten sich schwerwiegende Anpassungsprobleme ergeben. Die Durchsetzung der europäischen Kartellvorschriften wäre somit dann am effektivsten, wenn ein Gleichlauf zwischen der Anwendbarkeit des Art. 101 AEUV und mitgliedstaatlichen Kartelldeliktsvorschriften bestünde.

Sowohl Art. 101 AEUV als auch Art. 6 Abs. 3 lit a Rom II-VO stellen als Anknüpfungspunkte auf das Auswirkungsprinzip ab. Hinsichtlich der Anknüpfungspunkte besteht demnach im Prinzip Gleichlauf.[818] Dennoch kann es zu Divergenzen[819] bei der Anwendung des sekundärrechtlich normierten Auswirkungsprinzips durch die nationalen Richter und dem primärrechtlichen Auswirkungsprinzip kommen, da die europäischen Gerichte das Auswirkungsprinzip bisher nicht eindeutig angewandt haben.[820] Etwaige Divergenzen bezogen auf das Kartellschadensersatzrecht sollten jedoch über Art. 267 AEUV lösbar sein.

Die Effektivität der Durchsetzung des europäischen Kartellrechts wird dann gestärkt, wenn der EuGH eine klare Linie bezüglich der Anknüpfung im Rahmen der Kartellverbote vorgibt und eine Orientierung des kartelldeliktsrechtlichen Anknüpfungspunktes an kartellverbotsrechtliche Grundsätze vorangetrieben wird, was durch die kartellprivatrechtliche Anknüpfung an die Marktbeeinträchtigung bereits angelegt ist.[821]

### c) *Allseitige (partiell/uneingeschränkte) oder einseitige Kollisionsnorm*

Während eine einseitige Kollisionsnorm nur bestimmt, wann eigenes Recht anzuwenden ist, legt eine allseitige Kollisionsnorm auch fest, wann fremdes Recht

---

815 *Mankowski*, IPRAX 2010, 389, 396; Staudinger IntWirtschR/*Fezer/Koos*, Art. 6 Rom II-VO, Rn. 336.
816 *Mankowski*, IPRAX 2010, 389, 396; Staudinger IntWirtschR/*Fezer/Koos*, Art. 6 Rom II-VO, Rn. 336.
817 *Mankowski*, IPRAX 2010, 389, 396; *Mankowski*, RIW 2008, S. 177, 180.
818 *Maier*, Marktortanknüpfung, S. 370.
819 *Francq/Wurmnest*, International Antitrust Claims (2012), S. 109.
820 MüKo/*Immenga*, BGB, Band 11 (2006), IntWettbR/IntKartR, Rn. 69.
821 *Hüßtege/Mansel/Weller*, Art. l 6 Rom II, Rn. 35.

zur Anwendung gelangen soll.[822] Bei einer allseitigen Anwendung des Art. 6 Abs. 3 lit a Rom II-VO kommt das Auswirkungsprinzip auch dann zum Tragen, wenn sich der Wettbewerbsverstoß nicht auf dem Markt im Forumstaat, sondern auf einen Markt im Ausland auswirkt. Eine allseitige Anwendung des Art. 6 Abs. 3 lit a Rom II-VO verhilft dem Auswirkungsprinzip damit zu einer weiterreichenden Geltung und gewährleistet damit grundsätzlich eine effektivere Durchsetzung des Marktordnungsinteresses.

Seinem Wortlaut nach ist Art. 6 Abs. 3 lit a Rom II-VO als echte allseitige Kollisionsnorm formuliert: Anknüpfungsmoment ist „das Recht *des Staates*, dessen Markt beeinträchtigt wird“[823]. Eine Differenzierung, ob berufenes Recht nur dasjenige eines Mitgliedsstaates oder auch das Recht eines Drittstaates sein kann, findet nicht statt.

### (1) Tradition einseitiger Kollisionsnormen im internationalen Kartelldeliktsrecht

Art. 6 Abs. 3 lit a Rom II-VO als echte allseitige Kollisionsnorm zu begreifen, bedeutet eine Abkehr von der bisherigen Tradition einseitiger Kollisionsnormen im internationalen Kartelldeliktsrecht und ist unter dem Gesichtspunkt, dass Art. 6 Abs. 3 lit a Rom II-VO Kontinuität zugeschrieben wird[824], bemerkenswert:[825] Das unionsrechtliche Primärrecht ordnet die Anwendung des Unionsrechts an, wenn durch eine wettbewerbswidrige Handlung Marktinteressen des Binnenmarktes betroffen sind und knüpft damit einseitig an EG-Marktinteressen an.[826] Auch in Deutschland war vor Inkrafttreten der Rom II-VO die Ermittlung des anzuwendenden Sachrechts im Rahmen von internationalen Kartellschadensersatzklagen in Form einer einseitigen Kollisionsnorm mit Anknüpfung an die Inlandsauswirkung durch § 185 Abs. 2 GWB (vormals § 130 Abs. 2 GWB) geregelt.

### (2) Sachliche Rechtfertigung der Allseitigkeit

Eine allseitige Anknüpfung kann sachlich gerechtfertigt und damit nach völkerrechtlichen Gesichtspunkten vertretbar sein, wenn lediglich individuelle Schutzinteressen im Fokus des Auswirkungsprinzips stehen und keine staatlichen Interessen verfolgt werden.[827] Das europäische Verordnungsrecht bezieht sich

---

822 *v. Hoffmann/Thorn*, Internationales Privatrecht, § 4, Rn. 8.

823 Mankowski, IPRAX 2010, 389, 396; MüKo/*Immenga*, BGB, Band 11(2006), IntWettbR/IntKartR, Rn. 73; Roth, FS Kropholler (2008), S. 623, 637; Staudinger IntWirtschR/*Fezer/Koos*, Art. 6 Rom II-VO, Rn. 339.

824 *Mankowski*, RIW 2006, 177, 185.

825 *Immenga*, FS Kühne (2009), S. 725, 731; MüKo/*Immenga*, BGB, Band 11, IntWettbR/IntKartR, IntKartR, Rn. 73.

826 *Immenga*, FS Kühne (2009), S. 725, 731; MüKo/*Immenga*, BGB, Band 11, IntWettbR/IntKartR, Rn. 74; *Schnur*, Internationales Kartellprivatrecht, S. 21.

827 MüKo/*Immenga*, BGB, Band 11 (2010), IntWettbR/IntKartR, Rn. 76.

auf außervertragliche Schuldverhältnisse, die durch kartellrechtliche Verstöße entstehen; insoweit stehen individuelle Schutzinteressen im Vordergrund, die eine allseitige Anknüpfung rechtfertigen.[828] Bezieht man sich auf den Wettbewerb als Institution[829] und erhebt auch diesen zum Schutzgut des Kartellprivatrechts, so schiebt sich ein überindividuelles Interesse in den privatrechtlichen Bereich[830], wodurch die sachliche Rechtfertigung der allseitigen Verweisung eingeschränkt werden könnte.[831] Dagegen lässt sich argumentieren, dass völkerrechtliche Aspekte, insbesondere die Staatensouveranität, der allseitigen Verweisung jedoch schon deshalb nicht entgegen stehen, da der Befehl, fremdes Recht anzuwenden, nicht an die Organe ausländischer Staaten, sondern an die inländischen Gerichte geht.[832]

#### (3) Partiell oder uneingeschränkte allseitige Kollisionsnorm

Die generelle Regelung in Art. 3 Rom II-VO, wonach die Kollisionsnormen der Rom II-VO vorbehaltlich ausdrücklicher Ausnahmen lois uniforms sind[833], spricht dafür, Art. 6 Abs. 3 lit a Rom II-VO als eine uneingeschränkt allseitige Kollisionsnorm zu behandeln, die auch drittstaatliches Kartellrecht beruft[834]. Argument für eine lediglich partielle Verweisung ist dagegen, dass sich Nr. 23 der Erwägungsgründe dreifach auf die Mitgliedsstaaten bezieht.[835] Eine beschränkt allseitige Anknüpfung auf das Recht der Mitgliedsstaaten könnte dadurch gerechtfertigt werden, dass eine Annäherung der privatrechtlichen Durchsetzungsnormen in den Mitgliedsstaaten zu erwarten ist.[836] Entkräften lässt sich die Verweisung auf das Recht der Mitgliedsstaaten in Nr. 23 der Erwägungsgründe damit, dass Erwägungsgründe in Rechtsakten der Union zwar für die Interpretation des Normtextes von großer

828 *Immenga*, FS Kühne (2009), S. 7 25, 731 f; *Mankowski*, IPRAX 2010, 389, 396; MüKo/*Immenga*, BGB, Band 11, IntWettbR/IntKartR, Rn. 76.
829 *Poelzig*, Normdurchsetzung durch Privatrecht, S. 206.
830 *Mankowski*, IPRAX 2010, 389, 396; MüKo/*Immenga*, BGB, Band 11 (2010), IntWettbR/IntKartR, Rn. 76.
831 MüKo/*Immenga*, BGB, Band 11 (2010), IntWettbR/IntKartR, Rn. 77.
832 *Mankowski*, IPRAX 2010, 389, 396.
833 *Mankowski*, IPRAX 2010, 389, 396; *Mankowski*, RIW 2008, 177, 187; Staudinger IntWirtschR/*Fezer/Koos*, Art. 6 Rom II-VO, Rn. 339.
834 *Handig*, GRUR Int. 2008, 25; *Mankowski*, IPRAX 2010, 389, 396; *Roth*, FS Kropholler (2008), S. 623, 635; zweifelnd: *Mankowski*, RIW 2008, 177, 188.
835 MüKo/*Immenga*, BGB, Band 11, IntWettbR/IntKartR, Rn. 74.
836 MüKo/*Immenga*, BGB, Band 11, IntWettbR/IntKartR, 74; *Immenga*, FS Kühne (2009), S. 725, 732; zur Harmonisierung des Kartelldeliktsrechts in den Mitgliedsstaaten: *Ritter*, WuW 2008, 762 ff.

Bedeutung sind[837], aber keine normative Verbindlichkeit[838] genießen und die Verweisung teilweise als bloße Ungenauigkeit der Gesetzesbegründung angesehen wird.[839] Auch angesichts der Einschränkung der Zuständigkeit der Europäischen Union auf „Maßnahmen im Bereich der justiziellen Zusammenarbeit in Zivilsachen mit grenzüberschreitenden Bezügen" gem. Art. 65 Abs. 1 lit 1 S. 1 EG auf ein Ausmaß, das „für das reibungslose Funktionieren des Binnenmarkts" erforderlich ist, überrascht der Wortlaut, der für eine universelle Anwendbarkeit spricht, zunächst.[840] Eine Anwendung auf Drittstaatensachverhalte ist jedoch von der Kompetenz der Europäischen Union nach Art. 65 Abs. 1 lit 1 S. 1 EG umfasst, da sich eine mittelbare Auswirkung des Kollisionsrechts bei Drittstaatensachverhalten auf den Binnenmarkt ergeben kann.[841] Dies folgt aus der Anerkennung und Vollstreckung von Urteilen mit Drittstaatenbezug in anderen Mitgliedsstaaten sowie der Möglichkeit von Wettbewerbsverzerrungen im Binnenmarkt, wenn in verschiedenen Mitgliedsstaaten auf denselben Drittstaatensachverhalt verschiedene Rechtsordnungen zur Anwendung kommen.[842] Letztlich sprechen der eindeutige Wortlaut des Art. 3 Rom II-VO sowie der Effektivitätsgrundsatz dafür, Art. 6 Abs. 3 lit a Rom II-VO als eine uneingeschränkt allseitige Verweisung zu begreifen.[843]

#### (4) Konsequenz einer allseitigen Kollisionsnorm: Anwendung ausländischen Kartellrechts durch nationale Gerichte

Soweit Art. 6 Abs. 3 lit a Rom II-VO auf ausländisches Kartelldeliktsrecht verweist, betritt die Rom II-VO Neuland: Den mitgliedsstaatlichen Gerichten wird die Anwendung ausländischer kartellrechtlicher Normen im Zusammenhang mit der Geltendmachung deliktischer Ansprüche sekundärrechtlich bindend vorgeschrieben.[844] Im Rahmen von § 130 Abs. 2 GWB (mittlerweile § 185 Abs. 2 GWB) wurde von der Literatur eine Anwendung ausländischer kartellrechtlicher Normen mittels Sonderanknüpfung[845] bzw. allseitigem Ausbau[846] diskutiert[847]; jedoch

---

837 St. Rspr. EuGH: EuGH 28.03.1996, C-129/94 (Ruiz Bernaldez) Slg. 1996, I-1829, Rn. 13 f.; EuGH 14.09.2000, C-348/98 (Mendes Ferreira) Slg. 2000, I-6711, Rn. 24 ff.; EuGH 30.06.2005, C-537/03 (Katja Candolin) Slg. 2005, I-5745, Rn. 34; *Roth*, FS Kropholler (2008), S. 623, 637.

838 *Mankowski*, RIW 2008, 177, 187.

839 Staudinger IntWirtschR/*Fezer/Koos*, Art. 6 Rom II-VO, Rn. 334.

840 *Handig*, GRUR Int. 2008, 24, 25; vgl. auch: *Jayme/Kohler*, IPRAX 2003, 485, 494; *Wagner*, IPRAX 2006, 372, 389 ff.

841 *Schnur*, Internationales Kartellprivatrecht, S. 92 ff.

842 *Schnur*, Internationales Kartellprivatrecht, S. 92 ff.

843 *Mankowski*, RIW 2008, 177, 187.

844 *Roth*, FS Kropholler (2008), S. 623, 635.

845 *Basedow*, NJW 1989, 627, 632; *Roth*, FS Kropholler (2008), S. 623, 628.

846 *Roth*, FS Kropholler (2008), S. 623, 628; a.A.: *Mestmäcker*, RabelsZ 1988, 205, 220 ff.; MüKo/*Immenga*, BGB, Band 11 (2010), IntWettbR/IntKartR, Rn. 25.

847 Hierzu umfasssend: *Martinek*, Das internationale Kartellprivatrecht, S. 38 ff.

sind in Deutschland und im Ausland keine Urteile bekannt geworden, in denen bei privatrechtlichen Streitigkeiten ausländisches Kartelldeliktsrecht angewendet worden wäre[848].

Dass auch bei der Anwendung drittstaatlichen Rechts durch mitgliedsstaatliche Gerichte dem Effektivitätsgrundsatz Rechnung getragen wird, kann durch die Ordre-public-Kontrolle nach Art. 26 Rom II-VO[849] und Eingriffsnormen gemäß Art. 16 Rom II-VO erreicht werden. Bei der Ordre-public-Kontrolle wird das berufene ausländische Recht auf die Vereinbarkeit mit der öffentlichen Ordnung des Forumstaates überprüft und kann bei Unvereinbarkeit unangewendet gelassen werden.[850] Zu einer Unvereinbarkeit kann es nach Nr. 32 der Erwägungsgründe insbesondere kommen, wenn eine ausländische Norm, nach der ein unangemessener, über den Ausgleich des entstandenen Schadens hinausgehender Schadensersatz mit abschreckender Wirkung oder Strafschadensersatz zugesprochen werden könnte, berufen ist.[851] Zumindest nach Erlass der Richtlinie[852] ist es nicht mehr mit dem ordre public vereinbar, einen Strafschadensersatz, etwa treble damages § 4 Clayton Act, zu akzeptieren. In Art. 3 Abs, 3 der Richtlinie[853] ist explizit normiert, dass ein kartellrechtlicher Schadensersatzanspruch nicht zu Überkompensation führen darf, unabhängig davon, ob es sich dabei um Starfschadensersatz, Mehrfachentschädigung oder andere Arten von Schadensersatz handelt.

Nach Art. 16 Rom II-VO kommen Eingriffsnormen des Forumstaates auch bei der Berufung ausländischen Rechts im Wege einer Sonderanknüpfung zum Einsatz. Eingriffsnormen sind politische wie wirtschaftspolitische Vorschriften, die nicht der Gerechtigkeit zwischen Privaten, sondern den Interessen des Staates dienen.[854] Kartellrecht ist aufgrund seines Marktortcharakters als Eingriffsnorm zu qualifizieren; dies wird jedoch im Rahmen von Art. 16 Rom II-VO keine Rolle spielen, da außerhalb des Anwendungsbereichs von Art. 6 Abs. 3 Rom II-VO liegende Fragen nicht erfasst sind.

---

848 *Roth*, FS Kropholler (2008), S. 623, 626; *Martinek*, Das internationale Kartellprivatrecht, S. 9.

849 *Scholz/Rixen*, EuZW 2008, 327, 330 f.; Staudinger IntWirtschR/*Fezer/Koos*, Art. 6 Rom II-VO, Rn. 341.

850 *Mankowski*, RIW 2008, 177, 187.

851 *Mankowski*, RIW 2008, 177, 187.

852 Richtlinie 2014/104/EU des Europäischen Parlaments und des Rates vom 26. November 2014 über bestimmte Vorschriften für Schadensersatzklagen nach nationalem Recht wegen Zuwiderhandlungen gegen wettbewerbsrechtliche Bestimmungen der Mitgliedstaaten und der Europäischen Union.

853 Richtlinie 2014/104/EU des Europäischen Parlaments und des Rates vom 26. November 2014 über bestimmte Vorschriften für Schadensersatzklagen nach nationalem Recht wegen Zuwiderhandlungen gegen wettbewerbsrechtliche Bestimmungen der Mitgliedstaaten und der Europäischen Union.

854 *v. Hoffmann/Thorn*, Internationales Privatrecht, § 19 Rn. 93.

### 3) *Ausfüllung des Anknüpfungsmomentes marktorientiertes Auswirkungsprinzip*

#### a) *Begriff der „Auswirkung auf einen Markt"*

Art. 6 Abs. 3 Rom II-VO selbst unternimmt keinen Versuch, die „Auswirkung auf einen Markt" exakt zu definieren, sodass es einer Auslegung des Begriffs bedarf.[855]

Die bisherigen Entscheidungen des EuGH[856] und die Praxis der Kommission[857] zum Auswirkungsprinzip können auch bei der Auslegung des Art. 6 Abs. 3 Rom II-VO herangezogen werden, da der europäische Gesetzgeber mit der Einführung des Art. 6 Abs. 3 Rom II-VO keinen Bruch mit der bisherigen Praxis herbeiführen wollte, sondern vielmehr eine Weiterführung der Anknüpfungsmaßstäbe, die im Rahmen des unionsrechtlichen Primärrechts entwickelt wurden, bezweckt.[858]

Problematisch, da zu Rechtsunsicherheit führend, ist die uneinheitliche Anwendung des Auswirkungsprinzips durch die europäischen Gerichte.[859] Zum Teil forderte der EuGH insbesondere über die Marktwirkung hinaus die Durchführung des Kartells als Voraussetzung für eine Auswirkung.[860] Dieser Einengung des EuGH ist nicht zu folgen, da demnach mehr als ein wie auch immer geartetes Verhalten samt potentiellem Erfolg für eine Auswirkung im Sinne des Art. 6 Abs. 3 Rom II-VO nötig wäre.[861] Die effektivste Durchsetzung des europäischen Kartellrechts wird hingegen erreicht, wenn eine Auswirkung objektiv als eine Veränderung der Wettbewerbssituation verstanden wird.[862] Insbesondere das Abstellen auf objektive Parameter, etwa auf die in einem bestimmten Markt erzielten Umsätze[863] als Indiz für eine Auswirkung auf diesem Markt, schafft Rechtssicherheit.

855 *Bulst*, EWS 2004, 403, 408; *Handig*, GRUR Int. 2008, 24, 28; *Mankowski*, RIW 2006, 177, 185.

856 EuGH, Urt. v. 27.09.1988 – verb. Rs. 89, 104, 114, 116, 117 u. 125 bis 129/85, Slg. 1988, 5193, 5243 Rn. 16 a (Ahlström Osakeyhtiö/Kommission).

857 z. B.: Ent. Komm. v. 11.03.1964, ABL. EWG 1964 L 58/915 (Grosfillex); Ent. Komm. v. 09.06.1972, ABl. EWG 1972 L 143/39 (Raymond/Nagoya); Ent. Komm. v. 21.12.1973, ABl. EWG 1974 L 19/18 (Schiffsfarben II); Ent. Komm. v. 21.12.1973, ABl. EWG 1974 L 19/18 (Schiffsfarben II); Ent. Komm. v. 19.12.1974, Abl. EWG 1975, L 29/11(Duro-Dyne).

858 *Mankowski*, RIW 2008, 177, 185.

859 MüKo/*Immenga*, BGB, Band 11, IntWettbR/IntKartR, Rn. 70.

860 EuGH, Urt. v. 27.09.1988, verb. 89/85, 104/85, 114/85, 116/85, 117/85, 125/85, 126/85, 127/85, 128/85, 129/85, (Zellstoffentscheidung), Slg. 1988, 5193 Rdnr. 12 ff.; *Raue*, WRP 2012, 1478, 1479.

861 *Mankowski*, RIW 2008, 177, 185.

862 *Mankowski*, RIW 2008, 177, 185; Staudinger IntWirtschR/*Fezer/Koos*, Art. 6 Rom II-VO, Rn. 115.

863 BKartA, WuW/E DE – V 1051; BKartA WuW/E DE – V 1055; *Mankowski*, RIW 2008, 177, 185.

Die Bestimmung des Begriffs „Markt“ hat durch eine autonome Auslegung und nicht nach den einschlägigen kartellrechtlichen Sachnormen zu erfolgen, da eine Bestimmung nach den einschlägigen kartellrechtlichen Sachnormen der Bestimmung des anwendbaren Rechts durch die Marktortsanknüpfung vorgreifen würde und nur eine autonome Auslegung eine einheitliche Anwendung der Verordnung in allen Mitgliedsstaaten und somit einen internationalen Entscheidungsgleichklang gewährleistet.[864] Die komplexe Marktdefinition, nach der im Grundsatz der Markt als der Ort zu definieren ist, an dem Angebot und Nachfrage aufeinandertreffen,[865] führt dazu, dass sich der Markt nicht notwendig entlang der jeweiligen Staatsgrenzen erstreckt.[866] Um jedoch ein anwendbares Recht bestimmen zu können, muss man die Märkte im Rahmen des Art. 6 Abs. 3 Rom II-VO notwendigerweise territorial auf ein Staatsgebiet fixieren[867], auch wenn staatliche Territorien und sachliche Wirtschaftszonen nicht immer übereinstimmen.[868] Die Rechtsunsicherheit bei der Bestimmung der Begriffe „Auswirkung“ und „Markt“ infolge des Fehlens von entsprechenden Definitionen könnte letztlich auch Geschädigte davon abhalten, kartellrechtliche Schadensersatzklagen zu erheben, da sich nicht von vornherein klar bestimmen lässt, welche Rechtsordnung Anwendung finden wird.

#### *b) Differenzierung nach einzelnen Kartellarten*

Differenziert man den Begriff der Auswirkung nach den einzelnen Kartellarten, so ist eine Marktauswirkung dann zu bejahen, wenn der Anwendungsanspruch einer Rechtsordnung dadurch ausgelöst wird, dass ein Merkmal in einer ihrer Sachnormen verwirklicht ist,[869] d.h. wenn das kartellrechtswidrige Verhalten unter die Verbotsnorm eines nationalen Kartellrechts fällt. Eine solche Differenzierung ist sachlich geboten[870] und dient der Effektionierung der Durchsetzung des europäischen Kartellrechts, da durch die Bildung von verschiedenen Fallgruppen Rechtssicherheit geschaffen wird. So haben horizontale Vereinbarungen Auswirkungen auf diejenigen Märkte, deren Wettbewerbsbedingungen durch die Vereinbarung verfälscht werden.[871] Bei der Bestimmung der Märkte ist auf den Warenfluss und den Sitz der Nachfrager abzustellen.[872] Vereinbaren hingegen Nachfrager aus verschie-

---

864 *Roth*, FS Kropholler (2008), 623, 642; Staudinger IntWirtschR/*Fezer/Koos*, Art. 6 Rom II-VO, Rn. 350.

865 *Mankowski*, RIW 2006, 177, 185.

866 *Hüßtege/Mansel/Weller*, Art. 6 Rom II, Rn. 36.

867 *Roth*, FS Kropholler (2008), 623, 642; a.A. *Schnur*, Internationales Kartellprivatrecht, S. 104.

868 *Mankowski*, RIW 177, 185.

869 *Mankowski*, RIW 2008, 177, 185; MüKo/*Schneyder*, EuWettbR, Band 1, Einl. Rn. 927.

870 *Basedow*, NJW 1989, 627, 628; *Mankowski*, RIW 2008, 177, 185; MüKo/*Schneyder*, EuWettbR, Band 1, Einl. Rn. 927.

871 *Wurmnest*, EuZW 2012, 933, 937.

872 *Immenga/Mestmäcker/Rehbinder*, EU-Kartellrecht, Band 1, IntWbR Rn. 31; *Wurmnest*, EuZW 2012, 933, 937.

denen europäischen Staaten einheitliche Ankaufpreise für Waren aus Drittstaaten, wirkt sich diese Maßnahme auf die Europäische Union aus, wenn sich die Anbieter in der Europäischen Union befinden.[873] Bei vertikalen Vereinbarungen wie Ausschließlichkeitsverträgen in Vertrieb und Bezug ist jeweils zu unterscheiden, ob die Bindungen importmarkt- oder exportmarktbezogen sind. Exportkartelle wirken sich nicht im Exportstaat, sondern nur in den jeweiligen Importstaaten aus.[874] Die Folge ist, dass Wettbewerbsbeschränkungen, die sich auf Exporte in Länder außerhalb der Union beziehen, als solche nicht geeignet sind, den Wettbewerb im Gemeinsamen Markt zu beschränken und europäisches Kartellrecht demnach grundsätzlich nicht anwendbar ist.[875] Das unionsrechtliche Kartellrecht ist lediglich dann anwendbar, wenn derartige Vereinbarungen dennoch einmal spürbare Auswirkungen auf dem europäischen Markt haben.[876]

### *c) Begrenzungskriterien für das Auswirkungsprinzip*

Die uneingeschränkte Anwendung des Auswirkungsprinzips hat zwar zur Konsequenz, dass es maßgeblich dem Kartellrecht des betroffenen Marktes überlassen bleibt, ob es Anwendung findet oder sich für anwendungsunwillig erklärt.[877] Dies kann recht aggressiv wirken und eine als extraterritorial empfundene Anwendung von Kartellrecht mit sich bringen.[878] Zudem ist eine uferlose Anwendung des Auswirkungsprinzips nicht zielführend, da sich dann überhaupt keine Sicherheit in Bezug auf das anzuwendende Recht einstellen kann.[879]

#### (1) Interessenabwägung

Das Auswirkungsprinzip könnte mittels allgemeiner Interessenabwägung begrenzt werden, wobei die Interessen der Union bzw. Deutschlands gegenüber den Interessen von betroffenen Drittstaaten abzuwägen wären.[880]

Der Wortlaut des Art. 6 Abs. 3 lit a Rom II-VO schreibt keine Interessenabwägung vor und enthält keine Öffnungsklausel, sondern erschöpft sich darin, das Auswirkungsprinzip zu kodifizieren.[881] Eine Rechtsgrundlage ergibt sich nicht aus dem Völkergewohnheitsrecht und auch unter dem Gesichtspunkt der comitas fände

---

873 *Wurmnest*, EuZW 2012, 933, 937.
874 *Mankowski*, RIW 177, 189.
875 EuGH, Urt. v. 18.02.1986, Slg. 1986, 559, 585 (Bulkoil ./. Sun *Wiedemann*); *Wiedemann*, Handbuch des Kartellrechts, 1. Kapitel, § 5, Rn. 12.
876 EuG, Urt. v. 15.03.2000, Slg 2000, II-491, 1358 (Cimenteries CBR u. a./Kommission), Rn. 3785; Komm. E. v. 21.12.1976, ABl. 1977, L30/10, 14 (Junghans); *Wiedemann*, Handbuch des Kartellrechts, § 5, Rn. 12.
877 *Maier*, Marktortanknüpfung, S. 350 f.
878 *Mankowski*, RIW 2008, 177, 186.
879 Allg. Erwägungsgrund Nr. 6 Rom II-VO; *Wurmnest*, EuZW 2012, 933, 936.
880 *Wiedemann*, Handbuch des Kartellrechts, § 5, Rn. 7.
881 *Mankowski*, RIW 2008, 177, 186.

das Abwägungsgebot nur Beachtung, wenn es von staatlichen Stellen vorgetragen würde.[882] Weiter würde die Durchführung des Abwägungsgebots auf erhebliche Probleme stoßen, da die staatlichen Stellen keine Kompetenz besitzen, außenpolitische Interessen in ihrem Abwägungsprozess zu berücksichtigen und die Gefahr besteht, dass gesetzlich geschützte Individualinteressen gefährdet werden.[883]

### (2) „Spürbarkeit" oder „Unmittelbarkeit" der Auswirkung

Ungeklärt ist, ob der Anknüpfungsmoment der „Beeinträchtigung" durch begrenzende Merkmale wie die „Spürbarkeit" oder „Unmittelbarkeit" zu konkretisieren ist,[884] um einen Verstoß des Auswirkungsprinzips gegen den unionsrechtlichen bzw. völkerrechtlichen Verhältnismäßigkeitsgrundsatz auszuschließen.[885]

Gegen die Forderung einer „unmittelbaren" und „wesentlichen" Betroffenheit des jeweiligen Marktes im Rahmen des Art. 6 Abs. 3 lit a Rom II-VO sprechen der Wortlaut des Art. 6 Abs. 3 Rom II-VO und der Gegenschluss zum Gesetzeswortlaut in Art. 6 Abs. 3 lit b Rom II-VO, wohingegen auf eine „unmittelbare" und „wesentliche" Beeinträchtigung des Marktes Bezug genommen wird.[886] Zudem spricht gegen eine derartige Beschränkung, dass die Mitgliedsstaaten nach Art 3 Abs. 1 der Richtlinie[887] zu gewährleisten haben, dass jede natürliche oder juristische Person, die einen durch eine Zuwiderhandlung durch das Wettbewerbsrecht verursachten Schaden erlitten hat, den vollständigen Schaden verlangen und durchsetzen kann. Das Erfordernis einer unmittelbaren Betroffenheit ist auch abzulehnen, da hierdurch subjektive Elemente – in Form der Fähigkeit der Beteiligten, den Wettbewerbsverstoß zu verhindern oder der Vorhersehbarkeit der Marktauswirkung – mit einbezogen werden, das Wettbewerbsrecht als Marktordnungsrecht jedoch das alleinige Abstellen auf objektive Kriterien erfordert.[888]

Eine Spürbarkeits- und Betroffenheitsschwelle verträgt sich dagegen nach Teilen der Literatur besser mit dem Auswirkungsprinzip aufgrund dessen Bagatellklausel-

882 Staudinger IntWirtschR/*Fezer/Koos*, Art. 6 Rom II-VO, Rn. 150; a.A. Wiedemann, Handbuch des Kartellrechts, § 5, Rn. 7.

883 Staudinger IntWirtschR/*Fezer/Koos*, Art. 6 Rom II-VO, Rn. 150.

884 MüKo/*Immenga*, BGB, Band 11, IntWettbR/IntKartR, Rn. 24 ff; *Mankowski*, RIW 2008, 177, 185; *Roth*, FS Kropholler (2008), S. 623, 640.

885 Vgl. MüKo/*Immenga*, BGB, Band 11, IntWettbR/IntKartR, Rn 24 ff.

886 *Roth*, FS Kropholler (2008), S. 623, 640.

887 Richtlinie 2014/104/EU des Europäischen Parlaments und des Rates vom 26. November 2014 über bestimmte Vorschriften für Schadensersatzklagen nach nationalem Recht wegen Zuwiderhandlungen gegen wettbewerbsrechtliche Bestimmungen der Mitgliedstaaten und der Europäischen Union.

888 Staudinger IntWirtschR/*Fezer/Koos*, Art. 6 Rom II-VO, Rn. 156, 352.

eigenschaft[889] und war zunächst in einem der Erwägungsgründe vorgesehen.[890] Auf einen quantitativen Richtwert, etwa in Form des im Unionsrecht für die De-minimis-Regelung vorgegebenen unteren Schwellenwerts von 5 % Marktanteil[891], sollte nicht abgestellt werden.[892] Ein absoluter Maßstab ist zu starr und berücksichtigt nicht das eigene legitime Regelungsinteresse des Auswirkungsstaates.[893] Das Argument, es käme kein Recht zur Anwendung, wenn die Auswirkungen auf jedem Markt unterhalb der Spürbarkeitsschwelle liegen, lässt sich entkräften, da aufgrund der Vollrechtsharmonisierung im Bereich des Kartellverbotes ohnehin eine sachrechtliche Spürbarkeitsschwelle vorhanden ist und unabhängig davon, welche Rechtsordnung anwendbar wäre, keine von ihnen einen Verstoß gegen das europäische Kartellrecht feststellen würde.[894]

### (3) Einbeziehung wahrscheinlicher Beeinträchtigungen

Von Art. 6 Abs. 3 lit. a Rom II-VO erfasst werden auch den Wettbewerb einschränkende Verhaltensweisen, die den Markt eines Staates wahrscheinlich beeinträchtigen werden.[895] Die Einbeziehung wahrscheinlicher Verstöße ergibt sich auch schon aus Art. 2 Abs. 2 Rom II-VO, der wahrscheinliche zukünftige Verstöße ganz allgemein in den Bereich des außervertraglichen Schuldverhältnisses einbezieht.[896] Zudem ist die Erfassung bestimmter potentieller Wettbewerbsauswirkungen aus marktordnungsrechtlicher Sicht sinnvoll.[897]

Es muss dabei zumindest eine Sachlage vorliegen, die mit hinreichender Wahrscheinlichkeit den Markt beeinträchtigen wird, hingegen reicht eine abstrakte Gefahr nicht aus.[898] Dies stellt auch einen Gleichlauf mit Art. 7 Nr 3. Var. 2 Brüssel Ia-VO (Art. 5 Nr 3. Var. 2 Brüssel I-VO a. F.) sicher, der eine ernstzunehmende Gefahr

889 *Leible/Lehmann*, RIW 2007, 721, 730; *Mankowski*, RIW 2008, 177, 186; a. A: *Schnur*, Internationales Kartellprivatrecht, S. 125.

890 *Mankowski*, RIW 2008, 177, 186; Erwägungsgrund (11 a) S. 2 des Vermerks des Vorsitzenden des Ausschlusses für Zivilrecht (Rom II) vom 02.05.2006, 8498/06 JUSTIV 118 CODEC 358, S. 6; Erwägungsgrund (11 a) S. 2 des Vermerks des Vorsitzenden des AStV/Rat vom 19.05.2006, 9143/06 JUSTIV 118 CODEC 455, S. 6.

891 Bekanntmachung der Kommission über Vereinbarungen von geringer Bedeutung, die den Wettbewerb gemäß Art. 81 Abs. 1 des Vertrages zur Gründung der EG nicht wesentlich beschränken (de minimis). ABL. EG 2001 C 368/13 Rn. 7.

892 *Immenga/Mestmäcker/Emmerich*, EU-Kartellrecht, Band 1 (1997), Art. 81 EGV, Rn. 190; *Mankowski*, RIW 2008, 177, 186.

893 Staudinger IntWirtschR/*Fezer/Koos*, Art. 6 Rom II-VO, Rn. 161; *Mankowski*, RIW 2008, 177, 186.

894 *Schnur*, Internationales Kartellprivatrecht, S. 123.

895 Staudinger IntWirtschR/*Fezer/Koos*, Art. 6 Rom II-VO, Rn. 164, 352.

896 *Mankowski*, RIW 2008, 177, 183.

897 Staudinger IntWirtschR/*Fezer/Koos*, Art. 6 Rom II-VO, Rn. 164.

898 Staudinger IntWirtschR/*Fezer/Koos*, Art. 6 Rom II-VO, Rn. 164.

verlangt.[899] Man könnte die Auffassung vertreten, eine Prognose sei ausschließlich anhand bereits in der Vergangenheit begangener, vergleichbarer Handlungen zu treffen und ein Rückschluss auf die Wahrscheinlichkeit des Eintritts einer Marktbeeinträchtigung anhand der Auswirkungen der in der Vergangenheit begangenen, vergleichbaren Handlungen auf den Markt zu ziehen.[900] Eine Prognose ausschließlich anhand von Handlungen in der Vergangenheit hätte jedoch zur Folge, dass Art. 6 Abs. 3 lit a Rom II-VO nicht auf drohende Erstbegehungen anzuwenden wäre. Dies würde den Anwendungsbereich des Art. 6 Abs. 3 lit a Rom II-VO beträchtlich eingrenzen und der Gesamtregel merklich an Effektivität nehmen.[901]

Der „effet utile" fordert deshalb vielmehr, dass neben drohenden Wiederholungsverstößen auch drohende Erstbegehungen als Prognosebasis für die Wahrscheinlichkeit einer Marktbeeinträchtigung durch eine bestimmte Verhaltensweise herangezogen werden, wobei die Lokalisierung der Märkte die wahrscheinlich beeinträchtigt werden, bei einer drohenden Erstbegehung durch den Zuschnitt der Vereinbarung bzw. Abstimmung erfolgt.[902]

## III) Beeinträchtigung mehrerer Märkte Art. 6 Abs. 3 lit b Rom II-VO

Da Streuschäden typischerweise im Rahmen von internationalen Kartellen entstehen, ist die Frage, welche Rechtsordnung anzuwenden ist, wenn durch ein schädigendes Ereignis mehrere Staaten im Sinne des Auswirkungsprinzips berührt werden, von hoher praktischer bzw. ökonomischer Bedeutung.[903] Die Anknüpfung hat dabei so zu erfolgen, dass dem Effektivitätsgrundsatz Genüge getan wird.

### *1) Anknüpfung bei Streuschäden*

Wirkt sich eine wettbewerbswidrige Handlung auf die Märkte mehrerer Staaten aus, gilt grundsätzlich, wie für das allgemeine Deliktsrecht, konsequenterweise das Mosaikprinzip.[904]

Das Mosaikprinzip stellt eine distributive Anknüpfung dar, d. h., das wettbewerbsbeschränkende Verhalten ist in jedem Markt nach dem jeweils auf diesem Markt geltenden Recht zu beurteilen.[905] Es wird weder eine Suche nach einem relativen Schwerpunkt und noch eine Suche nach dem relativ am stärksten betroffenen

---

899 *Mankowski*, RIW 2008, 177, 183.
900 *Mankowski*, RIW 2008, 177, 183.
901 *Mankowski*, RIW 2008, 177, 183.
902 *Mankowski*, RIW 2008, 177, 183.
903 MüKo/*Immenga*, BGB, Band 11, IntWettbR/IntKartR, Rn. 76.
904 *Mankowski*, RIW 2008, 177, 188; *Hüßtege/Mansel/Weller*, Art. 6 Rom II, Rn 36; *Wurmnest*, EuZW 2012, 933, 938.
905 MüKo/*Immenga*, BGB, Band 11, IntWettbR/IntKartR, Rn. 76. *Immenga*, FS Kühne (2009), S. 725, 729; *Mankowski*, RIW 2008, 177, 188.

Markt durchgeführt.[906] Das Mosaikprinzip führt dennoch nicht zu einer echten Mehrfachanknüpfung, die dazu führen würde, dass ein- und derselbe Sachverhaltsausschnitt mehreren Rechten gleichzeitig unterliegt, was zu Konflikten führen würde, wenn die jeweiligen Gesetzgeber unterschiedliche Maßstäbe pflegen und jede Seite sich durchsetzen will.[907] Sich widersprechenden Entscheidungen kann notfalls über die Rechtshängigkeitsregelungen nach Art. 30 Brüssel I a-VO (Art. 28 Brüssel I-VO a. F.) vorgebeugt werden.[908]

### *2) Mosaikprinzip und Effektivitätsgrundsatz*

Die Anknüpfung an das Mosaikprinzip hat zur Folge, dass es für den Geschädigten aufwendiger ist, seinen Gesamtschaden zu liquidieren, denn er muss für die einzelnen Teilschäden in die Ermittlung des jeweiligen Marktrechts investieren.[909] Wird das ausländische Recht als Tatsache angesehen, trifft den Geschädigten eine subjektive Beweislast für den Inhalt des ausländischen Rechts.[910] Die hieraus entstehende Last potenziert sich, je nachdem wie viele verschiedene Auslandssachverhalte betroffen sind. Dies kann zur Folge haben, dass der potentielle Kläger teilweise von der Verfolgung des Kartelldelikts absehen wird.[911] Eine effektive Durchsetzung des europäischen Kartellrechts mittels kartellrechtlicher Schadensersatzklagen wird folglich nicht mit einer Anknüpfung nach dem Mosaikprinzip erreicht.[912]

### *3) Option zum Recht des Forumstaates*

Um dem Effektivitätsgrundsatz auch bei Mehrstaatensachverhalten zu größerer Effektivität zu verhelfen, hat der europäische Gesetzgeber in Art. 6 Abs. 3 lit b HS. 1 Rom II-VO dem Geschädigten die Möglichkeit eingeräumt, für die Anwendung allein des Deliktsrechts des angerufenen mitgliedsstaatlichen Gerichts zu optieren.[913] Dies stellt eine Abweichung vom strengen Auswirkungsprinzip (Mosaikprinzip) dar und hat zur Folge, dass ein einziges Recht auf den gesamten Sachverhalt zur Anwendung gelangt und so eine rechtliche Konzentration eintritt.[914]

Voraussetzung für die Anwendbarkeit des Art. 6 Abs. 3 lit b HS. 1 Rom II-VO ist, dass der Geschädigte vor einem mitgliedsstaatlichen Gericht am Wohnsitz des Beklagten klagt und der Markt in diesem Mitgliedsstaat zu den Märkten gehört, die

---

906 *Mankowski*, RIW 2008, 177, 188.
907 *Mankowski*, RIW 2008, 177, 188.
908 *Mankowski*, RIW 2008, 177, 188.
909 *Mankowski*, RIW 2008, 177, 188; *Roth*, FS Kropholler (2008), S. 623, 645.
910 *Mankowski*, RIW 2008, 177, 188.
911 *Mankowski*, RIW 2008, 177, 188; *Roth*, FS Kropholler (2008), S. 623, 645.
912 *Mankowski*, RIW 2008, 177, 188.
913 MüKo/*Immenga*, BGB, Band 11, IntWettbR/IntKartR, Rn. 78; *Roth*, FS Kropholler (2008), S. 623, 625.
914 *Mankowski*, RIW 2008, 177, 189.

unmittelbar und wesentlich durch das den Wettbewerb einschränkende Verhalten betroffen sind.

Der Begriff des Wohnsitzes ist gleichzusetzen mit demjenigen des europäischen Zivilprozessrechtes nach Art. 4 i.V.m. Art. 63 Brüssel I a-VO (Art. 2 i.V.m. Art. 60 Brüssel I-VO a. F.);[915] d. h. dass bei einem Unternehmen der satzungsmäßige Sitz, die Hauptverwaltung oder die Hauptniederlassung ausschlaggebend ist.

### *a) Unmittelbare und wesentliche Betroffenheit des mitgliedstaatlichen Markts*

Die Erforderlichkeit einer unmittelbaren und wesentlichen Betroffenheit des mitgliedstaatlichen Markts durch das den Wettbewerb einschränkende Verhalten ist als unbestimmter Rechtsbegriff geeignet, Rechtsunsicherheit zu schaffen[916] und dadurch den Effektivitätsgrundsatz nicht vollumfänglich zu verwirklichen. Eine nicht vollumfängliche Verwirklichung des Effektivitätsgrundsatzes würde eintreten, wenn die Begriffe „unmittelbar“ und „wesentlich“ zu weit ausgelegt würden und dadurch der Anwendungsbereich des Art. 6 Abs. 3 lit b HS. 1 Rom II-VO erheblich eingeschränkt würde.

Um die Beeinträchtigung eines Marktes als „unmittelbar“ und „wesentlich“ qualifizieren zu können, ist nicht erforderlich, dass dieser Markt allein oder schwerpunktmäßig betroffen bzw. der am stärksten betroffene ist.[917] Eine derartige Einschränkung lässt sich aus dem Wortlaut nicht folgern und wäre mit dem Telos des Art. 6 Abs. 3 lit b HS. 1 Rom II-VO, eine effektive Durchsetzung des europäischen Kartellrechts sicher zu stellen, nicht vereinbar. Unmittelbarkeit und Wesentlichkeit müssen jedoch zumindest eine Spürbarkeit begründen.[918] Unmittelbarkeit und Wesentlichkeit lassen sich dann bejahen, wenn die wettbewerbswidrige Verhaltensweise die Produktions- und Vertriebstätigkeit am Kartell nicht Beteiligter auf dem betreffenden Markt beeinträchtigt.[919]

Unter Zugrundelegung einer solchen Interpretation ist der anzulegende Maßstab hinreichend bestimmt; Befürchtungen, die beiden Kriterien schüfen Rechtsunsicherheit, erweisen sich deshalb als unbegründet.[920] Da das Unmittelbarkeitskriterium letztlich nur dazu dient, bloße Reflexwirkungen auszugrenzen und dem Wesentlichkeitskriterium eine eher allgemeine Korrektivfunktion zukommt,[921] besteht auch

---

915 *Hüßtege/Mansel/Weller*, Art. 6 Rom II, Rn. 37; *Mankowski*, RIW 2008, 177, 189.

916 *Mankowski*, RIW 2008, 177, 190.

917 *Basedow*, ZWeR 2006, 294, 300; *Mankowski*, RIW 2008, 189; *Roth*, FS Kropholler (2008), S. 623, 646.

918 *Handig*, GRUR Int. 2008, 24, 29; *Hüßtege/Mansel/Weller*, Art. 6 Rom II, Rn. 37; *Mankowski*, RIW 2008, 177, 189.

919 *Langen/Bunte*, Band 2, Einf. EG KartR, Rn. 66; *Mankowski*, RIW 2008, 177, 190; *Wurmnest*, EuZW 2012, 933, 938, der auf eine Gesamtbetrachtung abstellt, bei der die (geschätzten) Warenströme von zentraler Bedeutung sind.

920 *Mankowski*, RIW 2008, 177, 190.

921 *Mankowski*, RIW 2008, 177, 190.

keine Gefahr, dass durch die Einschränkung des Anwendungsbereichs des Art. 6 Abs. 3 lit b HS. 1 Rom II-VO der Effektivitätsgrundsatz nicht vollumfänglich verwirklicht würde.

#### b) *Gesteigerte Effektivität durch Option zum Recht des Forumstaates*

Bei Wahrnehmung der Option ist eine effizientere Rechtsdurchsetzung des europäischen Kartellrechts mittels Privatklagen zu erwarten.[922]

Durch die Anwendung des Rechts des Forumstaates werden Schwierigkeiten und Kosten, die ansonsten durch die Anwendung fremden Rechts verursacht werden, vermieden.[923] Des Weiteren ist es geschädigtenfreundlich, dass alle Schäden, unabhängig davon, auf welchem Markt sie sich ereignet haben, einheitlich nach demselben Recht liquidiert werden.[924]

Daneben steht dem Geschädigten keine freie Wahl zwischen allen Marktortrechten offen, sondern er ist an den Beklagtenwohnsitz gebunden, wodurch der Gefahr des Forums shoppings begegnet wird.[925] Das Abstellen auf den Gerichtsstand des Beklagten ist aus Fairnessgesichtspunkten geboten.[926] Auch durch die ausschließliche Möglichkeit, für mitgliedstaatliches Recht zu optieren, wird dem Effektivitätsgrundsatz Folge geleistet.

### 4) *Lex fori bei Klagen gegen mehrere Beteiligte Art. 6 Abs. 3 lit b HS. 2 Rom II-VO*

Da an Kartellabsprachen meist mehrere Beteiligte mitwirken, ist es von großer praktischer Relevanz, dass der Geschädigte nach Art. 6 Abs. 3 lit b HS. 2 Rom II-VO gegen mehrere am Kartell Beteiligte in einem einheitlichen Verfahren Klage erheben kann.[927] In diesem Fall sind alle Schadensersatzansprüche einheitlich nach dem Recht am Gerichtsstand des Beklagtenwohnsitzes zu behandeln.

---

922 MüKo/*Immenga*, BGB, Band 11, IntWettbR/IntKartR, Rn. 78; *Immenga*, FS Kühne (2009), S. 725, 730; *Maier*, Marktortanknüpfung, S. 408; *Mankowski*, RIW 2008, 177, 190.

923 Bericht des Europäischen Parlaments zu dem vom Vermittlungsausschuss angenommenen gemeinsamen Text für eine Verordnung des Europäischen Parlaments und des Rates über das auf außervertragliche Schuldverhältnisse anwendbare Recht („Rom II"), A6-0257/2007, S. 9; *Ashton/Vollrath*, ZWeR 2006, 1, 23; *Mankowski*, RIW 2008, 177, 189; Staudinger IntWirtschR/*Fezer/Koos*, Art. 6 Rom II-VO, Rn. 357; *Wagner*, IPRAx 2008, 1, 8.

924 *Mankowski*, RIW 2008, 177, 190.

925 *Mankowski*, RIW 2008, 177, 190; *Wurmnest*, EuZW 2012, 933, 938; a.A.: *Roth*, FS Kropholler (2008), S. 623, 645; Staudinger IntWirtschR/*Fezer/Koos*, Art. 6 Rom II-VO, Rn. 357.

926 *Mankowski*, RIW 2008, 177, 190.

927 *Junker*, NJW 2007, 3675, 3679; *Mankowski*, RIW 2008, 177, 191.

Voraussetzung ist, neben der Erhebung der Klage am Wohnsitz eines Kartellanten und der unmittelbaren und wesentlichen Betroffenheit des Marktes im Forumstaat durch das kartellrechtswidrige Verhalten, dass ein Anspruch gegenüber jedem Beklagten besteht.[928] Von einem hinreichenden Zusammenhang wird zumindest dann auszugehen sein, wenn die Klagen auf demselben rechtlichen Grund beruhen oder sich auf denselben tatsächlichen Gegenstand beziehen, wobei letzteres bei Kartellabsprachen der Fall ist.[929]

Durch die mit der Anknüpfung nach Art. 6 Abs. 3 lit b HS. 2 Rom II-VO einhergehende Konzentration soll das Prinzip, dass ein einheitliches Kartell nach nur einem Recht beurteilt wird, verwirklicht werden.[930] Zudem werden wiederum tertiäre Rechtsdurchsetzungskosten gespart[931] und die Effektivität der Durchsetzung des europäischen Kartellrechts mittels privater Schadensersatzklagen wird gestärkt. Der Gefahr des Forum shoppings,[932] die aufgrund des Optionsrechts nach Art. 6 Abs. 3 lit b HS. 2 Rom II-VO begründet wird, kann man entgegenhalten, dass der Ankerbeklagte ein ehemaliger Mitkartellant des Beklagten ist, auf den dieser sich eingelassen hat und der Beklagte insoweit nicht schutzwürdig ist.

## IV) Ausschluss der Rechtswahl

Die Rom II-VO regelt den Ausschluss einer Rechtswahl ausdrücklich in Art. 6 Abs. 4 Rom II-VO, indem Art. 14 Rom II-VO für nicht anwendbar erklärt wird. Der Ausschluss der Rechtswahl schützt die marktordnende und marktfunktionale Steuerungsfunktion des Kartellrechts[933] und damit dessen Effektivität vor der Disposition einzelner Beteiligter und Anspruchsinhaber. Hinter den relativen Verhältnissen zwischen den Beteiligten, die das Kartelldeliktsrecht betreffen, stehen Allgemeininteressen.[934] Das hat zur Folge, dass auch bezüglich des Kartelldeliktsrechts eine international - kartellrechtliche Rechtswahl ausgeschlossen sein muss.[935]

Eine Ausnahme vom Ausschluss der Rechtswahl bildet das Optionsrecht nach Art. 6 Abs. 3 lit. b Rom II-VO.[936] Diese Durchbrechung ist jedoch sachgerecht, da eine Marktbetroffenheit des jeweiligen Staates vorausgesetzt wird und die Möglich-

928 *Mankowski,* RIW 2008, 177, 191.

929 *Mankowski,* RIW 2008, 177, 192; Staudinger IntWirtschR/*Fezer/Koos,* Art. 6 Rom II-VO, Rn. 360.

930 *Mankowski,* RIW 2008, 177, 191.

931 *Mankowski,* RIW 2008, 177, 191.

932 *Hüßtege/Mansel/Weller,* Art. 6 Rom II, Rn. 40; *Hüßtege/Mansel/Weller,* Art. 6 Rom II, Rn. 40; *Mankowski,* RIW 2008, 177, 191; *Mäsch,* IPRAX 2005, 509, 513.

933 *Mankowski,* RIW 2008, 177, 192; *Wagner,* IPRAX 2008, 1, 8.

934 Vgl. auch: *v. Gamm,* NJW 1977, 1554, 1555 ff.

935 *Mankowski,* RIW 2008, 177, 192.

936 Staudinger IntWirtschR/*Fezer/Koos,* Art. 6 Rom II-VO, Rn. 334; *Scholz/Rixen,* EuZW 2008, 327, 331; *Wagner,* IPRAX 2008, 1, 8.

keit des Forum shopping von vornherein beschränkt ist.[937] Art. 6 Abs. 3 lit b HS. 1 Rom II-VO bezieht sich nur auf das Deliktsrecht und erstreckt sich nicht auch auf das dem deliktischen Anspruch zugrunde liegende Kartellrecht.[938] Ansonsten könnte ein Kläger von einem Gericht die Anwendung eines ausländischen Rechts verlangen, welches nach seiner eigenen Anwendungsregelung gar nicht angewendet werden will.[939]

## C) Zusammenfassung in Thesen

1. Bei internationalen Kartellrechtsprozessen ist die Ausgestaltung des Internationalen Privatrechts von essentieller Bedeutung für die effektive Durchsetzung des europäischen Kartellrechts mittels privater Schadensersatzklagen. Mithilfe des Internationalen Privatrechts wird die anwendbare nationale materielle Rechtsordnung bestimmt, die wiederum Tatbestandsvoraussetzungen und Rechtsfolgen für den kartellrechtlichen Schadensersatzanspruch regelt.
2. Nur, wenn das Recht eines Mitgliedstaates Anwendung findet, ist grundsätzlich sichergestellt, dass ein Verstoß gegen das europäische Kartellverbot zu einem Schadensersatzanspruch führt.
3. Art. 6 Abs. 3 lit a Rom II-VO verhilft dem europäischen Kartellrecht zu größter effektiver Durchsetzung, wenn die Marktortanknüpfung
   a) generell die für die effektive Durchsetzung sachgerechteste Anknüpfung ist und
   b) konkret von der Praxis, insbesondere hinsichtlich ihrer Reichweite, so ausgelegt wird, dass die Vorgaben einer effektiven Durchsetzung des europäischen Kartellrechts verwirklicht werden.
4. Das marktorientierte Auswirkungsprinzip ist generell für die effektive Durchsetzung des Kartellrechts als sinnvollstes Anknüpfungsmoment zu erachten, da es
   a) den Auftrag des materiellen Kartellrechts, sowohl die Allgemeinheit wie auch die individuell Betroffenen vor Wettbewerbsbehinderungen zu schützen, sowie
   b) die Steuerungsfunktion des materiellen europäischen Kartellrechts auf kollisionsrechtlicher Ebene optimal wiedergibt.
5. Die Anknüpfung an den Handlungsort wäre dagegen weniger geeignet, die effektive Durchsetzung des europäischen Kartellrechts zu gewährleisten, insbesondere da die Kartellanten durch die Wahl des Ortes, an dem sie die wettbewerbswidrige Vereinbarung treffen, die Anwendbarkeit europäischen Kartellrechts umgehen könnten. Eine Anknüpfung an den Erfolgsort brächte

937 Staudinger IntWirtschR/*Fezer/Koos*, Art. 6 Rom II-VO, Rn. 357.
938 *Wurmnest*, EuZW 2012, 933.
939 *Roth*, FS Kropholler (2008), S. 623, 647 f.; *Wurmnest*, EuZW 2012, 933; a.A.: Staudinger IntWirtschR/*Fezer/Koos*, Art. 6 Rom II-VO, Rn. 360.

Rechtsunsicherheit mit sich, da die Bestimmung des Erfolgsortes Probleme nach sich zieht. Verglichen mit der Anknüpfung an das Auswirkungsprinzip ist dies die weniger effektive Anknüpfung.

6. Durch die Ausnahme des behördlichen Kartellrechts aus dem Anwendungsbereich des Art. 6 Abs. 3 lit a Rom II-VO wird die Effektivität der Durchsetzung des europäischen Kartellrechts gestärkt, da sie mit der Politik zur effektiven Durchsetzung des Unionskartellrechts, wie sie sich in der Verordnung (EG) 1/2003 niederschlägt, trefflich korrespondiert. Zudem verläuft die Ausgrenzung parallel zu den behördlichen Zuständigkeitstatbeständen, die typischerweise Kompetenzen verleihen, soweit der jeweilige nationale Markt betroffen ist.
7. Da Art. 6 Abs. 3 lit a Rom II-VO ausschließlich auf das Kartelldeliktsrecht verweist, so wird dem Effektivitätsgrundsatz dann am besten Genüge getan, wenn in Fällen, in denen die europäischen Kartellverbotsvorschriften ihre Anwendung beanspruchen, Art. 6 Abs. 3 lit a Rom II-VO auf das Kartelldeliktsrecht eines Mitgliedsstaates verweisen würde. Zwischen dem sekundärrechtlich normierten Auswirkungsprinzip und dem primärrechtlichen Auswirkungsprinzip bestehen derzeit Divergenzen; eine Angleichung würde die effektive Durchsetzung der europäischen Kartellvorschriften stärken.
8. Eine allseitige Anwendung des Art. 6 Abs. 3 lit a Rom II-VO verhilft dem Auswirkungsprinzip zu einer weiterreichenden Geltung und gewährleistet damit grundsätzlich eine effektive Durchsetzung des Kartellrechts.
9. Dass auch bei der Anwendung drittstaatlichen Rechts durch mitgliedsstaatliche Gerichte infolge einer uneingeschränkten, allseitigen Anwendung des Art. 6 Abs. 3 lit a Rom II-VO dem Effektivitätsgrundsatz Rechnung getragen wird, kann grundsätzlich durch die Ordre-public-Kontrolle nach Art. 26 Rom II-VO und Eingriffsnormen gemäß Art. 16 Rom II-VO erreicht werden.
10. Zur Verwirklichung der effektiven Durchsetzung des europäischen Kartellrechts mittels privater Schadensersatzklagen kann es geboten sein, etwa exemplary damages, wie sie die Rechtsordnungen anderer Staaten vorsehen, zumindest für die Durchsetzung des primären Unionskartellrechts, zu akzeptieren und nicht mit dem ordre public des Forums zu bekämpfen.
11. Das Fehlen von Definitionen für „Auswirkung“ und „Markt“ schafft Rechtsunsicherheit, die letztlich auch Geschädigte davon abhalten könnte, kartellrechtliche Schadensersatzklagen zu erheben, da sich nicht klar im Voraus bestimmen lässt, welche Rechtsordnung Anwendung findet. Die Bildung von Fallgruppen anhand der verschiedenen Kartellarten schafft Rechtssicherheit.
12. Eine uferlose Anwendung des Auswirkungsprinzips ist nicht zielführend, da sich dann überhaupt keine Sicherheit in Bezug auf das anzuwendende Recht einstellen kann. Eine Spürbarkeits- und Betroffenheitsschwelle ist in Erwägung zu ziehen; bei der Einbeziehung von wahrscheinlichen Beeinträchtigungen muss zumindest eine Sachlage vorliegen, die mit hinreichender Wahrscheinlichkeit den Markt beeinträchtigen wird, hingegen reicht eine abstrakte Gefahr nicht aus. Der „effet utile“ fordert, dass auch drohende Erstbegehungen als

Prognosebasis für die Wahrscheinlichkeit einer Marktbeeinträchtigung durch eine bestimmte Verhaltensweise herangezogen werden.

13. Wirkt sich eine wettbewerbswidrige Handlung auf die Märkte mehrerer Staaten aus, gilt konsequenterweise grundsätzlich das Mosaikprinzip. Das Mosaikprinzip stellt eine distributive Anknüpfung dar und führt damit zu keiner echten Mehrfachanknüpfung.
14. Eine effektive Durchsetzung des europäischen Kartellrechts mittels kartellrechtlicher Schadensersatzklagen wird nicht mit einer Anknüpfung nach dem Mosaikprinzip erreicht. Eine Anknüpfung nach dem Mosaikprinzip hat zur Folge, dass es für den Geschädigten aufwendig ist, seinen Gesamtschaden zu liquidieren, da er für die einzelnen Teilschäden in die Ermittlung des jeweiligen Marktrechts investieren muss. Dies kann zur Folge haben, dass der potentielle Kläger teilweise von der Verfolgung des Kartelldelikts absehen wird.
15. Um dem Effektivitätsgrundsatz auch bei Mehrstaatensachverhalten zu größerer Effektivität zu verhelfen, hat der europäische Gesetzgeber in Art. 6 Abs. 3 lit b HS. 1 Rom II-VO dem Geschädigten die Möglichkeit eingeräumt, für die Anwendung allein des Deliktsrechts des angerufenen mitgliedsstaatlichen Gerichts am Beklagtenwohnsitz zu optieren. Geht der Geschädigte gegen mehrere am Kartell Beteiligte vor, kann er dies nach Art. 6 Abs. 3 lit b HS. 2 Rom II-VO in einem einheitlichen Verfahren tun.
16. Bei Wahrnehmung dieser Option ist eine effizientere Rechtsdurchsetzung aufgrund der wesentlichen Erleichterung für die Erhebung von Privatklagen zu erwarten. Die Regelung gibt Anreize zur Konzentration von Kartellklagen und erspart Durchsetzungskosten, insbesondere tertiäre Rechtsdurchsetzungskosten, da das Gericht sein eigenes Recht anwendet und sich der Kläger nicht um die Ermittlung forumfremden Rechts kümmern muss. Dem Absehen von der Geltendmachung einzelner Schadensposten wird damit entgegengewirkt, was die Effektivität der Durchsetzung des europäischen Kartellrechts mittels privater Schadensersatzklagen fördert.
17. Der Ausschluss der Rechtswahl schützt die marktordnende und marktfunktionale Steuerungsfunktion des Kartellrechts und damit dessen Effektivität vor der Disposition einzelner Beteiligter und Anspruchsinhaber. Eine Ausnahme vom Ausschluss der Rechtswahl bildet das Optionsrecht nach Art. 6 Abs. 3 lit b Rom II-VO. Diese Durchbrechung ist jedoch sachgerecht, da eine Marktbetroffenheit des jeweiligen Staates vorausgesetzt wird und die Möglichkeit des Forum shoppings durch die Unmittelbarkeits- und Spürbarkeitsschwelle von vornherein beschränkt ist.

# § 4 Internationale Zuständigkeit

## A) Problemstellung

Die Regelungen über die internationale Zuständigkeit bestimmen, vor dem Gericht welches Mitgliedsstaates ein Sachverhalt mit Auslandsbezug verhandelt bzw. entschieden wird[940]. Sie sind deshalb für die Effektivität der privatrechtlichen Kartellrechtsdurchsetzung im Kontext von Kartellfällen mit Auslandsberührung von zentraler Bedeutung.

Da jedes Gericht sein eigenes nationales prozessuales Verfahrensrecht (lex fori) anwendet[941], kann es zu prozessualen Besonderheiten und Unterschieden kommen, je nachdem, vor welchem Gericht der kartellrechtliche Schadensersatz geltend gemacht wird. So kann das nationale Verfahrensrecht des einen Staates der effektiven Durchsetzung kartellrechtlicher Schadensersatzansprüche mehr dienen als das eines anderen. Mittelbar kann sich der Gerichtsstand damit auf das materielle Ergebnis auswirken. Dies nicht zuletzt, da materielles und prozessuales Recht derselben nationalen Rechtsordnung am besten aufeinander abgestimmt sind und somit am besten zu den vom Gesetzgeber gewünschten materiellen Ergebnissen führen werden.[942]

Daneben ist zu beachten, dass sich der Gerichtsstand auch insoweit auf das materielle Ergebnis auswirkt, als das Internationale Privatrecht am jeweiligen Gerichtsstand (lex fori) maßgeblich für die Ermittlung des anzuwendenden Rechts ist.[943] Innerhalb der Europäischen Union ist für die Ermittlung der internationalen Zuständigkeit die Rom II-VO einheitlich maßgeblich, sodass dieser Gesichtspunkt nur eingeschränkt zum Tragen kommt.

Weiter ist für das materielle Ergebnis von Bedeutung, wie das Gericht am jeweiligen Gerichtsstand das ermittelte materielle Recht anwendet. Zwar gilt der Grundsatz, dass ein Gericht ein fremdes Recht so auszulegen hat, wie dies ein Richter der maßgeblichen fremden Rechtsordnung täte,[944] jedoch lässt sich nicht leugnen, dass der mit seiner Rechtsordnung betraute Richter das eigene Recht im Zweifel am besten kennt und daher am „besten" anwenden können wird.

Folglich ist die Ermittlung der internationalen Zuständigkeit von Bedeutung für das materielle Ergebnis des Prozesses und damit auch maßgeblich für die Effektivität kartellrechtlicher Schadensersatzklagen.

---

940 Staudinger IntWirtschR/*Fezer/Koos*, Art. 6 Rom II-VO, Rn. 366.

941 *Geimer*, Internationales Zivilverfahrensrecht, Rn. 20; *Nagel/Gottwald*, Internationales Zivilprozessrecht, § 1, Rn. 42.

942 Vgl. auch: Staudinger IntWirtschR/*Fezer/Koos*, Art. 6 Rom II-VO, Rn. 367.

943 *Geimer*, Internationales Zivilverfahrensrecht, Rn. 2577.

944 BGH, Urt. v. 30.01.2001 = IPRAX 2002, 302; *Geimer*, Internationales Zivilverfahrensrecht, Rn. 2596.

# B) Ermittlung der internationalen Zuständigkeit nach der Brüssel I a-VO[945]

## I) Anwendbarkeit der Brüssel I a-VO auf kartellrechtliche Schadensersatzklagen

Befindet sich der Wohnsitz bzw. der satzungsmäßige Sitz, die Hauptverwaltung oder die Hauptniederlassung des Beklagten in einem Mitgliedsstaat der Europäischen Union, sind die Zuständigkeitsregeln der Brüssel I a-VO vorrangig vor den nationalen Regeln zur internationalen Zuständigkeit analog §§ 29, 38 ZPO anzuwenden.[946] Der sachliche Anwendungsbereich des Art. 4 Brüssel I a-VO (Art. 1 Brüssel I-VO a. F.) erstreckt sich auf Zivil- und Handelssachen, wovon in Ermangelung speziellerer Regelungen kartellrechtliche Schadensersatzklagen erfasst werden.[947]

## II) Uneffektiver Bezugspunkt: der Beklagtenwohnsitz

Ausgangsnorm für die Ermittlung der internationalen Zuständigkeit ist der allgemeine Gerichtsstand gemäß Art. 4 i.V.m. Art. 63 Brüssel I a-VO (Art. 2 Abs. 1 Brüssel I-VO i.V.m. Art. 60 Abs. 1 Brüssel I-VO a. F.), nach dem Gesellschaften, die ihren satzungsmäßigen Sitz, ihre Hauptverwaltung oder ihre Hauptniederlassung im Hoheitsgebiet eines Mitgliedsstaates haben, grundsätzlich vor dem Gericht dieses Mitgliedsstaates zu verklagen sind.[948] Die örtliche Zuständigkeit richtet sich in diesem Fall nach den nationalen Vorschriften des Mitgliedsstaates, vor dessen Gericht die Klage erhoben werden soll.[949]

Der effektiven Durchsetzung des europäischen Kartellrechts mittels privater Schadensersatzklagen dient die Anknüpfung an den Beklagtensitz nicht. Eine Folge von Art. 4 Abs. 1 Brüssel I a-VO (Art. 2 Abs. 1 Brüssel I-VO a. F.) ist regelmäßig, dass ein Gericht die juristischen und wirtschaftlichen Zusammenhänge von kartellrechtlich relevanten Vereinbarungen überprüfen muss, deren einziger Bezugspunkt zum angerufenen Staat der Beklagtenwohnsitz ist. Der Kartellrechtsverstoß wird hingegen oftmals in einem anderen Staat bewirkt worden sein und nur in diesem Staat auch Wirkung entfalten.[950] Dies führt dazu, dass es zu sprachlichen, wirtschaftlichen

945 Verordnung (EU) Nr. 1215/2012 des Europäischen Parlaments und des Rates vom 12.12.2012 über die gerichtliche Zuständigkeit und die Anerkennung und Vollstreckung von Entscheidungen in Zivil- und Handelssachen (Brüssel I a-VO).

946 *Becker/Kammin*, EuZW 2011, 503; *Immenga/Mestmäcker/Emmerich/Rehbinder/Markert*, GWB, Band 2, § 130, Rn. 337.

947 *Danov*, Jurisdiction and Judments, S. 11; *Immenga/Mestmäcker/Emmerich/Rehbinder/Markert*, § 130, Rn. 337; *Becker/Kammin*, EuZW 2011, 503.

948 *Becker/Kammin*, EuZW 2011, 503.

949 *Becker/Kammin*, EuZW 2011, 503.

950 *Becker/Kammin*, EuZW 2011.

und praktischen Differenzen kommen kann, die zulasten der Rechtsfindung und der Qualität der Entscheidung des aufgerufenen Gerichts gehen können.[951]

Misslich ist die Anknüpfung an den Beklagtenwohnsitz insbesondere im Falle von Art. 6 Abs. 3 lit b Rom II-VO: Die durch die Verfahrenskonzentration erreichte gesteigerte Effektivität wird dadurch relativiert, dass der Geschädigte seine Klage nur am Wohnsitz des Beklagten geltend machen kann. Dem Abstellen auf den Beklagtengerichtsstand kann man jedoch zugutehalten, dass dieser aus Fairnessgesichtspunkten geboten sein mag.[952]

## III) Gerichtsstand der unerlaubten Handlung

Macht der Kläger einen Anspruch aus unerlaubter Handlung geltend, kann er gemäß Art. 7 Nr. 2 Brüssel I a-VO (Art. 5 Nr. 3 Brüssel I-VO a. F.) nach seiner Wahl, neben dem Gericht am Wohnsitz des Beklagten, auch an dem Ort, an dem das schädigende Ereignis eingetreten ist, klagen.[953]

Kartelldelikte werden vom Gerichtsstand der unerlaubten Handlung erfasst.[954] Dies ist für die Effektivität der Durchsetzung des europäischen Kartellrechts grundsätzlich positiv, da das Gericht des Ortes, an dem das schädigende Ereignis eingetreten ist, wegen der besonderen Nähe des Streitgegenstandes und der leichteren Beweisaufnahme in der Regel am besten in der Lage ist, den Rechtsstreit zu entscheiden.[955]

### *1) Klägerisches Wahlrecht zwischen Handlungsort und Erfolgsort*

Bei Distanzdelikten hat der Kläger nach der sog. „Tessili"-Regel die Wahl[956], am Handlungsort oder am Erfolgsort Klage zu erheben, da nach dem EuGH beide vom Ort des schädigenden Ereignisses umfasst werden.[957]

---

951 *Becker/Kammin*, EuZW 2011, 503.

952 *Mankowski*, RIW 2008, 177, 190;.

953 *Geimer*, Internationales Zivilverfahrensrecht, A. 1 Art. 5, Rn. 202; *Immenga/Mestmäcker/Emmerich/Rehbinder/Markert*, GWB, Band 2, § 130, Rn. 340; Staudinger IntWirtschR/*Fezer/Koos*, Art 6 Rom II-VO, Rn. 374.

954 *Immenga/Mestmäcker/Emmerich/Rehbinder/Markert*, GWB, Band 2, § 130, Rn. 340; Staudinger IntWirtschR/*Fezer/Koos*, Art 6 Rom II-VO, Rn. 374.

955 EuGH, Urt. v. 25.10.2012 – C133/11 (Folien Fischer AG, Fofitec AG/Ritrama SpA) Rn. 38 = NJW 2013, 287; *Geimer*, Internationales Zivilverfahrensrecht, A. 1 Art. 5, Rn. 202.

956 OLG Hamburg, Urt. v. 19.04.2007, 1 Kart U 5/06 = GRUR-RR 2008, 31–32; *Immenga/Mestmäcker/Emmerich/Rehbinder/Markert*, § 130, Rn. 340; *Mankowski*, RIW 2008, 177, 19; Staudinger IntWirtschR/*Fezer/Koos*, Art. 6 Rom II-VO, Rn. 374.

957 EuGH, Urt. v. 14.10.1976, Rs 29/76, NJW 1977, 489 und vom 06.10.1976, Rs 14/76 (sog. „Tessili" – Urteil) und Rs 12/76, NJW 1977, 490 und 491; vgl. auch: BGH, Urt. v. 24.09.1986, VIII ZR 320/85, BGHZ 98, 263–276; *Maier*, Marktortanknüpfung, S. 96 f.; Staudinger IntWirtschR/*Fezer/Koos*, Art. 6 Rom II-VO, Rn. 374.

Handlungsort ist der Ort des schadensbegründenden Geschehens[958], d. h., der Ort, an dem das schadensbegründende Geschehen seinen Ausgang nahm.[959] Dies kann bei einem Kartellverstoß der Ort sein, an dem die wettbewerbswidrige Absprache getroffen wurde[960], der Ort, an dem sie durchgeführt wurde[961] oder u. U. auch der Ort, an dem die Konzeptionierung des inkriminierenden Verhaltens vorgenommen wurde[962].

Der Erfolgsort ist der Ort der Verwirklichung des Schadenserfolges,[963] was im Falle einer wettbewerbswidrigen Handlung der reine Vermögensschaden sein wird. Infrage kommt der Ort, an dem das Vermögen liegt[964], der Ort an dem sich die „Vermögenszentrale" befindet[965], d.h. der Ort am Sitz des Geschädigten[966] oder pauschal der Marktort[967]. Tritt ein Schaden an mehreren Orten ein, ist jeder dieser Orte Erfolgsort.[968] Die Definition des Erfolgsortes kann im Zusammenhang mit kartellrechtlichen Verhaltensweisen zu Rechtsunsicherheit führen. So kommt z. B. bei Preiskartellen als Erfolgsort bei einer Überweisung von Geldern ins Ausland sowohl der Ort, von dem aus überwiesen wurde, als auch der Sitz der Bank, an die überwiesen wurde, als Schlusspunkt des Handlungsgeschehens in Betracht.[969]

Die Bandbreite der verschiedenen Anknüpfungsmöglichkeiten im Rahmen der Definition von Handlungsort und Erfolgsort je nach kartellrechtlicher Verhaltensweisen hat eine Vielzahl möglicher Gerichtsstände zur Folge und führt zu Rechtsunsicherheit. Eine unklare Rechtslage kann potentielle Schadensersatzkläger davon abhalten, Kar-

958 Staudinger IntWirtschR/*Fezer/Koos*, Art. 6 Rom II-VO Rn. 374.

959 *Rauscher/Leible*, EuZPR/EuIPR, A.I.1 Brüssel I-Verordnung, Rn. 87.

960 EuGH, Urt. v. 25.10.2012 – C133/11 (Folien Fischer AG, Fofitec AG/Ritrama SpA), Rn. 38 = NJW 2013, 287; EuGH, Urt. v. 19. 04.2012, C-523/10 (Wintersteiger), Rn. 19 = EuZW 2012, 513; *Ashton/Vollrath*, ZWeR 2006, 1, 8; *Geimer*, Internationales Zivilprozessrecht, Rn. 1520; *Magnus/Mankowski/Mankowski*, Art 5 Brussels I Regulation, Rn. 228; Mankowski, RIW 2008, 177, 191.

961 *Magnus/Mankowski/Mankowski*, Art. 5 Brussels I Regulation, Rn. 228; *Mankowski*, RIW 2008, 177, 191.

962 *Mankowski*, RIW 2008, 177, 191; OLG Hamburg, Urt. v. 19.04.2007, 1 Kart U 5/06 = GRUR-RR 2008, 31.

963 *Immenga/Mestmäcker/Emmerich/Rehbinder/Markert*, GWB, Band 2, § 130, Rn. 335 zu dem Erfolgsort nach deutschen nationalem Recht.

964 *Geimer*, Internationales Zivilprozessrecht, Rn. 1520.

965 *Weller*, IPRax 2000, 202, 203.

966 *Rauscher/Leible*, EuZPR/EuIPR, A.I.1 Brüssel I-Verordnung, Rn. 86 b; den Sitz des Geschädigten ablehnend: EuGH, 10.06.2004, Rs C-168/02 (Kronhofer/Maier u. a.), Slg. I 6009.

967 *Geimer*, Internationales Zivilprozessrecht, Rn. 1520.

968 *Rauscher/Leible*, EuZPR/EuIPR, A.I.1 Brüssel I-Verordnung, Rn. 86 d.

969 *Bulst*, EWS 2004, 406 ff; *Mäsch*, IPRAX 2005, 516; *Rauscher/Leible*, EuZPR/EuIPR, A.I.1 Brüssel I-Verordnung, Rn. 86 d; *v. Hein*, IPRAX 2005, 22; *Wagner/Gees*, NJW 2009, 3481, 3484.

tellverstöße mittels privater Schadensersatzklagen zu verfolgen,[970] was der Effektivität der Kartellrechtsdurchsetzung Abbruch tut. Die auf das allgemeine Zivilrecht anwendbaren Regeln sind für Kartellrechtsverstöße unpassend; es wäre geboten, entweder einen speziellen kartellrechtlichen Gerichtsstand einzuführen oder aber die bestehenden Gerichtsstände an die kartellrechtlichen Besonderheiten anzupassen.[971]

### 2) *Gerichtsstand bei Streudelikten*

Bei Kartelldelikten handelt es sich regelmäßig um Streudelikte, da der Deliktserfolg gleichzeitig an mehreren Orten eintritt.

Die Effektivität der Durchsetzung des Kartellrechts mittels privater Schadensersatzklagen würde gesteigert, wenn in einem Verfahren vor einem Gericht über den gesamten Schaden entschieden würde.[972] Dem Gedanken trägt auf Ebene des Kollissionsrechts Art. 6 Abs. 3 Rom II-VO Rechnung.[973]

Nach der Shevill-Doktrin des EuGH[974] besteht jedoch die Zuständigkeit des jeweiligen Gerichts nur für die Entscheidung über den Ersatz von Schäden, die in dem Staat des jeweiligen Gerichts verursacht wurden.[975]

Dem Effektivitätsgrundsatz würde daher grundsätzlich zu größter Wirksamkeit verholfen, wenn der Kläger in Fällen von Streuschäden für den Handlungsort und nicht den Erfolgsort optieren würde. Gibt es hingegen auch mehrere Handlungsorte, so kann das jeweilige Gericht nur über dasjenige Delikt Recht sprechen, das durch die jeweilige Handlung im Forumstaat verwirklicht wurde.[976] In diesem Fall kann der Geschädigte seinen gesamten Schaden nur am allgemeinen Gerichtsstand einklagen.[977]

### 3) *Auseinanderfallende Zuständigkeiten bei Feststellung vertraglicher Nichtigkeit und kartellrechtlicher Schadensersatzklage*

Hinsichtlich Nichtigkeitsfeststellungsklagen beurteilt sich die Zuständigkeit nationaler Gerichte nach § 7 Nr. 1 Brüssel I a-VO (§ 5 Nr. 1 Brüssel I-VO a.F.). Will dieselbe Partei wegen der Nichtigkeit auch eine kartellrechtliche Schadensersatzklage erheben, weist der Anspruch eine enge Verbindung zu dem nichtigen Vertrag auf, ist

---

970 *Becker/Kammin*, EUZW 2011, 503.

971 *Becker/Kammin*, EUZW 2011, 503.

972 *Immenga*, FS Kühne (2009), S. 725, 730; vgl. auch: MüKo/*Immenga*, BGB, Band 11, IntWettbR/IntKartR Rn. 78; *Mankowski*, RIW 2008, 177, 190.

973 Vgl. auch: § 3) B) III).

974 EuGH, Urt. v. 07.03.1995, Rs C-68/93 (Shevill/Press Alliance SA), EuGHE 1995 I 415, Rn. 30.

975 *Mankowski*, RIW 2008, 177, 191; Staudinger IntWirtschR/*Fezer/Koos*, Art. 6 Rom II-VO, Rn. 374.

976 *Wurmnest*, EuZW 2012, 933, 934.

977 *Wurmnest*, EuZW 2012, 933, 934.

aber dennoch als von deliktischer Natur[978] zu qualifizieren.[979] Die enge Verbindung zwischen Schadensersatzanspruch und nichtigen Vertrag besteht, da im Wege einer umfassenden zivilrechtlichen Anspruchsgeltendmachung der Geschädigte gegen den Kartellanten zum einen auf Herausgabe aus nichtigen Vertrag und zum anderen auf Schadensersatz vorgehen wird. Zudem hat das Zivilgericht im Fall, dass es sich nicht um eine follow-up Klagen handelt, zu entscheiden, ob ein Verstoß gegen das kartellrechtliche Verbotsgesetz, welches den Grund für die Nichtigkeit des zivilrechtlichen Vertrages zwischen Kartellant und Geschädigten bildet und gleichzeitig auch Tatbestandsmerkmal des kartellrechtlichen Schadensersatzanspruchs ist, vorliegt. Der Mindermeinung, nach der eine umfassende Zuständigkeit am Vertragsgerichtsstand gegeben sei, da das Vertragsverhältnis prägend sei,[980] ist nicht zu folgen. Der Wortlaut spricht klar gegen eine solche Auffassung und man kann nicht ohne Weiteres pauschal darauf schließen, dass das Vertragsverhältnis der prägende Teil ist.[981]

Folglich ist die Zuständigkeit der nationalen Gerichte hinsichtlich Nichtigkeitsfeststellungsklagen nach § 7 Nr. 1 Brüssel I a-VO (§ 5 Nr. 1 Brüssel I – VO a.F.) zu beurteilen und hinsichtlich der Schadensersatzklagen nach § 7 Nr. 2 Brüssel I a-VO (Art. 5 Nr. 3 Brüssel I-VO a.F.).[982] Ein der Sache nach einheitliches kartellrechtliches Verfahren künstlich auseinanderzureißen und ggf. auf die Gerichte verschiedener Staaten zu verteilen, steht der Attraktivität der privatrechtlichen Durchsetzung des Kartellrechts entgegen.[983] Auch wenn man der Gegenauffassung folgt, die vom Ergebnis zu einem aus Effektivitätserwägungen günstigeren Resultat kommt, besteht Rechtsunsicherheit.[984]

## IV) Gerichtsstand der passiven Streitgenossenschaft

Nach Art. 8 Nr. 1 Brüssel I a-VO (Art. 6 Nr. 1 Brüssel I-VO a.F.) sind Streitgenossen auch vor dem Gericht des Ortes gerichtspflichtig, an dem nur einer der Beklagten seinen Wohnsitz hat, sofern zwischen den Klagen eine so enge Verbindung besteht, dass eine gemeinsame Verhandlung und Entscheidung geboten erscheint, um zu vermeiden, dass in getrennten Verfahren widersprechende Entscheidungen ergehen können.[985]

Die Konturen des Konnexitätserfordernisses sind indes nicht abschließend geklärt.[986] Im kartellrechtlichen Kontext finden sich in der Literatur Befürworter einer

---

978 *Scholz/Rixen*, EuZW 2008, 327, 330.
979 *Becker/Kammin*, EuZW 2011, 503, 505.
980 *Becker/Kammin*, EuZW 2011, 503, 505; *Kropholler/v. Hein*, Europäisches Zivilprozessrecht, Art. 5 EuGVO, Rn. 79.
981 *Becker/Kammin*, EuZW 2011, 503, 505.
982 *Becker/Kammin*, EuZW 2011, 503, 505.
983 *Becker/Kammin*, EuZW 2011, 503, 505.
984 *Becker/Kammin*, EuZW 2011, 503, 505.
985 *Harms*, EuZW 2014, 129.
986 *Harms*, EuZW 2014, 129.

großzügigen Anwendung des Art. 8 Nr. 1 Brüssel I a-VO (Art. 6 Nr. 1 Brüssel I-VO a. F.)[987]; der EUGH legt das Erfordernis des Sachzusammenhangs dagegen in ständiger Rechtsprechung grundsätzlich restriktiv aus.[988] Entscheidungen sind nach dem EuGH nicht schon deswegen als sich widersprechend zu betrachten, weil es zu einer abweichenden Entscheidung des Rechtsstreits kommt, sondern diese Abweichung muss außerdem bei derselben Rechts- und Sachlage auftreten.[989] Erwägungen der Prozessökonomie sind nach der Rechtsprechung des EuGH außer Betracht zu lassen.[990]

Eine einheitliche Sachlage ist dann nicht gegeben, wenn die Verletzungshandlungen, die von den verschiedenen Kartellanten begangen wurden, nicht dieselben sind.[991] Dies wird regelmäßig der Fall sein, da die Berechtigung der geltend gemachten Schadensersatzansprüche nur individuell anhand der jeweiligen unterschiedlichen Lieferbeziehungen bestimmt wird und ein einheitlicher Verstoß der beklagten Kartellmitglieder gegen das Kartellverbot nicht zur Begründung einer einheitlichen Sachlage ausreicht.[992]

Eine einheitliche Rechtslage wird im europäischen Raum aufgrund des Inkrafttretens der Rom II-VO auf internationaler, privatrechtlicher Ebene zu bejahen sein, auf nationaler Ebene hingegen in den seltensten Fällen.[993] Die englischen Gerichte stellten bis dato keine hohen Erfordernisse an die Konnexität unter Art. 8 Nr. 1 Brüssel I a-VO (Art. 6 Nr. 1 Brüssel I-VO a. F.). So begründete der High Court in der Provimi-Entscheidung aus 2003 seine internationale Zuständigkeit im Hinblick auf nicht in England ansässige Beklagte gestützt auf Art. 8 Nr. 1 Brüssel I a-VO (Art. 6 Nr. 1 Brüssel I-VO a. F.) damit, dass die Klagen gegen sämtliche Kartellbeteiligten auf demselben Verstoß gegen Art. 101 AEUV beruhen und es wenig sinnvoll sei, angesichts der unterentwickelten Regelungen des Kartelldeliktsrechts in getrennten Verfahren zu unterschiedlichen Lösungen im Hinblick auf dasselbe Kartell zu kommen.[994] Der High Court bestätigte eine großzügige Auffassung von Art. 8 Nr. 1 Brüssel I a-VO (Art. 6 Nr. 1 Brüssel I-VO a. F.) in der Entscheidung Cooper Tire[995]. In diesem Verfahren

---

987 *Basedow/Heinze*, FS Möschel (2011), 63, 69; *Mankowski*, RIW 189, 192.

988 EuGH, Urt. v. 11.04.2013, C-645/11 (Sapir), Rn. 41 = EuZW 2013, 503; EuGH, Urt. v. 12.07.2012, C-616/10 (Solvay), Rn. 21 = EuZW 2012, 837; *Harms*, EuZW 2014, 129.

989 EuGH, Urt. v. 13.7.2006, Rs. C-539/03 (Roche Nederland), Slg. 2006, I-6535, Rn. 26

990 *Harms*, EuZW 2014, 129, 130; EuGH, Urt. v. 13.07.2006, Rs. C-539/03 (Roche Nederland), Slg. 2006, I-6535, Rn. 36.

991 *Harms*, EuZW 2014, 129; EuGH, Urt. v. 13.07.2006, Rs. C-539/03 (Roche Nederland), Slg. 2006, I-6535, Rn. 27; EuGH, Urt. v. 12.07.2012, C-616/10 (Solvay), Rn. 25 = EuZW 2012, 837.

992 *Harms*, EuZW 2014, 129, 133.

993 *Harms*, EuZW 2014, 133; dieses Konnexitätserfordernis kritisierend: *Maier*, Marktortanknüpfung, S. 199 f.

994 Provimi Limited v. Aventis Animal Nutrion SA and Others [2003] E.C.C. 29, S. 353 Rn. 45–47.

995 Cooper Tire & Rubber Company and Others v. Shell Chemicals UK Limited and Others [2009] EWHC 2609 (Comm).

bejahte das Gericht seine Zuständigkeit aufgrund von Art. 8 Nr. 1 Brüssel I a-VO (Art. 6 Nr. 1 Brüssel I-VO a. F.), weil die in England Beklagte als Tochterunternehmen eines für einen Kartellverstoß verantwortlichen Mutterunternehmens auch in England geringfügige Verkäufe der kartellierten Ware getätigt hatte, sodass das Kartell auch in England umgesetzt worden sei.[996] Selbst wenn die englische Tochter nur aus taktischen Gründen verklagt worden sei, so stehe dies der Anwendung des Art. 8 Nr. 1 Brüssel I a-VO (Art. 6 Nr. 1 Brüssel I-VO a. F.) nicht entgegen.[997] Eine solche Herangehensweise setzt Klageanreize und führt damit zu einer effektiven Durchsetzung des Kartellrechts mittels privater Schadensersatzklagen, eine Vereinbarkeit mit der vom EuGH eingeschlagenen Richtung wird man jedoch verneinen müssen.

Art. 8 Nr. 1 Brüssel I a-VO (Art. 6 Nr. 1 Brüssel I-VO a. F.) und Art. 6 Abs. 3 lit b Rom II-VO, im Rahmen dessen die Klagen auf demselben rechtlichen Grund beruhen oder sich auf denselben tatsächlichen Gegenstand beziehen müssen[998], stellen damit divergierende Anforderungen an die für ihre Anwendung erforderliche Konnexität Dies hat zur Folge, dass in Fällen, in denen die Voraussetzungen des Art. 6 Abs. 3 lit b HS. 2 Rom II-VO erfüllt sind, nicht zwingend ein entsprechender einheitlicher Gerichtsstand zur Verfügung stehen wird. Dies und auch die restriktive Auslegung, wie der EuGH sie verfolgt, setzt keine Klageanreize und fördert die Effektivität kartellrechtlicher Schadensersatzklagen nicht. Hinzu kommt, dass der EuGH der verschiedentlich in der Literatur befürworteten Anwendbarkeit des Art. 8 Nr. 1 Brüssel I a-VO (Art. 6 Nr. 1 Brüssel I-VO a. F.) auch auf Beklagte, die ihren Sitz nicht in einem Mitgliedsstaat der Europäischen Union haben, jüngst entgegengetreten ist.[999] Dies schränkt die Möglichkeit, Klagen gegen verschiedene Beklagte in einem Verfahren geltend zu machen, weiter ein.

## V) Gefahr des Forum shoppings

Aufgrund der Vielzahl der nach der Brüssel I a-VO für kartellrechtliche Schadensersatzklagen grundsätzlich in Betracht kommenden internationalen Gerichtsstände besteht die Möglichkeit des sogenannten Forum shoppings.

Beim Forum shopping wählt der Kläger aus einer Vielzahl von möglichen Gerichtsständen dasjenige Gericht für den Prozess aus, das nach seinen kollisionsrechtlichen Regeln zum günstigsten Sachrecht und damit zu einer möglichst

---

996 Cooper Tire & Rubber Company and Others v. Shell Chemicals UK Limited and Others [2009] EWHC 2609 (Comm) Rn. 34 ff.

997 Based UK Limited and Others [2009] EWHC 2609 (Comm) Rn. 34 ff; *Basedow/Heinze*, FS Möschel (2011), S. 63, 69; vgl. auch: *Maier*, Marktortanknüpfung, S. 173 ff., wonach eine an objektiven Maßstäben ansetzende Missbrauchsschranke in Art. 8 Nr. 1 Brüssel I a-VO (Art. 6 Nr. 1 Brüssel I-VO a. F.) enthalten ist bzw. hereingelesen werden muss.

998 Staudinger IntWirtschR/*Fezer/Koos*, Art. 6 Rom II-VO Rn. 360; *Mankowski*, RIW 2008, 177, 192.

999 EuGH, Urt. v. 11.04.2013, C-645/11= EuZW 2013, 503.

positiven Entscheidung kommt.[1000] In der Praxis kann die gezielte Wahl des günstigsten Gerichtsstandes von ausschlaggebender Bedeutung für die Erfolgsaussichten eines kartellrechtlichen Schadensersatzprozesses sein, da der Kläger im Zweifel die Klage vor dem Gericht erheben wird, dessen Prozessrecht am klägerfreundlichsten ausgestaltet ist und dessen Internationales Privatrecht zu dem für ihn günstigsten materiellen Recht führt.[1001] Verallgemeinernd lässt sich folglich sagen, dass die Effektivität des europäischen Kartellrechts durch die Eröffnung der Möglichkeit eines möglichst weitreichenden Forum shoppings grundsätzlich erhöht wird.

Es ist zu bedenken, dass dieser Effekt dann unterlaufen wird, wenn der durch ein Kartell Geschädigte durch die Vielzahl zur Verfügung stehender Gerichtsstände überfordert ist und bereits aufgrund der zu nehmenden Hürde der Ermittlung des für die kartellrechtliche Schadensersatzklage zuständigen Gerichts von der Erhebung einer Klage absehen wird.[1002] Zudem würde bei der Annahme der Möglichkeit eines zu weitreichenden Forum shoppings sich das strengste Recht oder das Recht des ökonomisch stärksten Staates durchsetzen und eine Hegemonie der wirtschaftlich stärksten Macht etabliert werden. Dabei würden die Marktverhältnisse in anderen Staaten, die ebenfalls Ziel wettbewerbswidriger Verhaltensweisen geworden sind, nicht hinreichend berücksichtigt[1003] und der wünschenswerte Wettbewerb der Systeme würde unterdrückt, was einer effektiven Durchsetzung des europäischen Kartellrechts entgegenstünde. Nur bei einem Wettbewerb der Systeme[1004] ist gewährleistet, dass sich die einzelnen nationalen Rechtsordnungen weiterentwickeln und stetig effektivere Lösungen für die effektive Durchsetzung des europäischen Kartellrechts finden.

## C) Gleichlaufprinzip versus Doppelfunktionstheorie bei der Ermittlung der internationalen Zuständigkeit nach den nationalen Vorschriften

Finden weder die Brüssel I a-VO noch das Lugano-Übereinkommen[1005], auf welches nicht näher eingegangen werden soll, Anwendung, ist die internationale Zuständigkeit nach den nationalen Vorschriften zu ermitteln.

---

1000 *Geimer*, Internationales Zivilverfahrensrecht, Rn. 1096; *Schimanski/Bunte/Lwowski/Welter*, § 28, Rn. 114.

1001 *Geimer*, Internationales Zivilverfahrensrecht, Rn. 1096.

1002 Vgl. auch: *Becker/Kammin*, EUZW 2011, 503.

1003 MüKo/*Roebeling*, EuWettbR, Band 1, Einl. Rn. 602.

1004 *Meessen*, WuW 2000, 5, 10–12.

1005 Übereinkommen über die gerichtliche Zuständigkeit und die Anerkennung und Vollstreckung von Entscheidungen in Zivil- und Handelssachen; das „Lugano-Übereinkommen" ist im Verhältnis zur Schweiz, Norwegen und Island das Parallelübereinkommen zur Brüssel I a-VO.

Im internationalen deutschen Zivilprozessrecht gilt der allgemeine Grundsatz, dass die internationale Zuständigkeit sich analog den Vorschriften zur örtlichen Zuständigkeit bestimmt (Doppelfunktionslehre).[1006] Die Doppelfunktionslehre wird in ständiger Rechstsprechung von BGH[1007] und Instanzenrechtsprechung[1008] angewandt: Demnach ist die internationale Zuständigkeit deutscher Gerichte im deutschen Zivilprozess, wenn abweichende Regelungen fehlen, mit der örtlichen Zuständigkeit eines deutschen Gerichtes gegeben. Die deutschen Gerichtsstandsvorschriften bestimmen demnach zum einen den Umfang der deutschen internationalen Zuständigkeit, zum anderen verteilen sie – sofern die deutsche internationale Zuständigkeit gegeben ist – die Rechtsprechungsaufgaben nach örtlichen Gesichtspunkten auf die einzelnen deutschen Gerichte.[1009] Die Normen über die örtliche Zuständigkeit bieten sich für eine Abgrenzung der von Deutschland in Anspruch genommenen internationalen Zuständigkeit an, weil immer ein deutsches Gericht seine örtliche Zuständigkeit bejahen wird, wenn das Territorium der Bundesrepublik Deutschland betroffen ist.[1010]

Daneben wird im internationalen Kartellrecht zum Teil vertreten, dass sich die internationale Zuständigkeit nach dem materiellen Recht (forum legis) bestimmt, wie dies in Deutschland bei kartellrechtlichen Verwaltungs- und Bußrechtsverfahren[1011] und im anglo-amerikanischen Rechtskreis auch bei privatrechtlichen Kartellrechtsstreitigkeiten der Fall ist. Ein „Gleichlauf" zwischen anzuwendendem Sachrecht und Verfahrensrecht gewährleistet eine effektivere Durchsetzung des europäischen Kartellrechts, da er einen Vorteil im Hinblick auf die Durchsetzung des materiellen Rechts gegenüber Auslandsbeschränkungen bietet und weil das materielle und prozessuale Recht derselben nationalen Rechtsordnung am besten aufeinander abgestimmt sein und somit am besten zu den vom Gesetzgeber gewünschten materiellen Ergebnissen führen werden.[1012] Auch wird der mit seiner Rechtsordnung betraute Richter das eigene Recht im Zweifel am besten kennen und daher am „besten" anwenden können. Trotz der mit dem Gleichlauf gewährten effektiveren Durchsetzung des europäischen Kartellrechts mittels privater internationaler Schadensersatzklagen, ist die Gleichlauftheorie abzulehnen.[1013]. Bei der

---

1006 *Zöller*, ZPO, IZPR, Rn. 37; ein Teil der Lit will die internationale Zuständigkeit nach dem anzuwendenden Sachrecht ermitteln, vgl. auch: *Neuhaus*, RabelsZ, 1955, 260; *Jayme* IPRax 1984, 305.

1007 Vgl. z.B.: BGH, Urteil vom 30. Oktober 1974 – IV ZR 18/73 –, BGHZ 63, 219–227; BGH, Beschluss vom 14. Juni 1965 – GSZ 1/65 –, BGHZ 44, 46–52.

1008 Vgl. z.B.: Saarländisches Oberlandesgericht Saarbrücken, Urteil vom 13. Oktober 1999–1 U 190/99–37.

1009 *Geimer*, Internationales Zivilprozessrecht, Rn. 949; Zöller, ZPO, IZPR, Rn. 37, *Staudinger* IntWirtschR/Fezer/Koos, Rn. 366.

1010 *Geimer*, Internationales Zivilprozessrecht, Rn. 90.

1011 MüKo/*Immenga*, BGB, Band 11, IntWettbR/IntKartR, Rn. 60.

1012 Vgl. auch: Staudinger IntWirtschR/*Fezer/Koos*, Art. 6 Rom II-VO, Rn. 367.

1013 *Staudinger* IntWirtschR/Fezer/Koos, Rn. 367.

Ermittlung der internationalen Zuständigkeit steht nicht die Rechtsanwendungsfrage durch das jeweilige Gericht im Vordergrund, sondern die Gewichtung der Verfahrensinteressen.[1014] Das Verfahrensrecht ist lediglich dienendes Recht; einen Anspruch auf den sachnächsten Richter gibt es grundsätzlich nicht.[1015] In Bezug auf das Verfahrensrecht spielen vor allem Zweckmäßigkeits- und Zumutbarkeitserwägungen eine Rolle.[1016]

Demnach ist auch im internationalen Kartellzivilprozess die Doppelfunktionslehre anzuwenden und die internationale Zuständigkeit nach § 12 ff ZPO zu bestimmen.[1017] Das aus deutscher Sicht zwingende deutsche Kartellrecht eröffnet kein forum legis;[1018] in Betracht kommen insbesondere der Gerichtsstand der Niederlassung analog § 21 ZPO, der Gerichtsstand der unerlaubten Handlung analog § 32 ZPO und der Gerichtsstand am Ort des Vermögens analog § 23 S. 1 1. Alt ZPO. Allerdings sind auch bei Anwendung der Doppelfunktionslehre wettbewerbskollisionsrechtliche Gesichtspunkte über die Auslegung der Zuständigkeitsvorschriften der ZPO, insbesondere der Deliktsstandsvorschriften des § 32 ZPO, zu berücksichtigen.[1019] So ist der Begehungsort auch prozessual im Interesse des Schutzzwecks des Wettbewerbsrechts wettbewerbsspezifisch im Sinne des Auswirkungsprinzips zu bestimmen.[1020] Demnach ist die internationale Zuständigkeit deutscher Gerichte zu bejahen, wenn der Erfolgsort der wettbewerbsbeschränkenden Handlung auf dem deutschen Markt ausgeführt wird bzw. auszuführen ist, sowie dann wenn sie sich unmittelbar auf den deutschen Markt auswirkt.[1021]

## D) Gerichtsstandsvereinbarung

Im Verhältnis zu den Mitgliedsstaaten der Europäischen Union ermöglicht Art. 25 Brüssel I a-VO (Art. 23 Brüssel I-VO a. F.) die Vereinbarung der internationalen Zuständigkeit eines ausländischen Gerichtes.[1022]

Begrenzt wird die Möglichkeit insoweit, als keine Zuständigkeit eines drittstaatlichen Gerichtes begründet werden kann. Andernfalls würde das anzuwendende Sachrecht mittels drittstaatlichem Internationalen Privatrecht ermittelt und damit die Vorschrift Art. 6 Abs. 3 Rom II-VO umgangen.

---

1014 *Geimer*, Internationales Zivilprozessrecht, Rn. 1042.
1015 *Geimer*, Internationales Zivilprozessrecht, Rn. 1042.
1016 *Staudinger* IntWirtschR/Fezer/Koos, Rn. 366.
1017 BGH. Urt. v. 23.10.1979, KZR 21/78 (Hamm) = NJW 1980, 1224; *Geimer*, Internationales Zivilprozessrecht, Rn. 1055; *Immenga/Mestmäcker/Rehbinder*, GWB, Band 2, § 130 Abs. 2, Rn. 251.
1018 *Geimer*, Internationales Zivilprozessrecht, Rn. 1055; *Staudinger* IntWirtschR/Fezer/Koos, Rn. 366.
1019 *Staudinger* IntWirtschR/Fezer/Koos, Rn. 366.
1020 *Staudinger* IntWirtschR/Fezer/Koos, Rn. 366.
1021 *Staudinger* IntWirtschR/Fezer/Koos, Rn. 369.
1022 *Staudinger* IntWirtschR/Fezer/Koos, Rn. 375.

Im deutschen Recht ist die Prorogation eines deutschen Gerichtes zulässig[1023], die Derogation hingegen unzulässig[1024]. Im Falle einer Derogation wäre die Anwendung der aus deutscher Sicht international zwingenden Regelungen des Art. 6 Abs. 3 Rom II-VO und des § 185 Abs. 2 GWB (vormals § 130 Abs. 2 GWB) GWB gefährdet.[1025]

## E) Zusammenfassung in Thesen

1. Die Regelungen über die internationale Zuständigkeit sind für die Effektivität der privatrechtlichen Kartellrechtsdurchsetzung im Kontext von Kartellfällen mit Auslandsberührung von zentraler Bedeutung, da
   a) es aufgrund des Lex-fori-Grundsatzes zu prozessualen Besonderheiten und Unterschieden kommen kann, je nachdem, vor welchem Gericht der kartellrechtliche Schadensersatz geltend gemacht wird,
   b) das Internationale Privatrecht am jeweiligen Gerichtsstand maßgeblich für die Ermittlung des anzuwendenden Rechts ist und
   c) es für das materielle Ergebnis von Bedeutung ist, wie das Gericht am jeweiligen Gerichtsstand das ermittelte materielle Recht anwendet.
2. Der effektiven Durchsetzung des europäischen Kartellrechts mittels privater Schadensersatzklagen dient die Anknüpfung an den Beklagtensitz gemäß Art. 4 Abs. 1 Brüssel I a-VO (Art. 2 Abs. 1 Brüssel I-VO a.F.) nicht, da oftmals der Kartellrechtsverstoß in einem anderem Staat bewirkt worden sein wird, was zu sprachlichen, wirtschaftlichen und praktischen Differenzen führen kann, die zulasten der Rechtsfindung und der Qualität der Entscheidung des aufgerufenen Gerichts gehen können.
3. Die Möglichkeit, kartellrechtliche Schadensersatzklagen gemäß Art. 7 Nr. 2 Brüssel I a-VO (Art. 5 Nr. 3 Brüssel I-VO a.F.) an dem Ort, an dem das schädigende Ereignis eingetreten ist, zu erheben, ist für die Effektivität der Durchsetzung des europäischen Kartellrechts grundsätzlich positiv, da das Gericht des Ortes, an dem das schädigende Ereignis eingetreten ist, wegen der besonderen Nähe des Streitgegenstandes und der leichteren Beweisaufnahme in der Regel am besten in der Lage ist, den Rechtsstreit zu entscheiden.
4. Die Bandbreite der verschiedenen Anknüpfungsmöglichkeiten im Rahmen der Definition von Handlungsort und Erfolgsort, je nach kartellrechtlicher Verhaltensweise, hat eine Vielzahl möglicher Gerichtsstände zu Folge und

1023 Staudinger IntWirtschR/*Fezer/Koos*, Art. 6 Rom II-O, Rn. 375.

1024 Staudinger IntWirtschR/*Fezer/Koos*, Art. 6 Rom II-VO, Rn. 375; MüKo/*Immenga*, BGB, Band 11, IntWettbR/IntKartR, Rn. 59; *v. Gamm*, NJW 1977, 1553, 1556.

1025 *v. Gamm*, NJW 1977, 1553, 1556; a.A.: *Geimer*, Internationales Zivilprozessrecht, Rn. 1059; *Immenga/Mestmäcker/Rehbinder*, GWB, Band 2, § 130 Abs. 2, Rn. 742–745; Staudinger IntWirtschR/*Fezer/Koos*, Art. 6 Rom II-VO Rn. 375.

führt zu Rechtsunsicherheit. Dies kann potentielle Schadensersatzkläger davon abhalten, Kartellverstöße mittels privater Schadensersatzklagen zu verfolgen, was wiederum der Effektivität der Kartellrechtsdurchsetzung Abbruch tut.

5. Die Effektivität der Durchsetzung des Kartellrechts mittels privater Schadensersatzklagen würde gesteigert, wenn in einem Verfahren vor einem Gericht über den gesamten Schaden entschieden würde. Die Shevill-Doktrin des EuGH steht nicht im Einklang mit diesem Gedanken. Danach ist nämlich die Zuständigkeit des jeweiligen Gerichts auf die Entscheidung über den Ersatz von Schäden, die in dem Staat des Gerichts verursacht wurden, begrenzt.
6. Aufgrund der Beurteilung der Zuständigkeit nationaler Gerichte hinsichtlich Nichtigkeitsfeststellungsklagen nach § 7 Nr. 1 Brüssel I a-VO (§ 5 Nr. 1 Brüssel I-VO a. F.) und hinsichtlich Schadensersatzklagen nach § 7 Nr. 2 Brüssel I a-VO (Art. 5 Nr. 3 Brüssel I-VO a. F.) wird ein der Sache nach einheitliches Verfahren künstlich auseinandergerissen und ggf. auf die Gerichte verschiedener Staaten verteilt, was der Attraktivität der privatrechtlichen Durchsetzung des Kartellrechts und damit der effektiven Durchsetzung des Kartellrechts entgegensteht.
7. Art. 8 Nr. 1 Brüssel I a-VO (Art. 6 Nr. 1 Brüssel I-VO a. F.) und Art. 6 Abs. 3 lit b HS. 2 Rom II-VO stellen divergierende Anforderungen an die für ihre Anwendung erforderliche Konnexität. Dies hat zur Folge, dass in Fällen, in denen die Voraussetzungen des Art. 6 Abs. 3 lit b 2. HS Rom II-VO erfüllt sind, nicht zwingend ein entsprechender einheitlicher Gerichtsstand zur Verfügung stehen wird. Dies und auch die restriktive Auslegung der Konnexität an sich, wie der EuGH sie verfolgt, setzt keine Klageanreize und fördert die Effektivität kartellrechtlicher Schadensersatzklagen nicht.
8. Aufgrund der Vielzahl der nach der Brüssel I a-VO für kartellrechtliche Schadensersatzklagen grundsätzlich in Betracht kommenden internationalen Gerichtsstände besteht die Möglichkeit des sogenannten Forum shoppings. Da sich der Kläger aus einer Vielzahl von möglichen Gerichtsständen dasjenige Gericht für den Prozess auswählen wird, das nach seinen kollisionsrechtlichen Regeln zum günstigsten Sachrecht und damit zu einer möglichst positiven Entscheidung kommt, wird die Effektivität des europäischen Kartellrechts durch die Eröffnung der Möglichkeit eines möglichst weitreichenden Forum shoppings grundsätzlich erhöht.
9. Allerdings ist zu bedenken, dass dieser Effekt dann unterlaufen wird, wenn
   a) der durch ein Kartell Geschädigte durch die Vielzahl zur Verfügung stehender Gerichtsstände überfordert ist und ggf. von der Erhebung einer Klage absehen wird und
   b) durch die Möglichkeit des Forum shoppings der wünschenswerte Wettbewerb der Systeme unterdrückt wird.
10. Auch wenn ein „Gleichlauf“ zwischen anzuwendendem Sachrecht und Verfahrensrecht eine effektivere Durchsetzung des europäischen Kartellrechts

gewährleistet, ist die Gleichlauftheorie abzulehnen, da das System der unvertauschbaren eigenen Zwecke des materiellen Rechts und des Verfahrensrechts nicht mit dem Argument einer effektiven Kartellrechtsdurchsetzung durchbrochen werden kann.

11. Die Beschränkung von Gerichtsstandsklauseln auf die Berufung von mitgliedsstaatlichen Gerichten nach Art. 25 Brüssel I a-VO (Art. 23 Brüssel I-VO a.F.) stellt sicher, dass das anzuwendende Sachrecht mittels Art. 6 Abs. 3 Rom II-VO ermittelt wird. Der gleiche Zweck wird im deutschen internationalen Zuständigkeitenrecht durch den Ausschluss der Derogation eines deutschen Gerichts verfolgt.

# § 5 Zusammenfassung und Ausblick

Die Ausgestaltung des nationalen materiellen Rechts, des Internationalen Privatrechts und der Internationalen Zuständigkeit spielen eine wesentliche Rolle dafür, wie effektiv das europäische Kartellrecht im Kontext von Kartellfällen mit Auslandsberührung durchgesetzt werden kann.

Der jeweilige internationale Gerichtsstand, der unter Zuhilfenahme der Internationalen Zuständigkeitenordnung zu bestimmen ist, ist aufgrund des Lex-fori-Prinzips maßgeblich dafür, welches Internationale Privatrecht von dem Gericht angewandt werden muss. Mit Hilfe des Internationalen Privatrechts wird dann bestimmt, welche nationale materielle Rechtsordnung anwendbar ist, durch deren Ausgestaltung wiederum die materiell-rechtlichen Tatbestandsvoraussetzungen und Rechtsfolgen für den kartellrechtlichen Schadensersatzanspruch vorgegeben werden.

Die private Rechtsdurchsetzung führt dann zu einer wünschenswerten Effektivierung des Wettbewerbsschutzes, wenn Klägern anhand von klaren und beweisbaren Regelungen die Möglichkeit gegeben wird, gegen potentielle Kartellanten vorzugehen, wobei moderate Klageanreize gewährt werden.

Auf international privatrechtlicher Ebene unterstützt der erst neulich durch Erlass der Rom II-VO eingeführte Art. 6 Abs. 3 lit a Rom II-VO die effektive Durchsetzung des Europäischen Kartellrechts mittels privater Schadensersatzklagen, insbesondere deshalb, weil er eine Anknüpfung an das marktorientierte Auswirkungsprinzip vorsieht, welches generell als das sinnvollste Anknüpfungsmoment im Internationalen Kartellrecht zu erachten ist und weil im Falle der Mehrfachinanspruchnahme verschiedener Kartellanten der Geschädigte für die Anwendung allein des Deliktsrechts des angerufenen mitgliedsstaatlichen Gerichts nach Art. 6 Abs. 3 lit b HS. 1 Rom II-VO optieren kann, wodurch eine wesentliche Erleichterung für die Erhebung von Privatklagen zu erwarten ist.

Noch weiter auf der Ebene des Internationalen Privatrechts gestärkt würde die Durchsetzung des Europäischen Kartellrechts mittels privater Schadensersatzklagen insbesondere dann, wenn eine weitere Angleichung zwischen dem sekundärrechtlich normierten Auswirkungsprinzip und dem primärrechtlichen Auswirkungsprinzip vorangetrieben würde und die Begriffe „Auswirkung“ und „Markt“ sich klarer bestimmen ließen, um im Voraus absehen zu können, welche Rechtsordnung Anwendung findet, wodurch eine Rechtsunsicherheit beseitigt würde.

Auf materiell-rechtlicher Ebene erfordert die Effektivierung des Wettbewerbsschutzes konkret, dass die Mitgliedsstaaten ihre kartellrechtlichen Schadensersatzregelungen so gestalten, dass indirekten Abnehmern eine Aktivlegitimation grundsätzlich eingeräumt wird, die infolge einer widerleglichen Vermutung hinsichtlich der Abwälzung von rechtswidrigen Preisaufschlägen auf die nachgelagerten Stufen und durch kollektive Rechtsschutzmechanismen auch tatsächlich geltend gemacht werden kann und Geschädigten zur Vorbereitung der kartellrechtlichen Schadensersatzklage Einsicht in die Verfahrensakten der gegen den Kartellanten vorgehenden Behörde gewährt wird, wobei einheitlich und verbindlich in den Mitgliedsstaaten feststehen muss, welche Kriterien in die Abwägung durch den nationalen mitgliedsstaatlichen Richter einzubeziehen und wie diese jeweils zu gewichten sind.

Auch wenn in Deutschland seit kurzem indirekten Abnehmern grundsätzlich ein Recht zugestanden wird, sich gegen europäische Kartellrechtsverstöße, von denen sie betroffen sind, klageweise zur Wehr zu setzen, können die indirekten Abnehmer im Gegensatz zu der eigentlichen Intention des europäischen Rechts in der Praxis nur sehr begrenzt Schadensersatzansprüche geltend machen. Insbesondere die pauschale Ablehnung des BGH einer widerleglichen Vermutung, dass der kartellbedingte Preisaufschlag auf den indirekten Abnehmer abgewälzt wurde, ist nach der Verabschiedung der Richtlinie vom Europäischen Parlament so grundsätzlich nicht mehr tragbar.

Im Rahmen der Akteneinsicht durch potentielle Schadensersatzkläger ist problematisch, dass das Dogma der Einzelfallabwägung dem abstrakten Konflikt zwischen dem Schutz einer wirksamen behördlichen Durchsetzung des europäischen Wettbewerbsrechts und der Gewährleistung einer privaten Kartellrechtsdurchsetzung mittels Schadensersatzansprüchen nicht gerecht wird. Dies wird sich auch durch die Verabschiedung der Richtlinie nicht ändern, jedoch unternimmt die Richtlinie den Versuch, Abwägungskriterien im Rahmen des Verhältnismäßigkeitsgrundsatzes zu etablieren. Ob dies tatsächlich zu einer effektiveren Durchsetzung des Europäischen Kartellrechts mittels privater Schadensersatzklagen beitragen wird, wird maßgeblich von der Umsetzung der Regelungen und deren praktischen Handhabung durch die Mitgliedsstaaten abhängen.

Mit Spannung bleibt somit abzuwarten, wie die am 26. November 2014 verabschiedete Richtlinie umgesetzt wird bzw. wurde, d.h., welche Maßnahmen die Mitgliedsstaaten in der zweijährigen Umsetzungsfrist getroffen haben und wie diese von der Praxis aufgenommen und gehandhabt werden.

# Literaturverzeichnis


*Albrecht, Stephan:* Die Anwendung von Kronzeugenregelungen bei der Bekämpfung internationaler Kartelle, 2008 (zitiert: *Albrecht*, Kronzeugenregelungen).

*Alexander, Christian:* Schadensersatz und Abschöpfung im Lauterkeits- und Kartellrecht, 2009 (zitiert: *Alexander*, Schadensersatz und Abschöpfung im Lauterkeits- und Kartellrecht).

*Alexander, Christian:* Wege und Irrwege – Europäisierung im Kartell- und Lauterkeitsrecht, GRUR Int. 2013, 636 ff.

*Andreangeli, Arianna:* Courage Ltd v Crehan and the Enforcement of Article 81 EC Before National Courts, E.C.L.R. 2004, 758 ff.

*Ashton, David/ Vollrath, Christian:* Choice of court and applicable law in tortious actions for breach of Community competition law, ZWeR 2006, 1 ff.

*Baier, Jochen:* Das Auswirkungsprinzip im Kartellrecht der USA. Unter besonderer Berücksichtigung der Empagran-Rechtsprechung, 2008 (zitiert: *Baier*, Das Auswirkungsprinzip im Kartellrecht der USA).

*Basedow, Jürgen:* Entwicklungsrichtlinien des internationalen Kartellrechts, Aufbau und Differenzierung des Auswirkungsprinzips, NJW 1989, 627 ff.

*Basedow, Jürgen:* Perspektiven des Kartelldeliktsrechts, ZWeR 2006, 294 ff.

*Basedow, Jürgen:* Das Kartelldeliktsrecht und der „More Economic Approach, EuZW 2006, 97 ff.

*Basedow, Jürgen:* Introduction, in: Private Enforcement of EC Competition Law, International Competition Law Series Volume 25, 2007, S. 1 ff. (zitiert: *Basedow*, Private Enforcement)

*Basedow, Jürgen/ Heinze, Christian:* Kartellrechtliche Schadensersatzklagen im europäischen Gerichtsstand der Streitgenossenschaft (Art. 6 Nr. 1 EuGVO) in Recht, Ordnung und Wettbewerb, Festschrift zum 70. Geburtstag von Wernhard Möschel, 2011, S. 131 ff. (zitiert: *Basedow/Heinze*, FS Möschel (2011))

*Bechtold, Rainer/ Buntscheck, Martin:* Die 7. GWB-Novelle und die Entwicklung des deutschen Kartellrechts 2003–2005, NJW 2005, 2966 ff.

*Bechtold, Rainer/ Bosch, Wolfgang,:* Die Entwicklung des deutschen Kartellrechts, NJW 2011, 384 ff.

*Bechtold, Rainer:* Kartellgesetz: GWB Gesetz gegen Wettbewerbsbeschränkungen (§§ 1–96, 130, 131) Kommentar, 7. Auflage, 2013 (zitiert: *Bechtold/Bearbeiter*, GWB)

*Becker, Florian/ Kammin, Julian:* Die Durchsetzung von kartellrechtlichen Schadensersatzansprüchen: Rahmenbedingungen und Reformansätze, EuZW 2011, 503 ff.

Beckscher Onlinekommentar BGB: Beckscher Onlinekommentar BGB, Stand 01.02.2014, Herausgeber: Bamberger, Georg/Roth, Herbert (zitiert: BeckOK BGB/ *Bearbeiter*)

Beckscher Onlinekommentar StPO: Beckscher Onlinekommentar StPO, Stand 24.03.2014, Herausgeber: Graf (zitiert: BeckOK StPO/*Bearbeiter*)

*Berrisch, Georg M./ Buranski Markus:* Kartellrechtliche Schadensersatzklagen nach der 7. GWB-Novelle, WuW 2005, 878 ff.

*Bernhard, Jochen:* Kartellrechtlicher Individualschutz durch Sammelklagen, 2010 (zitiert: *Bernhard*, Sammelklagen, 2010).

*Bien, Florian:* Überlegungen zu einer haftungsrechtlichen Privilegierung des Kartellkronzeugen, EuZW 2011, 889 ff.

*Bien, Florian:* Kollektiver Rechtsschutz im Kartellrecht auf neuen Wegen? Materiellrechtliche Anspruchsbündelung durch Gesamtgläubigerschaft und Drittschadensliquidation, in: Recht, Ordnung und Wettbewerb, Festschrift zum 70. Geburtstag von Wernhard Möschel, 2011, S. 131 ff. (zitiert: *Bien*, FS Möschel (2011))

*Bischke, Alf-Henrik/ Brack, Sebastian*: Neuere Entwicklungen im Kartellrecht, NZG 2012, 333 ff.

*Bornkamm, Joachim*: Cui malo? Wem schaden Kartelle?, GRUR 2010, 501 ff.

*Brand, Christian:* US-Sammelklagen und kollektiver Rechtsschutz in der EU, NJW 2012, 116 ff.

*Bulst, Friedrich Wenzel:* Private Kartellrechtsdurchsetzung nach der 7. GWB-Novelle: Unbeabsichtigte Rechtsschutzbeschränkungen durch die Hintertüre, EWS 2004, 62 ff.

*Bulst, Friedrich Wenzel*: Internationale Zuständigkeit, anwendbares Recht und Schadensberechnung im Kartelldeliktsrecht, EWS 2004, 405 ff.

*Bulst, Friedrich Wenzel:* Private Kartellrechtsdurchsetzung durch die Marktgegenseite – deutsche Gerichte auf Kollisionskurs zum EuGH, NJW 2004, 2201 ff.

*Bulst, Friedrich Wenzel:* Schadensersatzansprüche der Marktgegenseite im Kartellrecht, 2006, (zitiert: *Bulst*, Schadensersatzansprüche der Marktgegenseite)

*Bulst, Friedrich Wenzel:* Anmerkung zu der Europäische Gerichtshof: Zum Manfredi-Urteil des EuGH, ZEuP 2008, 178 ff.

*Bulst, Friedrich Wenzel*: Zu Umfang und Grenzen kartelldeliktsrechtlicher Ansprüche ZEuP 2008, 183 ff.

*Busch, Jürgen/Sellin, Katharina:* Vertrauen in die Vertraulichkeit – Kronzeugenverfahren in Europa auf der Probe, BB 2012, 1167 ff.

*Calliess, Christian/ Ruffert, Matthias:* EUV/AEUV, Das Verfassungsrecht der Europäischen Union mit Europäischer Grundrechtscharta, 4. Auflage 2011 (zitiert: *Calliess/Ruffert/Bearbeiter*, EUV AEUV).

*Chmielewski, Marc:* Bröckelt die Klagemauer?, Juve 03/2015, S. 77 ff.

*Cumming:* Courage Ltd. V. Crehan, Analyse Section, E.C.L.R. 2002, 199 ff.

*Danov, Mihail:* Jurisdiction and Judgments in Relation to EU Competition Law Claims, 2011 (zitiert: *Danov,* Jurisdiction and Judgments)

*Dittrich, Johannes:* Der Passing-on-Einwand und die Anspruchsberechtigung indirekter Abnehmer eines Kartells, GRUR 2009, 123 ff.

*Dohrn, Daniel/ Liebich, Simon:* Anmerkung zum Beschluss des OLG Düsseldorf vom 22.08.2012 (V-4 Kart 5/11 (OWi); Zur Frage der Akteneinsicht in Bonusanträge, WRP 2012, 1601 ff.

*Dreher, Harald:* Die Haftungsverteilung bei der gesamtschuldnerischen kartellrechtlichen Schadensersatzhaftung in Recht, Ordnung und Wettbewerb, Festschrift zum 70. Geburtstag von Wernhard Möschel, 2011, S. 149 ff. (zitiert: *Dreher,* FS Möschel (2011))

*Drexl/Conde Gallego/Enchelmaier/Mackenrodt/Endter:* Comments on the Green Paper by the Directorate-General for Competition of December 2005 on Damages Actions for Breach of the EC Antitrust Rules, IIC 2006, 700 ff.

*Dörr, Claus:* Der unionsrechtliche Staatshaftungsanspruch in Deutschland zwanzig Jahre nach Francovich, EuZW 2012, 86.

*Dück, Hermann/ Eufinger, Alexander:* Anspruchsberechtigung mittelbar Betroffener und „passing-on defence" im Lichte der BGH-Rechtsprechung zu § 33 GWB, WRP 2011, 1530 ff.

*Dück, Hermann/ Eufinger, Alexander/ Schultes Marion:* Das Spannungsverhältnis zwischen kartellrechtlicher Kronzeugenregelung und Akteneinsicht nach § 406 e StPO, EuZW 2012, 418 ff.

*Dworschak, Sebastian/ Maritzen, Lars:* Einsicht – der erste Schritt zur Besserung? Zur Akteneinsicht in Kronzeugendokumente nach dem Donau Chemie-Urteil des EuGH, WuW 2013, 829 ff.

*Fiedler, Lilly:* Class Action zur Durchsetzung des europäischen Kartellrechts, 2010 (zitiert: *Fiedler,* Class Action, 2010).

*Fiedler, Lilly:* Der aktuelle Richtlinienentwurf der Kommission – der große Wurf für den kartellrechtlichen Schadensersatz?, BB 2013, 2179 ff.

*Fornasier, Julian/ Sanner, Alexander:* Enthornung des Kronzeugen?, Akteneinsicht im Spannungsfeld zwischen behördlicher und privater Kartellrechtsdurchsetzung nach Pfleiderer, WuW 2011, 1067 ff.

*Francq, Stéphanie/ Wurmnest, Wolfgang:* International Antitrust Claims under the Rome II Regulation (2012), (zitiert: *Francq/Wurmnest,* International Antitrust Claims (2012)).

*Frenz, Walter:* Dokumentenzugang vs. Kronzeugenregelung, EuZW 2013, 778 ff.

*Fuchs, Andreas:* Die 7 GWB-Novelle – Grundkonzeption und praktische Konsequenzen, WRP 2005, 1384 ff.

*Geimer, Reinhold:* Internationales Zivilprozessrecht, 6. Auflage, 2009 (zitiert: *Geimer,* Internationales Zivilprozessrecht).

*Grabitz, Eberhard/ Hilf, Mainhard/ Nettesheim, Martin:* Das Recht der Europäischen Union. 51. Ergänzungslieferung, 2013 (zitiert: *Grabitz/Hilf/Nettesheim,* Das Recht der Europäischen Union).

*Gronemeyer, Achim:* Referentenentwurf zur 8. GWB-Novelle: Risiken und Nebenwirkungen, WRP 2012, 290 ff.

*Gussone, Peter/ Maritzen, Lars:* EWS-Kommentar, EWS 2013, 292 ff.

*Gussone, Peter/ Schreiber, Tilmann:* Private Kartellrechtsdurchsetzung – Rückenwind aus Europa? Zum Richtlinienentwurf der Kommission für kartellrechtliche Schadensersatzklagen, WuW 2013, 1040 ff.

*Glöckner, Jochen:* Individualschutz und Funktionenschutz in der privaten Durchsetzung des Kartellrechts – Der Zweck heiligt die Mittel nicht; er bestimmt sie!, WRP 2007, 490 ff.

*Handig, Christian:* Rom II-VO und internationales Wirtschaftsrecht, GRUR Int. 2008, 25 ff.

*Haas, Matthias/ Dittrich, Johannes:* BGH: Anspruchsberechtigung indirekter Abnehmer eines Kartells und Zulässigkeit der „Passing-On Defence" – ORWI, LMK 2012, 327348

*Harms, Rüdiger:* Der Gerichtsstand des Sachzusammenhangs (Art. 6 Nr. 1 EuGVVO) bei kartellrechtlichen Schadensersatzklagen, EuZW 2014, 129 ff.

*Hempel, Rolf:* Privater Rechtsschutz im Kartellrecht, 2002 (zitiert: *Hempel,* Privater Rechtsschutz)

*Hempel, Rolf:* Privater Rechtsschutz nach der 7. GWB-Novelle, WuW 2004, 362 ff.

*Hempel, Rolf:* Fischzüge bei der Kommission – Informationsbeschaffung für kartellrechtliche Schadensersatzklagen, in Recht, Ordnung und Wettbewerb, Festschrift zum 70. Geburtstag von Wernhard Möschel, 2011, (zitiert: *Hempel,* FS Möschel (2011))

*Hempel, Rolf:* Zugang zu Kronzeugenanträgen nach der Transparenzverordnung?, EuZW 2012, 161 ff.

*Hempel, Rolf:* Kartellrecht: Akteneinsicht durch Schadensersatzkläger – Donau Chemie, EuZW 2013, 586 ff.

*Hetzel, Philipp:* Kronzeugenregelungen im Kartellrecht, Anwendung und Auslegung von Vorschriften über den Erlass oder die Ermäßigung von Geldbußen im Lichte elementarer Rechtsgrundsätze, 2004 (zitiert: *Hetzel,* Kronzeugenregelungen)

*Hetzel, Philipp:* Die Vielzahl kartellrechtlicher Kronzeugenregelungen als Hindernis für die Effektivität der europäischen Kartellbekämpfung, EuR 2005, 735 ff.

*Hoffmann, Jan Martin/Bollmann, Michael:* Rückforderung vertraglich gewährter Beihilfen durch Verwaltungsakt? – VA-Befugnis aus dem Europäischen Gemeinschaftsrecht bei Verstoß gegen die Beihilfevorschriften des EG-Vertrags, EuZW 2006, 398

*Holm-Hadulla, Moritz:* Private Kartellrechtsdurchsetzung unter der VO Nr. 1/2003, Einheitliche Anwendung des europäischen Wettbewerbsrecht durch nationale Zivilgerichte, 2008 (zitiert: *Holm-Hadulla,* Private Kartellrechtsdurchsetzung unter der VO Nr. 1/2003)

*Hüßtege, Rainer/ Mansel, Heinz-Peter:* Nomos Kommentar BGB Rom-Verordnungen zum Internationalen Privatrecht, Band 6, 2013 (zitiert: *Hüßtege/Mansel/Bearbeiter*)

*Immenga, Frank:* Das Auswirkungsprinzip des internationalen Wettbewerbs als Gegenstand einer gemeinschaftsrechtlichen Verordnung, in: Festschrift Gunther Kühne, 2009, S. 725 ff. (zitiert: *Immenga,* FS Kühne (2009)).

*Immenga, Frank/ Jüttner, Andreas:* Geltung und Grenzen ne bis in idem im europäischen Kartellrecht: EUGH-Entscheidung SGL Carbon, ZWeR 2006, 400 ff.

*Immenga, Frank/ Mestmäcker, E. J.:* Wettbewerbsrecht Band 1, Kommentar zum Europäischen Kartellrecht, 5. Auflage, 2012 (zitiert: *Immenga/Mestmäcker/Bearbeiter,* EU - Kartellrecht, Band 1)

*Immenga, Frank/ Mestmäcker, E. J.:* Wettbewerbsrecht Band 1, Kommentar zum Europäischen Kartellrecht, 1. Auflage, 1997 (zitiert: *Immenga/Mestmäcker/Bearbeiter,* EU-Kartellrecht, Band 1 (1997)).

*Immenga, Frank/ Mestmäcker, E. J.:* Wettbewerbsrecht Band 2. GWB, Kommentar zum Deutschen Kartellrecht, 5. Auflage, 2012 (zitiert: *Immenga/Mestmäcker/Bearbeiter,* GWB, Band 2)

*Inderst, Roman/ Schwalbe, Ulrich:* Das kontrafaktische Szenario bei der Berechnung von Kartellschäden, WuW 2012, 122 ff.

*Jayme, Erik:* Forum non conveniens und anwendbares Recht, IPRAX 1984, 303 ff.

*Jayme, Erik/ Kohler, Christian:* Europäisches Kollisionsrecht 2003: Der Verfassungskonvent und das Internationale Privat- und Verfahrensrecht, IPRAX 2003, 485 ff.

*Jones, Alison/ Beard, Daniel:* Co-contractors, Damages and Article 81 ; The ECJ finally speaks, E.C.L.R. 2002, 251 ff.

*Jüntgen, David A.:* Die prozessuale Durchsetzung privater Ansprüche im Kartellrecht, 2007 (zitiert: *Jüntgen,* Prozessuale Durchsetzung im Kartellrecht).

*Junker, Abbo:* Die Rom II-Verordnung: Neues Internationales Deliktsrecht, auf europäischer Grundlage, NJW 2007, 3675 ff.

*Kapp, Thomas:* Das Akteneinsichtsrecht kartellgeschädigter Unternehmen: Bonn locuta, causa finita?, WuW 2012, 474 ff.

*Kapp, Thomas:* BB-Kommentar „Spannungsverhältnis zwischen nationaler und europäischer Entscheidungspraxis zum Akteneinsichtsrecht bedarf der Klärung", BB 2012, 1695 ff.

*Kapp, Thomas:* BB-Kommentar „Grundsatz der Einzelabwägung sticht Gesetzgebungskompetenz aus“, BB 2013, 1665 ff.

*Kamann, Georg/ Ohlhoff, Stefan:* Gesamtgläubigerschaft als Lösung des Passing-On-Problems, ZWeR 2010, 303 ff.

*Kaubisch, Arndt/ Sagmeister, Holger M.:* Kartellrechtliche Follow-On-Klagen: Das House of Lords zur Bindungswirkung kartellrechtlicher Entscheidungen der Europäischen Kommission, GRUR Int. 2007, 890 ff.

*Kegel, Gerhard/ Schurig, Klaus:* Internationales Privatrecht, 9. Auflage, 2004 (zitiert: *Kegel/Schurig*, Internationales Privatrecht)

*Kersting, Christian:* Perspektiven der privaten Rechtsdurchsetzung im Kartellrecht, ZWeR 2008, 252 ff.

*Kersting, Christian:* Anmerkung zur Entscheidung des EuGH-Urteils vom 14.06.2011 (C-360/09) zur Frage des Akteneinsichtsrechts Dritter betreffend Kartelltätern, JZ 2012, 42 ff.

*Kersting, Christian:* Anmerkung zur Entscheidung des EuGH vom 06.06.2013 (C-536/11; JZ 2013, 734) – Zur Akteneinsicht Dritter in Kartellverfahren, JZ 2013,737 ff.

*Keßler, Jürgen:* Schadensersatzansprüche von Kartellabnehmern de lege lata und de lege ferenda, BB 2005, 1125 ff.

*Keßler, Jürgen:* Private Enforcement – Zur deliktsrechtlichen Aktualisierung des deutschen und europäischen Kartellrechts im Lichte des Verbraucherschutzes, WRP 2006, 1061 ff.

*Kießling, Erik:* Neues zur Schadensabwälzung, GRUR 2009, 733 ff.

*Köhler, Helmut:* Kartellverbot und Schadensersatz, GRUR 2004, 99 ff.

*Koch, Raphael:* Kartellrechtliche Schadensersatzklagen mittelbar betroffener Marktteilnehmer nach § 33 GWB n. F., WuW 2005, 1210 ff.

*Koch, Raphael:* Rechtsdurchsetzung im Kartellrecht: Public vs. private enforcement, JZ 2013, 390 ff.

*Kohler, Christian/ Seyr, Sibylle/ Puffer-Mariette, Jean-Christophe:* Unionsrecht und Privatrecht – Zur Rechtsprechung des EuGH im Jahre 2012, ZEuP 2014, 116 ff.

*Koppensteiner, Franz:* Akteneinsicht in Kartellverfahren, ELR 2013, 218 ff.

*Kremer, Carsten:* Die Haftung Privater für Verstöße gegen Gemeinschaftsrecht EuR 2003, 696 ff.

*Krüger, Carsten:* Der Gesamtschuldnerausgleich im System der privaten Kartellrechtsdurchsetzung, WuW 2012, 6 ff.

*Kuck, Tobias:* Die Anerkennung des Grundsatzes ne bis in idem im europäischen Kartellrecht und seine Anwendung in internationalen Kartellverfahren, WuW 2002, 689 ff.

*Langen, Eugen/ Bunte, Hermann J.:* Kommentar zum deutschen und europäischen Kartellrecht, Band 1, Deutsches Kartellrecht, 10. Auflage, 2006 (zitiert: *Langen/ Bunte/Bearbeiter*, Band 1 (2006)).

*Langen, Eugen/ Bunte, Hermann J.:* Kommentar zum deutschen und europäischen Kartellrecht, Band 2, Europäisches Kartellrecht, 10. Auflage, 2006 (zitiert: *Langen/ Bunte/Bearbeiter*, Band 2, (2006)).

*Langen, Eugen/ Bunte, Hermann J.:* Kommentar zum deutschen und europäischen Kartellrecht, Band 1, Deutsches Kartellrecht, 11. Auflage, 2010 (zitiert: *Langen/ Bunte/Bearbeiter*, Band 1).

*Langen, Eugen/ Bunte, Hermann J.:* Kommentar zum deutschen und europäischen Kartellrecht, Band 2, Europäisches Kartellrecht, 11. Auflage, 2010 (zitiert: *Langen/ Bunte/Bearbeiter*, Band 2).

*Langenbucher, Katja:* Europarechtliche Bezüge des Privatrechts, 2. Auflage, 2008 (zitiert: *Langenbucher*, Europarechtliches Privatrecht).

*Leible, Stefan/ Lehmann, Mathias:* Die neue EG-Verordnung über das auf außervertragliche Schuldverhältnisse anzuwendende Recht (ROM II), RIW 2007, 721 ff.

*Lenz, Carl Otto/ Borchardt, Klaus-Dietrich*: EU-Verträge, Kommentar, EUV, AEUV, GRCh, & Auflage, 2012 (zitiert: *Borchardt/Lenz Bearbeiter*, EU-Verträge)

*Lettl, Tobias:* Der Schadensersatzanspruch gemäß § 823 Abs. 2 BGB i.V.m. Art. 81 Abs 1 EG, ZHR 2003, 473 ff.

*Loewenheim, Ulrich/ Meessen, Karl/ Riesenkampff, Alexander:* Kartellrecht, 2. Auflage, 2009 (zitiert: *Loewenheim/Meessen/Riesenkampff/Bearbeiter*)

*Logemann, Hans Philip:* Der Kartellrechtliche Schadensersatzanspruch. Die zivilrechtliche Haftung bei Verstößen gegen das deutsche und europäische Kartellrecht nach Ergehen der VO (EG) Nr. 1/2003 und der 7. GWB-Novelle, 2009 (zitiert: *Logemann,* Der Kartellrechtliche Schadensersatzanspruch).

*Lübbig, Thomas:* EuGH: Gleichzeitiger Verstoß gegen nationales und europäisches Wettbewerbsrecht durch Kartell – Aktivlegitimation jedes Geschädigten, Anmerkungen, EuZW 2006, 529 ff.

*Mackenrodt, Mark-Oliver:* Zivilrechtliche und prozessuale Harmonisierungen im europäischen Richtlinienvorschlag zu kartellrechtlichen Schadensersatzklagen, GRUR Int. 2013, 757 ff.

*Mäger, Thorsten/ Zimmer, Daniel J./ Milde, Sahra:* Chance vertan? – Zur Akteneinsicht in Kartellakten nach dem Pfleiderer-Urteil des EuGH, WuW 2011, 935 ff.

*Mäsch, Gerald:* Private Ansprüche bei Verstößen gegen das europäische Kartellverbot – Courage und die Folgen, EuR 2003, 825 ff.

*Mäsch, Gerald:* Vitamine für Kartellopfer: Forum shopping im europäischen Kartelldeliktsrecht (LG Dortmund, S. 542), IPRAX 2005, 509 ff.

*Mäsch, Gerald:* Verwelkte Blütenträume in Brüssel, WuW 2013, 687 ff.

*Magnus, Ulrich/ Manchowski, Peter:* Brussels I Regulation, 2. Auflage 2011 (zitiert: *Magnus/Manchowski/Bearbeiter)*

*Maier, Isabel Helena:* Marktortanknüpfung im internationalen Kartelldeliktsrecht, 2010 (zitiert: *Maier*, Marktortanknüpfung)

*Martinek, Michael:* Das internationale Kartellprivatrecht. Ein Beitrag zur kollisionsrechtlichen Sonderanknüpfung im internationalen Wirtschaftsrecht, 1987 (zitiert: *Martinek,* Das internationale Kartellprivatrecht).

*Mestmäcker, E. J./ Schweitzer, Heike:* Europäisches Wettbewerbsrecht, 2. Auflage, 2004 (zitiert: *Mestmäcker/Schweitzer*, Europäisches Wettbewerbsrecht).

*Mankowski, Peter:* Das neue Internationale Kartellrecht des Art. 6 Abs. 3 der Rom II-VO, RIW 2008, 177 ff.

*Mankowski, Peter:* Ausgewählte Einzelfragen zur Rom II-VO, IPRAX 2010, 389 ff.

*Mann, Roger:* Die Anerkennungsfähigkeit von US-amerikanischen „class action"-Urteilen, NJW 1994, 1187 ff.

*Maritzen, Lars/ Ondrejka, Peter:* Fallstricke beim Kronzeugenantrag, RdW 2011, 326 ff

*Maritzen, Lars/ Pauer, Nada Ina:* Der Kronzeuge in Österreich im Spannungsfeld von Public und Private Enforcement? Zugleich Besprechung von EuGH, Urt. v. 06.06.2013 – C-536/11 – Bundeswettbewerbsbehörde/Donau Chemie u. a. und EuGH, Urt. v. 18.06.2013 – C-681/11 – Bundeswettbewerbsbehörde u. a./ Schenker u. a., WRP 2013, 1151 ff.

*Makatsch, Tilman/ Mir, Arif Sascha:* Die neue EU-Richtlinie zu Kartellschadensersatzklagen – Angst vor der eigenen Courage? EuZW 2015, 7 ff.

*Meessen, Gero:* Der Anspruch auf Schadensersatz bei Verstößen gegen EU-Kartellrecht, 2011 (zitiert: *Meessen,* Schadensersatz bei Verstößen gegen EU-Kartellrecht)

*Meessen, Karl:* Das Für und Wider eines Weltkartellrechts | WuW 2000, 5–16

*Mederer, Wolfgang:* Richtlinienvorschlag und Schadensersatzklagen im Bereich des Wettbewerbsrechts, EuZW 2013, 847 ff.

*Meinhold-Heerlein, Dirk/ Engelhoven, Philipp:* Anmerkung zum Beschluss des OLG Düsseldorf vom 22.8.2012, Az. V-4 Kart 5,6/11 – Zum Anspruch des durch ein Kartell Geschädigten auf Einsicht in die Bonusanträge von Kartellanten, EWiR 2013, 29 ff.

*Mestmäcker, E. J.:* Staatliche Souveränität und offene Märkte, RabelsZ 1988, 205 ff.

*Meyer-Goßner, Lutz/ Schmitt, Bertram:* Strafprozessordnung, 57. Auflage, 2014 (zitiert: *Meyer-Goßner/Schmitt,* StPO)

*Meyer-Lindemann, Jürgen:* Durchsetzung des Kartellverbots durch Bußgeld und Schadensersatz. WuW 2011, 1235 ff.

*Micklitz, Hans-W.:* Zu den Rechtsfolgen eines Verstoßes gegen Art. 85 EGV (EG Art 81), EWiR 2001, 1141 ff.

*Möschel, Wernhard/ Bien, Florian:* Kartelldurchsetzung durch private Schadensersatzklagen?, 2010 (zitiert: *Möschel/Bien/Bearbeiter,* Private Schadensersatzklagen)

*Möschel, Wernhard:* Wird die „effet utile"-Rechtssprechung des EuGH „inutile"?, NJW 1994, 1709 ff.

*Münchener Kommentar zum Europäischen und Deutschen Wettbewerbsrecht:* (Kartellrecht), Band 1 Europäisches Wettbewerbsrecht, 5. Auflage, 2007 (zitiert: *MüKo/Bearbeiter,* EuWettbR, Band 1).

*Münchener Kommentar zum Bürgerlichen Gesetzbuch, Internationales Wirtschaftsrecht, Einführungsgesetz zum Bürgerlichen Gesetzbuche, Art. 50–245 EGBGB:* Band 11, 4. Auflage, 2006 (zitiert: *MüKo/Bearbeiter,* BGB, Band 11 (2006)).

*Münchener Kommentar zum Bürgerlichen Gesetzbuch, Internationales Privatrecht, Internationales Wirtschaftsrecht, Art. 25–248 EGBGB:* Band 11, 5. Auflage, 2010 (zitiert: *MüKo/Bearbeiter,* BGB, Band 11 (2010)).

*Münchener Kommentar zum Bürgerlichen Gesetzbuch, Internationales Privatrecht, Internationales Wirtschaftsrecht, Art. 25–248 EGBGB:* Band 11, 6. Auflage, 2015 (zitiert: *MüKo/Bearbeiter,* BGB, Band 11).

*Mundt, Andreas/ Meeßen Gero:* Private Kartellrechtsdurchsetzung – Deutsche und Europäische Initiativen aus Sicht des Bundeskartellamts in: *Oberender, Peter,* Private und öffentliche Kartellrechtsdurchsetzung, 39 ff. (zitiert: *Mundt/Meeßen,* Private und öffentliche Kartellrechtsdurchsetzung).

*Murach, Jens-Olrik:* Kronzeugenanträge von Kartellteilnehmern sind vor Akteneinsicht möglicher Geschädigter geschützt, GWR 2012, 419 ff.

*Musilak, Hans-Joachim/ Voit, Wolfgang:* Zivilprozessordnung mit Gerichtsverfassungsgestz, 14. Auflage 2017, (zitiert: *Bearbeiter,* Musilak, ZPO)

*Nagel, Heinrich/ Gottwald, Peter:* Internationales Zivilprozessrecht, 7. Auflage, 2013 (zitiert: *Nagel/Gottwald,* Internationales Zivilprozessrecht).

*Neuhaus, Paul:* Internationales Zivilprozessrecht, RabelsZ 1955, 201 ff.

*Nowak, Carsten:* Verhältnis von Artikel 85 EGV zu englischem Wettbewerbsrecht, EuZW 2001, 715 ff.

*Palandt:* Bürgerliches Gesetzbuch, 73. Auflage, 2014 (zitiert: *Palandt/Bearbeiter*)

*Palzer, Christoph/ Preisedanz, David:* Frischer Wind in der privaten Durchsetzung des Kartellrechts?, EWS 2010, 215 ff.

*Palzer, Christoph/ Preisedanz, David:* Drum prüfe, wer sich offenbare ... – EugGH Pfleiderer, EWS 2011, 365 ff.

*Palzer, Christoph:* Stolperstein für die Kommission? Die Kronzeugenregelung auf dem Prüfstand der Transparenz-VO?, EuR 2012, 538 ff.

*Palzer, Christoph:* Unvereinbarkeit der österreichischen Regelung zur Akteneinsicht Kartellgeschädigter mit EU-Recht, NZKart 2013, 324 ff.

*Peyer, Sebastian:* Die private Durchsetzung von kartellrechtlichen Ansprüchen – Status Quo in England und Wales, EuZW 2012, 617 ff.

*Poelzig, Dörte:* Normdurchsetzung durch Privatrecht, 2012 (zitiert: *Poelzig*, Normdurchsetzung durch Privatrecht)

*Podzun, Rupprecht:* Internationales Kartellverfahrensrecht, Ein Beitrag zur Konstitutionalisierung des globalen Wirtschaftsrechts, 2003 (zitiert: *Podzun,* Internationales Kartellverfahrensrecht).

*Podzun, Rupprecht:* Perspektiven des internationalen Kartellrechts; Zugleich eine Besprechung neuerer Monographien zur globalen Ordnung des Wettbewerbs, GRUR Int. 2010, 302 ff.

*Pooth, Silvelyn Wrase:* EuGH: Steht Schadensersatzklägern ein Akteneinsichtsrecht auch in Dokumente des Kronzeugen zu?, CCZ 2011, 231 ff.

*Puffer-Mariette, Jean Christophe:* Die Effektivität von Kronzeugenregelungen im Kartellrecht, 2007 (zitiert: *Puffer-Mariette,* Effektivität von Kronzeugenregelungen)

*Radicati di Brozolo, Luca G.:* Antitrust Claims, Why exclude them from the Hague Jurisdiction and Judgments Convention?, E.C.L.R. 2004, 780 ff.

*Raff, Thomas:* Anmerkung zum Urteil des EuGH vom 14.06.2011 (C -360/09, EuZW 2011, 598) – Zur Frage der Einsichtnahme für einen durch kartellrechtswidriges Verhalten Geschädigten in Dokumente eines nationalen Kronzeugenverfahrens zur Vorbereitung einer zivilrechtlichen Schadensersatzklage, GPR 2011, 294 ff.

*Raue, Benjamin:* Die verschränkte Anwendung und Durchsetzung europäischen und nationalen Wettbewerbsrechts, WRP 2012, 1478 ff.

*Rauscher, Thomas:* Europäisches Zivilprozess- und Kollisionsrecht EuZPR/EuIPR, 2011 (zitiert: *Rauscher/Bearbeiter,* EuZPR/EuIPR)

*Remien, Oliver:* Schadensersatz im europäischen Privat- und Wirtschaftsrecht (zitiert: *Remien/Bearbeiter,* Schadensersatz im europäischen Privat- und Wirtschaftsrecht)

*Ritter, Jan-Stefan:* Private Durchsetzung des Kartellrechts, WuW 2008, S. 762 ff.

*Roth, Herbert:* Internationales Kartelldeliktsrecht in der Rom II-Verordnung, in: FS Jan Kropholler, 2008, S. 623 ff. (zitiert: *Roth,* FS Kropholler (2008))

*Roth, Herbert:* Effet utile im europäischen Kartellrecht, WRP 2013, 257 ff.

*Sanner, Julian A.:* Unionsrechtskonformität der Ausschlussfrist für kartellrechtliche Schadensersatzklagen vor dem Competition Appeal Tribunal, ZEuP 2014, 173 ff.

*Schellscheidt, Sabine/ Engelhoven, Philipp:* Anmerkung zum Beschluss des AG Bonn vom 18.01.2012, Az. 51 Gs 53/09 – Zum Recht auf Einsicht in Kronzeugenakten des BKartA, EWiR 2012, 329 ff.

*Schimanski, Herbert/ Bunte, Hermann-Jürgen/ Lwowski, Hans Jürgen:* Bankrechtshandbuch, 4. Auflage, 2011 (zitiert: *Schimanski/Bunte/Lwowski/Bearbeiter*)

*Schmidt, Karsten:* „Privatisierung" des Europakartellrechts – Aufgaben, Verantwortung und Chancen der Privatrechtspraxis nach der VO Nr. 1/2003 – ZEuP 2004, 881 ff.

*Schnelle, Ulrich:* BGH: Kartellteilnehmer haften auch mittelbar Geschädigten auf Schadensersatz, BB 2012, 75 ff.

*Schnelle, Ulrich/ Kollmann, Anni:* CCZ 2012, 156 ff.

*Schnur, Barbara:* Internationales Kartellprivatrecht nach der Rom II-Verordnung, 2012 (zitiert: *Schnur,* Internationales Kartellprivatrecht)

*Schockweile, Ferdinand:* Die Haftung der EG-Mitgliedsstaaten gegenüber dem Einzelnen bei Verletzung des Gemeinschaftsrecht, EuR 1993, 107 ff.

*Scholz, Ulrich/ Rixen, Gerrit:* Die neue europäische Kollisionsnorm für außervertragliche Schuldverhältnisse aus wettbewerbsbeschränkendem Verhalten, EuZW 2008, 327.

*Schreiber, Tilmann:* Nach der „OWI"-Entscheidung des BGH: Was müssen indirekte Abnehmer bei der Geltendmachung von Schadensersatz beachten? GRUR-Prax. 2012, 78 ff.

*Schröter/Jakob/Klotz/Dohms:* Europäisches Wettbewerbsrecht, 2014 (zitiert: Europäisches Wettbewerbsrecht)

*Schröter, Helmuth/ Thinam, Jakob/ Mederer, Wolfgang:* Europäisches Wettbewerbsrecht, Großkommentar, 2. Auflage 2014 (zitiert *Schröter/Thinam/Mederer/Bearbeiter,* Europäisches Wettbewerbsrecht)

*Schroll, Georg:* Der Einfluss interner und externer Faktoren auf die Effektivität der Kronzeugenprogramme der EU-Kommission und des Bundeskartellamtes, 2011, (zitiert: *Schroll,* Effektivität der Kronzeugenprogramme).

*Schuhmacher, Florian:* Effizienz und Wettbewerb, 2010 (zitiert: *Schuhmacher,* Effizienz und Wettbewerb)

*Schwalbe, Ulrich/ Höft, Jan:* Ausgestaltung von Kronzeugenprogrammen und private Kartellrechtsdurchsetzung. In: Recht, Ordnung und Wettbewerb, Festschrift zum 70. Geburtstag von Wernhard Möschel, 2011 (zitiert: *Schwalbe/Höft,* FS Möschel (2011))

*Schwarze, Jürgen:* EU-Kommentar, 3. Auflage 2012 (zitiert: *Schwarze/Bearbeiter,* EU-Kommentar)

*Seitz, Claudia:* Anmerkung, Zugang geschädigter Dritter zu Dokumenten eines Kronzeugenverfahrens, EuZW 2011, 598 ff.

*Seitz, Claudia:* Public over Private Enforcement of Competition Law? Zugleich Besprechung von AG Bonn, Beschluss v. 18.01.2012–51 AG Bonn 18.01.2012 Aktenzeichen Gs 53/09 – Pfleiderer, GRUR-RR 2012, 137 ff.

*Seitz, Claudia:* Neue Wege zu effektivem Rechtsschutz in der EU, EuZW 2013, 561 ff.

*Schnur, Barbara:* Internationales Kartellprivatrecht nach der Rom II-Verordung, 2012 (zitiert: *Schnur,* Internationales Kartellprivatrecht)

*Soyez, Volker:* Schadensersatz des indirekten Abnehmers von Kartellteilnehmern, EuZW 2012, 100 ff.

*Soyez, Volker:* EWS 2011, Nr 12, Die erste Seite

*Staudingers Kommentar zum Bürgerlichen Gesetzbuch mit Einführungsgesetz und Nebengesetzen Art. 38–42 EGBGB:* 2001 (zitiert: Staudinger Art. 38–42 EGBGB/ *Bearbeiter).*

*Staudingers Kommentar, EGBGB/IPR, IntWirtschR:* 2010 (zitiert: Staudinger Int-WirtschR/*Bearbeiter*).

*Steindorff, Ernst:* EG-Vertrag und Privatrecht, 1996 (zitiert: *Steindorff,* EG-Vertrag und Privatrecht).

*Streinz, Rudolph:* Der „effet utile" in der Rechtsprechung des Gerichtshofs der EG, Festschrift für Ulrich Everling, Band II, 1995, S. 1491 ff. (zitiert: *Streinz,* FS Everling (1995)).

*Streinz, Rudolph:* EUV/AEUV, Becksche Kurz-Kommentare, 2. Auflage, 2012 (zitiert: *Streinz,* EUV/AEUV).

*Terhechte, Jörg Philip:* ZaÖRV 2008, 689, 700 f.

*Tielje, Christian/ Nowrot, Karsten:* Der Anwendungsbereich der EG-Transparenz-Verordnung mit Blick auf zivilrechtliche Schadensersatzansprüche in Wettbewerbssachen, ZfRV 2004, 56 ff.

*Vogel, Joseph:* Die private Durchsetzung des Kartellrechts – Status Quo in Frankreich, EuZW 2012, 897 ff.

*von Dietze, Philipp/ Janssen, Helmut:* Kartellrecht in der anwaltlichen Praxis, 5. Teil Privatrechtliche Durchsetzung kartellrechtlicher Ansprüche, 4. Auflage 2011 (zitiert: *Dietze/Janssen,* Kartellrecht in der anwaltlichen Praxis).

*von Gamm, Otto-Friedrich:* Rechtswahl für internationale Wettbewerbsbeschränkungen und zwingendes Recht, NJW 1977, 1554 ff.

*von der Groeben, Hans/Schwarze, Jürgen/Hatje Armin:* Europäisches Unionsrecht, 7. Auflage 2015 (zitiert: *von der Groeben/Schwarze/Hatje/Bearbeiter,* Europäisches Unionsrecht)

*von Hoffmann, Bernd/ Thorn, Carsten:* Internationales Privatrecht, JUS Schriftenreihe, 9. Auflage (zitiert: *Hoffmann/Thorn,* Internationales Privatrecht).

*von Meibom, Wolfgang/ Geiger, Andreas:* Ein Weltkartellrecht als ultima ratio, EuZW 2002, 261 ff.

*von Savigny, Friedrich Carl:* System des heutigen Römischen Rechts VIII 1849, (zitiert: *Savigny,* System des Röm. Rechts).

*Wagner, Gerhard:* Internationales Deliktsrecht, die Arbeiten an der Rom II-Verordnung und der Europäische Deliktsgerichtsstand, IPRAX 2006, 372 ff.

*Wagner, Gerhard:* Die neue Rom II-Verordnung, IPRAX 2008, 1 ff.

*Wagner, Rolf/ Gees, Kirsten:* Der Gerichtsstand der unerlaubten Handlung nach der EuGVVO bei Anlagedelikten, NJW 2009, 3481 ff.

*Wagner-von Papp, Florian:* Der Richtlinienentwurf zu kartellrechtlichen Schadensersatzklagen, EWS 2009, 449 ff.

*Wagner-von Papp, Florian:* Das GWB nach der 7. Novelle, JA 2006, 147 ff.

*Weidenbach, Georg:* Das LG Düsseldorf als Vorreiter der Zulassung von class actions im Kartellrecht?, BB 2007, 847 ff.

*Weigel, Michael:* Keine Erleichterung in Sicht. Im Blickpunkt: vereinfachte Geltendmachung von Schadensersatzansprüchen wegen Kartellverstößen in Europa, Deutscher Anwaltspiegel, Ausgabe 15, 30. Juli 2014, 7 ff.

*Weitbrecht, Andreas :* Schadensersatzansprüche der Unternehmer und Verbraucher wegen Kartellverstößen, NJW 2012, 881 ff.

*Weller, Marc-Philippe:* Die Anrechnung pönaler Schadensersatzleistungen gemäß § 33 GWB auf Kartellbußen, in ZWeR 2008, 170 ff.

*Weller, Matthias:* Zur Handlungsortbestimmung im internationalen Kapitalanlegerprozess bei arbeitsteiliger Deliktsverwirklichung, IPRAX 2000, 202 ff.

*Weyer, Hartmut:* Gemeinschaftsrechtliches Verbot und nationale Zivilrechtsfolgen – Eine Untersuchung am Beispiel der Artikel 81, 82 EG-Vertrag, ZEuP, 1999, 424 ff.

*Weyer, Hartmut:* EuGH, Urteil vom 20.09.2001 – C-453/99 Courage/Crehan-Courage Ltd./. Bernard Crehan und Bernard Crehan ./. Courage Ltd u. a., Anmerkungen, GRUR Int. 2002, 57 ff.

*Weyer, Hartmut:* Schadensersatzansprüche gegen Private kraft Gemeinschaftsrecht, ZEuP 2003, 318 ff.

*Winter, Wolfgang:* Einschränkung des exterritorialen Anwendungsbereich des Alien Tort Statute, IPRAX 2013, 462 ff.

*Winterstein, Alexander:* A Community Right in Damages for Breach of EC Competition Rules?, E.C.L.R. 1995, 49 ff.

*Wiring, Roland:* EuGH: EU-Kartellrecht verbietet Akteneinsicht Kartellgeschädigter in Kronzeugenanträge nicht, GRUR-Prax, 2011, 309 ff.

*Wiedemann, Gerhard:* Handbuch des Kartellrechts, 2. Auflage, 2008 (zitiert: *Wiedemann/Bearbeiter,* Handbuch des Kartellrechts)

*Wurmnest, Wolfgang:* Schadensersatz wegen Verletzung des EU-Kartellrechts – Grundfragen und Entwicklungslinien, in: *Remien, Oliver* Schadensersatz im europäischen Privat- und Wirtschaftsrecht, Tübingen 2011 (zitiert: *Remien/Bearbeiter,* Schadensersatzklagen im europäischen Privat- und Wirtschaftsrecht)

*Wurmnest, Wolfgang:* Internationale Zuständigkeit und anwendbares Recht bei grenzüberschreitenden Kartelldelikten, EuZW 2012, 933 ff.

*Yomere, Anika:* Die Entscheidung in Verfahren EnBW zum Recht von Schadensersatzklägern auf Akteneinsicht in Verfahrensakten der Kommission, WuW 2013, 23 ff.

*Zöttl, Johannes/ Schlepper, Lisa:* Die private Durchsetzung von kartellrechtlichen Schadensersatzansprüchen – Status Quo in Deutschland, EuZW 2012, 573 ff.

*Zöller, Richard:* Zivilprozessordnung, 31. Auflage 2016 (zitiert: *Zöller,* ZPO)

www.ingramcontent.com/pod-product-compliance
Ingram Content Group UK Ltd.
Pitfield, Milton Keynes, MK11 3LW, UK
UKHW021903290926
8980IPUK00015B/1023

9 783631 746370